职场妈妈不下班

第二轮班与未完成的家庭革命

[美]
阿莉·拉塞尔·霍克希尔德 著
（Arlie Russell Hochschild）

安妮·曼蓉 协助
（Anne Machung）

肖索未 刘令堃 夏天 译

The Second Shift
Working Families and the Revolution at Home

生活·讀書·新知 三联书店

THE SECOND SHIFT: Working Families and the Revolution at Home
by Arlie Hochschild and Anne Machung
Copyright © by Arlie Hochschild, 1989, 2003, 2012
Published by arrangement with Georges Borchardt, Inc.
through Bardon-Chinese Media Agency
Simplified Chinese translation copyright © 2021
by SDX Joint Publishing Company Ltd.
ALL RIGHTS RESERVED
Simplified Chinese Copyright © 2021 by SDX Joint Publishing Company.
All Rights Reserved.

本作品简体中文版权由生活·读书·新知三联书店所有。
未经许可，不得翻印。

图书在版编目（CIP）数据

职场妈妈不下班：第二轮班与未完成的家庭革命／（美）阿莉·拉塞尔·霍克希尔德著；肖索未，刘令堃，夏天译．—北京：生活·读书·新知三联书店，2021.9（2024.3 重印）
ISBN 978 – 7 – 108 – 07156 – 9

Ⅰ.①职… Ⅱ.①阿… ②肖… ③刘… ④夏… Ⅲ.①家庭关系 – 研究 Ⅳ.① C913.11

中国版本图书馆 CIP 数据核字（2021）第 086790 号

责任编辑	李　佳
装帧设计	刘　洋
责任校对	曹秋月
责任印制	董　欢
出版发行	生活·讀書·新知 三联书店
	（北京市东城区美术馆东街 22 号 100010）
网　　址	www.sdxjpc.com
图　　字	01-2018-6776
经　　销	新华书店
印　　刷	北京隆昌伟业印刷有限公司
版　　次	2021 年 9 月北京第 1 版
	2024 年 3 月北京第 3 次印刷
开　　本	880 毫米 × 1230 毫米　1/32　印张 11
字　　数	236 千字
印　　数	09,001 – 11,000 册
定　　价	59.00 元

（印装查询：01064002715；邮购查询：01084010542）

目 录

导　言 ……… 1
前　言 ……… 4

第一章　加速运转的家庭生活 ……… 12
第二章　陷入停滞革命的婚姻 ……… 24
第三章　文化掩饰 ……… 36
第四章　乔伊的问题：霍尔特夫妇 ……… 50
第五章　传统婚姻的家庭迷思：德拉科特夫妇 ……… 80
第六章　男性身份与表达感激：塔纳戈瓦夫妇 ……… 99
第七章　包揽与放弃：迈尔森夫妇 ……… 121
第八章　感恩的匮乏：斯坦夫妇 ……… 138
第九章　动荡的婚姻和她爱的工作：贾德森夫妇 ……… 158
第十章　"他"和"她"的分担：阿尔斯顿夫妇 ……… 173
第十一章　没时间在一起：利文斯顿夫妇 ……… 193

第十二章　分担对决与顺应天性：新好男人的成长之路 ……… 208

第十三章　掩饰之下：策略与张力 ……… 226

第十四章　离婚时代的婚姻矛盾 ……… 242

第十五章　分担与不分担的男人 ……… 255

第十六章　职场妻子犹如城市化中的农民 ……… 280

第十七章　步人后尘还是创造历史？ ……… 297

附录：关于谁来承担家务和照料子女的研究 ……… 311

后　记 ……… 322

致　谢 ……… 330

注　释 ……… 334

译后记 ……… 343

导　言

在这个彰显个体主义的社会里，我们常常把家庭中的问题视作个性的冲突（"他太自私了"，"她太焦虑了"）。但成千上万的夫妻都进行着相似的对话，争论谁在家里做了什么，这让我们认识到，其实婚姻之外所发生的一切，都影响着婚姻之内将会发生的事情。如果没有那样的认识，我们就只能继续去适应停滞的革命所带来的张力，把它们当作"正常的"，然后困惑为什么如今维持婚姻如此艰难。

在本书出版之后，我和许多读者进行了非正式的交谈，在20世纪90年代，我在一家世界500强公司里与更多的双薪夫妻进行了访谈，写作后续的《时间困境》（*The Time Bind*）一书。基于这些交流，我得出的结论是，对于许多夫妻来说，这种基本的困境依旧存在。

在我收到的各种回复中，一位叫作肖恩·迪金森（Shawn Dickinson）的读者把读本书的感受写成了一首诗，发表在《达拉斯晨报》上：

> 周末来临，我想休息。
> 但他工作累了，需要放松一场。
> 那就把家里交给你了，亲爱的可以吗？
> 他盯着电视，啤酒一杯接一杯。
> 最后，我解脱了——我终于做完了。
> 那么晚安。我飞奔着
> 一头扎到床上，然后梦见
> 有人帮我做了 18% 的卫生。

在纽约，一对富有想象力的新婚夫妻自编了一段结婚誓言，意图避免芬利的困境（Finley's dilemma）。在错愕又欣喜的家人和朋友面前，新郎宣誓："我宣誓天天为朵拉做饭。"新娘眨了眨眼，回答说："我也保证奥兰做什么我就吃什么。"

另一些夫妻已经愈发严重地被困在了痛苦的争斗中，不是为了抢夺休息的时间，而是为了抢夺工作的时间。一个年轻的、孩子两岁的拉丁裔爸爸解释说："我妻子和我从事的工作，工资不高，但我们热爱并认同各自的工作（他在一个人权组织工作，她在一个环保团体工作）。我们请不起女佣。我们很爱胡里奥（Julio），但他才两岁，而且很调皮。我和他一起做很多事儿，我喜欢这样（此时他的声音变得柔和而缓慢）。但艰难的是，我和妻子就没有时间留给我们的婚姻了。这让我冒出一个本不该有的念头（此时他的声音变得颤抖）：我们应该生胡里奥吗？"

一些女性在这些文字中找到了应对冲突的外援。一位职场母亲复印了南希和埃文·霍尔特那一章贴在冰箱门上。她的丈夫没注意到，她又把那几页放在卧室里他的枕头上。她讲述说："他终于读了南希·霍尔特的故事，看到南希做了所有的家务和照看孩子的活儿，为了表达心中的怨恨，把丈夫排除在自己和孩子的爱巢之外。那些相似之处，触动了我，也同样触动了他。"

当了解到一些人设想的解决困境的方法时，我感到悲哀。一个女人挺直双肩，双手叉腰地宣称："家里乱七八糟的。这是个陷阱（pit）。那就是我的解决方案。"另一个女人在丈夫拒绝帮忙做家务之后，骄傲地报以"只给自己做饭，不给丈夫做饭"。还有一位女性描述自己把第二轮班的要求写进了婚前协议。如果女性是如此烦恼、如此惊恐，我在想，这些表面上的"解决方案"是否无意中已经构成了问题。我们真正需要做的是解决原本的问题。在我们的职业设计中，在我们的价值等级里，在我们的政府政策里，哪里可以找到有助于解决这些问题的社会舞台呢？这正是隐藏在本书背后尚未回答的问题。

前　言

31岁那年，我在一念之间明确了写作本书的想法。那时候，我是加州大学伯克利分校社会学系的助理教授，也是一个三月龄婴儿的母亲。我想一边哺育孩子，一边继续教书。可行方案很多，而我的解决之道是一种前工业化的方式——重新将家庭融入工作场所，这包括在接待学生答疑时间（office hours）将我的婴儿戴维带到巴罗斯楼的四层。从两个月起到八个月大，他几乎是完美的访客。我准备了一个小盒子和毯子，供他小睡用（他大多数时间都在睡觉）；我还带来了一把婴儿椅，他坐在里面观察钥匙链、彩色笔记本、耳环和眼镜。有时，等候的学生将他带到大楼里，传来传去地抱着。他成了羞涩学生的谈资，有些人来我办公室不是看我，而是看他。每四个小时，我在预约名单上加上一个为他虚构的名字，然后单独哺喂他。

婴儿的在场就如同对来我办公室的人们进行罗夏墨迹测试

（Rorschach test）*。年长男性、本科女生和一些年轻的男士似乎很喜欢他，也愿意让他待在那里。在我隔壁办公室的，是一位74岁的德高望重的荣休教授；每当听到我儿子啼哭，他都会走过来，摇着头说："又打小孩儿了，嗯？"这是我们之间的玩笑。手提公文包、身着条纹西装的教材销售员们，通常都会对盒子里传出的非职业的咯咯笑（而且有时候是非职业的气味）感到震惊。许多女研究生对此很反感，一部分是因为在20世纪70年代早期，"有孩子"显得很过时；另一部分也是因为她们担心我使自己、女性群体以及象征意义上的她们，显得不那么职业。我对此也心存忌惮。在戴维出生之前，我成天忙于接待学生、承接委员会分派的所有任务、整晚整晚地写文章，就这样获得了院系一定程度上的包容。我当时需要那种包容，对婴儿盒子、咯咯笑声和对我们系的尊严及使命感的搅扰行为的包容。我的同事们似乎从来不谈论孩子。他们相互谈论研究工作，以及我们系的排名——仍然位居"榜首"还是滑到"第二"？我快到了评终身教职的阶段，这并非易事。与此同时，我还希望自己像母亲待我那样，在儿子面前是一名平和的母亲。在表面上，我将家庭和工作结合在一起，但从根本上来说，这样做只是让育儿需求与职业需求之间的矛盾愈加明显。

有一天，一位男研究生比预约时间早到了一会儿。婴儿睡得比往常久了一些，在我为他预约的时间里，他也没有饿醒。

---

* 译者注：Rorschach test 是一种心理测试，把被试者对墨迹的认知记录下来，然后运用心理学知识或/和复杂算法进行分析。

我邀请这个学生进来。此前我们从未谋面，因此他自我介绍时显得极为敬重。他似乎很熟悉我的工作和我在这个领域的学术品位，或许是想回应他对我的敬重，我表现得比平常更为正式。他开始试着详述他对社会学的兴趣，并提出希望我成为他博士资格考试委员会的成员。他想要向我说明他是一个聪明的学生，值得信任又很恭敬，但是他关注的学术领域并不像他希望的那样井然有序；与此同时，他也想征求我的意见，关于他可否在工作社会学的范畴下研究卡尔·马克思文集。

在这冗长的阐述中，婴儿哭了起来。我给他塞了一个安抚奶嘴，然后继续更加专心地聆听。这名学生接着阐述。婴儿把安抚奶嘴吐了出来，号啕大哭起来。我努力表现得不经意，开始给他喂奶。就在此时，这个小人儿发出了我所听到过的最强烈、最具反抗性的恸哭。

那名学生放下了跷起的一条腿，又将另一条腿跷了上来，并保持着礼貌的微笑，他略微咳嗽了几声，等待着这场小危机得以化解。我向他表示了歉意，然后站起身抱着婴儿来回走动，哄他平静下来。"我之前从来没有把婴儿带来一整天，"我记得自己这样说，"这不过是个试验。"

"我有两个孩子，"他回答说，"不过他们在瑞典。我离异了，但我非常想念他们。"我们交换了富于人情味的、表示相互支持的眼神，谈论了更多关于各自家庭的话题，然后婴儿很快恢复了平静。

一个月后，该学生预约了第二次面谈。他走进办公室，正襟危坐。"如同我们上次讨论的，霍克希尔德教授……"我们没有谈及那段对我来说极具创伤性的小插曲。令人惊讶的是,我仍然是霍克希尔德教授,他还是约翰。尽管发生了那段插曲,权力关系依然存在。

回想起来,我觉得有点像童书《杜立特博士与海盗》里的角色——推我-拉你(pushmi-pullyu),一匹双头马,能看到不同的事物,说出迥异的话。"推我"(pushmi)的这一头为母亲身份没有损害我的职业性而松了一口气;而"拉你"(pullyu)的那一头想知道为何孩子在办公室不能偶尔是"正常"场景的一部分。我男同事们的孩子究竟都在哪儿?

我一方面嫉妒男同事们的顺利平稳,不用做出选择,他们不把孩子带到巴罗斯楼,但他们知道孩子会被精心照料。有时候这种感受非常强烈:当我遇到一个男同事在跑道上慢跑(因耗时少而成为一项流行的学术运动),然后又碰到他妻子送孩子去参加基督教青年会(YMCA)的儿童健身活动。又比如,当我看到妻子们晚上开车到大楼前,在旅行轿车里,她们手肘倚着车窗,两个孩子在后座,等待一个男人手提公文包,轻快地走下台阶。这似乎是他们一天中分外愉悦的时光。我由此想起那些夏日周五的傍晚,总有一顿美餐。哥哥和我会挤进我们那辆老赫德森汽车的后排,而我妈妈会备好一个野餐篮,一路开车从马里兰州的贝塞斯达(Bethesda)到华盛顿特区,在下午五点与我爸爸会合。他手里拿着公文包,轻快地走下他工作的政府办公大楼台阶。我们在环绕着杰弗逊纪念碑的潮汐湖畔野餐,我父母分享着他们一天的见闻,怀着那种"一周结束了"的心情,之后我们一起回家。当看到相似的场景,我的内心便撕裂成两半；因为我既不是拿着公文包的步履轻快的人，也不是准备好野炊晚餐的母亲；而我同时也正是这两种人。大学仍然是为上述男性设计的，而这些男性的家庭是为上述女人准备的。旅行轿车里的女人和携带婴儿盒子的我，都在努力"解决"工作-家庭的问题。现在看来，无论在哪一种情况下，女性都付出了代价。家庭主妇付出的代价是身处主流社会生活之外；职业女性付出的代价是步入了发条般运转的职场，几乎没有时间或情感能量来照顾家庭。她的职业只留给她极少的时间和能量来照顾家庭，因为职业最初是为了适应一名传统男性的需求，他的妻子负责照顾子女。在职业和家庭的安排上，家庭曾是大学的福利机构，女性是其中的社会工作者。现在，女性在大学这样的机构里工作，但享受不到社工服务的福利。正如我在研究中不断听到职业女性说："我真正需要的是一个妻子。"但是也许她们需要的不是"妻子"；也许她们需要的是从根本上进行了重新设置的职业，以适合承担家庭照料的劳动者。这种重新设置将无异于一场革命，首先发生在家里，然后是在工作场所——大学、公司、银行和工厂。

女性进入劳动力市场的人数与日俱增，但是很少有人在职场获得较高的职位。这不是因为女性通过某种"自动鉴别"来限制自己，不是因为我们缺乏"榜样"，也不是仅仅由于公司和其他的机构歧视女性；而是职业系统抑制了女性，这种抑制不仅仅通过恶意违反合理的规定，更重要的是这些规定从一开始就是为占半数人口的男性而制定的。在律师、医生、商务人士中，女性未能占到一半，其中一个原因就是，男性不分担养育子女和照顾家庭的任务。职场的结构假定男性不承担上述任务，而男性正是在这样的机构中思考和感受的。男性投入工作以及工休的时间，是通过他们放弃在家里讲故事、扔球和与孩子亲昵的时间换来的。

出门上第一轮班，回家上第二轮班（照顾家庭）的女性，也无法以男性的标准去竞争。她们发现自己的黄金生育期，二十几岁后期到三十几岁中期，同样是职业发展的高峰期。意识到职场游戏是为不用考虑家庭的人而设计的，有些女性丧失了信心。

因此，审视工作系统，能看到一半的问题。问题的另一半发生在家里。如果母亲不再准备野餐篮，谁将代替她？新的职场母亲会将婴儿与工作全部揽到自己身上吗？办公室的工作会优先于婴儿吗？或者，婴儿们会出现在男同事的日常生活里吗？即便他们不把孩子带到办公室。男人和女人们都有什么样的感受？对工作有多大抱负？对子女有多少同理心？对配偶有多少依赖？

戴维5岁时，我们有了第二个孩子加布里尔。我丈夫亚当没有把儿子带去过办公室，但是总体而言，我们平等地分担照顾他们的责任，他像一个母亲那样去照顾儿子们。在我们关系密切的朋友中，父亲们也都是这样做的。但是我们的生活境况都极不寻常——中产阶层的工作、灵活的工作时间、能够提供支持的社区。这些特殊的境况造就了我和我女朋友们的"幸运"。有些女同事问过我，她们眼睑低垂，"我敢说你肯定斗争过一番"。然而事实上我并没有。我很"幸运"。

曾经占据我办公室婴儿盒子的戴维，现在也是一位忙碌的职场父亲了。与戴维婴儿时期的职场母亲们相比，现在的职场母亲从伴侣那里获得了更多的帮助吗？这个问题解决了吗？

据我的学生们向我讲述的情况，答案是没有。与我讨论的女学生们对于她们能否找到一个打算分担家务的男人并不乐观；那些丈夫充分承担家务的女性仍然认为自己"不同寻常"；而丈夫不分担家务的女性则认为自己是"正常的"。

晚上结束访谈后，在开车回家的路上，我开始再度思考感到"幸运"的问题。一位银行女职员，也是两个年幼孩子的母亲，几乎承担了所有家务，和许多女性一样，在结束访谈时，她谈到自己是何等幸运。她早上五点起床，出门工作前，见缝插针地做一会儿家务；下班回家后，她让丈夫帮忙做些零星的家务。在我看来，她并不幸运。她感到幸运是因为她丈夫所做的比她了解的男性"当下行情"更多吗？我逐渐发现，对于妻子工作，或者她们"承担了很多"家务或"分担了"家务，丈夫们从没表达过自己感到幸运。他们只字不提运气，而这位银行职员和我似乎站在一条漫长得看不到尽头的女性队列之中，队列中的每一个都感到比下一个"更幸运"一点，因为她的丈夫多承担了一点家务。但是如果与丈夫平分家务的女性感到"幸运"，是因为家务得以如此安排太过罕见、难能可贵、不同寻常而且并不确定——如果我们所有获得过丈夫那么一点帮助的人都感觉"幸运"——或许寻常男性的家庭观以及产生并强化该家庭观的职场文化从根本上出了问题。但是，如果——正如我将论述的——分担家务与婚姻和谐息息相关，那么如此重要的事情应该取决于运气吗？如果普通的男性和女性全都生活在"幸运的"职场结构中,并且信奉那些带来"好运气"的性别观念,这难道不是更好吗?

我所有的女学生几乎都想在做全职工作的同时养育孩子。这将如何实现呢?有时候我问女学生:"你和你的男朋友讨论过共同承担照料子女和家务劳动吗?"她们经常含糊其词地回答:"没有真正地讨论过。"我不相信这些活泼好学的18—22岁的学生没有考虑过这个问题。我认为她们害怕面对这个问题。而且因为她们觉得这是"私人"问题,每个人都感到孤立无援。年方二十二,她们认为自己还有时间。但是在短短十年之后,许多人有可能陷入像我访谈过的那位忙乱的银行职员般的生活。我对双薪家庭内部生活的探究,正是怀着一个信念:对当下的近距离审视,能够帮助这些年轻女性找到未来的解决之道,这些解决办法远远超越一个婴儿盒子与好运气。

第一章
加速运转的家庭生活

时尚杂志里的职业女性有一个标准的形象。她是一个"超级妈妈",大步向前,一手拿着公文包,一手抱着笑眯眯的孩子。无论从直观感受还是象征意义上来说,她都在快速前进。一袭长发在身后飞舞,或一头短发在耳际跳跃,充满活力。她自信、自主而自由,没有一丝的怯懦。她穿着合身的黑色套装,但一定要配上丝质蝴蝶结或彩色荷叶边,暗示着"我是一个女人"。她驰骋在男人的世界里,但不失女人味,而且全凭一己之力实现这一切。这样的形象昭示着,通过一些个人的魔力,她成功地弥合了150年工业化历程所撕裂的东西——孩子和工作、荷叶边和西装、女性文化和男性文化。

在为本书所做的调研活动中,我经常会拿出这样一张超级妈妈的图片给职场母亲们看,许多人报之以大笑。比如,一位在日托所工作的妈妈,两个孩子,一个3岁,一个5岁。她看到照片后把头往后一仰说:"哈!开玩笑呢!你看看我,头发一团乱,指甲参差不齐，超重20磅。每天早上，我要给孩子们穿衣服、喂狗、做好午餐、列购物清单。那个女的一定请了用人。"即便是家有用人的职场母亲也无法想象能够如此自在地边工作边持家："你知道生了孩子意味着什么吗？深夜两点喂一次奶，凌晨四点再喂一次。"另一位有两个孩子的妈妈说："他们没给你看，她在吹口哨——"说着，她做出两眼朝上看着天花板吹口哨的样子——"这样她就听不到吵闹声了。"她们羡慕图片里的那个女人，秀发飞扬，悠然自得，但在生活中，她们从没见过这样的实例。

我访谈了许多女性——律师、公司高管、文字工作者、服装剪裁师、日托工作者——以及她们大部分人的丈夫。在一些问题上他们观点各异，例如，低龄儿童的母亲是否应该从事全职的工作？丈夫应该对家庭负多大的责任？然而，在一个问题上所有人达成了共识，那就是，如果夫妻俩都工作，还要抚养孩子，是一项非常艰巨的任务。

那么，夫妻们干得怎么样呢？随着越来越多的女性外出工作，这个问题变得越来越重要。20世纪以来，从事有偿工作的女性数量一直缓慢增长，但1950年以来，涨速大幅提升。1950年，美国女性的劳动力市场参与率为30%，到了2011年，这个数字上升到59%。如果把已婚女性和单身母亲都计算在内，有超过三分之二的母亲都在工作。而在进行有偿工作的女性中，母亲所占的比例更高。目前，女性占了劳动力市场的一半，而在有孩子的家庭中，双薪家庭占三分之二。

其中，增长最快的就是低龄儿童的母亲。1975年，孩子0—6岁的女性，只有39%进入劳动力市场——从事或寻找有偿工作。到2009年，这一比例上升到64%。1975年，孩子0—3岁的女性，进入劳动力市场的比例是34%，到了2009年，这一比例上升到61%。同样的情况也发生在孩子1岁以下的女性身上，她们的劳动力市场参与率从1975年的31%上升到2009年的50%。越来越多低龄儿童的母亲活跃在劳动力市场上，那么她们是不是大多从事兼职工作呢？事实正好相反。1975年，72%的女性从事全职工作，而2009年的比例还要略高一些，孩子1岁以下的职场女性69%从事全职工作。①

如果越来越多的低龄儿童的母亲走出家门，从事全职工作，如果多数夫妻无法负担家政服务的开支，那么父亲们是否对家庭投入更多了呢？针对这个问题，不少研究关注了双薪夫妻在家务劳动和儿童照料方面投入的时间。例如，亚历山大·绍洛伊（Alexander Szalai）和他的团队在1965—1966年间对全美44个城市的1243名职场父母进行调查，根据这份全国性随机抽样样本：职业女性平均每天从事家务劳动的时间为3小时，而男性只有17分钟；职业女性平均每天单独陪伴孩子的时间为50分钟，而男性只有12分钟。与此形成对照的是，职业男性比女性每天多看1个小时的电视，多睡半个小时。绍洛伊团队继而将这个调查推广到欧洲的11个工业化国家，进行国际比较，得到了同样的结果。②1983年，格蕾丝·巴鲁克（Grace Baruch）和R. C. 巴奈特（R. C. Barnett）对波士顿地区白人中产阶层家庭的研究发现，与全职主妇的丈夫相比，职业女性的丈夫每周与学龄前子女相处的时间只多了45分钟。③

绍洛伊团队的研究具有里程碑式的意义，它记录了职业女性的"双重工作日"（double day）。这个状况在现在看来并不陌生，而且依旧令人担忧。我不禁思索，到底男性和女性对此有什么样的感受？绍洛伊团队考察了人们如何分配时间，但并没有追问我关心的问题，比如，一个父亲花 12 分钟陪伴孩子，他有何感想？他的妻子对此又有何感受？在我看来，在绍洛伊团队的研究发现背后，隐藏着一系列深刻的情感问题：丈夫和妻子各自对家庭的贡献应该是什么？是否感受到认可和赞赏？如何回应夫妻权力平衡的微妙变化？双方又是如何发展出一套无意识的"性别策略"去应对家里的活儿、婚姻以及生活本身？这些正是表象背后更深层次的问题。

我的研究也从计算时间入手。我整理了 20 世纪 60—70 年代关于时间分配的一些主要研究成果，将有偿工作、家务劳动和儿童照料的时间加在一起进行平均和估算。结果显示，女性每周的劳动时间比男性多 15 个小时。这意味着，女性每一年的劳动时间比男性多出一整个月（每天按 24 小时计），而每 12 年则多出一整年。在没有子女的家庭里，女性从事家务劳动的时间要比男性多得多；而在有子女的家庭里，女性做家务和照料儿童的时间总和也比男性多得多。就像在工作中，男女之间存在着工资差距，在家里，男女之间出现了"闲暇差距"。大多数女性在办公室或工厂里上完第一轮班，回家后开始上"第二轮班"。

尽管有研究显示，和家庭主妇相比，职场母亲拥有更高的自尊感，且较少抑郁。但是和她们的丈夫相比，她们更疲惫，也更经常生病。佩琪·索茨（Peggy Thoits）在 1985 年进行了两次样本量为1000人的问卷调查,被调查者需要回答之前一周体验到的焦虑症状(如头晕或出现幻觉)的频率。研究发现,职场母亲的焦虑程度比其他任何群体都要高。

在这些研究面前,本书开头提到的那个秀发飞扬的女性形象,仿佛一张欢欣鼓舞的封皮,包裹着让人沮丧的现实。绍洛伊团队的调查早在20世纪60年代中期,时至今日,男女之间的闲暇差距是否依然存在?目前,大多数已婚夫妻都是双职工,这种状况会更加普遍。在双薪夫妻中,大多数的妻子每年要比丈夫多劳动一个月。那么,这额外的一个月对夫妻双方分别意味着什么?又对这个高离婚率时代的爱情和婚姻有什么影响?

我的研究

我和我的研究伙伴——安妮·曼蓉(Anne Machung)和伊莱恩·卡普兰(Elaine Kaplan)一共深度访谈了55对夫妻,我还进入其中12对夫妻的家中进行观察。研究开始于20世纪70年代后期,我们在加州伯克利访谈了艺术家、学生和专业人员。当时正值妇女运动的高峰,不少受访的夫妻热忱而自觉地努力着,希望突破传统的婚姻模式。得益于灵活的工作时间和文化的广泛支持,许多夫妻成功地实现了婚姻的"现代化"。鉴于他们的情况非同寻常,我们把他们当作了"对照组",并开始寻找更典型的美国主流社会的夫妻。1980年,我们拿到一家大型制造企业的人员名册。根据名册所列的姓名,我们每隔12个人发放一份关于工作和家庭生活的调查问卷。在问卷的结尾,我们询问:"如果你和配偶都从事全职工作,你们的孩子不足6岁,是否愿意和我们进行更深入的访谈?"通过这个方式,我们找到最初的访谈对象。在1980—1988年,我们访谈了这些夫妻,以及他们的邻居、朋友、孩子的老师、日托工作者以及育儿保姆(baby sitter)。正是他们,构成了本书的核心。

接到我们的访谈请求时,很多育儿保姆如此反应:"你要采访我们?很好。我们也是人啊。"还有人说:"我很高兴你认为我们干的也是工作,很多人并不这样看。"事实上,很多保姆也正在为工作、家务和照顾孩子疲于奔命,所以我们在访谈中不仅仅把她们当作别人的保姆,也讨论她们的生活本身。

我们也访谈了一些双薪家庭之外的群体,比如一些离异的夫妻,他们因为工作和家庭的双重压力陷入旷日持久的争吵,最终分道扬镳。还有一些传统模式(丈夫养家,妻子持家)的夫妻。对他们的访谈能帮助我们更好地了解双薪家庭所面临的压力和冲突的特殊性。④

在访谈之外,我还观察了其中12户家庭的日常生活,通常是在工作日的晚上或在周末,他们邀请我一起外出、一起晚餐或聊聊天。我对每一户的观察一般持续几个月。我会在他们家门口的台阶上,目睹疲倦的父母和饥肠辘辘的孩子们从车里蜂拥而出。我会和他们一起购物、拜访朋友、看电视、吃东西、去公园里散步,和他们一起送孩子去日托所或育儿保姆家。很多时候,在父母们和孩子挥手再见之后,我还会在保姆家里逗留一会儿。在受访者的家中,我坐在起居室的地板上和孩子们一起画画、过家家，观察父母给孩子洗澡、读睡前故事、道晚安。大多数的夫妻努力将我纳入他们的家庭场景中，邀请我和他们一起吃东西，一起聊天。如果他们和我说话或向我提问，我会回应，但我很少主动发起对话。我尽量让自己像家里的一条宠物狗，默默地待在一边。大多数时候，我会待在起居室里，安静地做着笔记。有时候我会跟着妻子上上下下，陪着孩子去"帮"爸爸修车，或和其他人一起看电视。有时候我也会打破设定的角色，和他们一块儿开玩笑，调侃他们的"模范"双薪夫妻范儿。或许，开个玩笑也是我的角色中很微妙的一部分，能让他们放松，从而表现得更为自然。在结束对这 12 户家庭的观察后，我也通过电话或者登门拜访，和这些夫妻保持了 2—5 年的联系。

在研究中，我详细询问了许多关于家务承担的问题。我会问，谁做饭，谁用吸尘器打扫，谁整理床铺，谁缝缝补补，谁打理花草，谁寄过节的卡片？我也会问，谁洗车，谁修理家电，谁去交税，谁打理庭院？我还会问，谁来做大部分的家庭计划（household planning），谁会注意到孩子的指甲需要修剪了，房子的状况好不好，孩子的情绪是不是有波动？

每年额外的一个月

在我的访谈中，女性在工作和家庭之间疲于奔命的状态似乎远甚于她们的丈夫。她们更愿意讨论工作和家庭之间永恒的冲突，说起来活灵活现，滔滔不绝。尽管忙得要命，妻子们却对继续访谈表现得更加积极。她们觉得,在家上"第二轮班"正是困扰"她们"的问题,而大多数的丈夫也这么认为。有一次,我给一位男士打电话预约访谈,想了解他如何平衡工作和家庭,他高兴地回答说:"哦,我太太肯定会对这个问题很感兴趣。"

"第二轮班"这个比喻是一个受访女性首先提出来的,从现代工业生活中借用而来。她个人非常抗拒将家务劳动当作"上班"。家庭是她的生命,她不愿意将它化约成"上班"。但她却这么说:"上班的时候你在干活儿,当你回到家,还是干活儿。然后你再回去上班,继续干活儿。"每天,她要审核8个小时的保险索赔,然后回到家,淘米下锅准备晚餐,照顾孩子,洗一堆衣服。尽管她抗拒,但她的家庭生活确实像是上第二轮班。这就是真实的情况和真正的问题。

分担家务的男性,和他们的妻子一样,也常常感到时间不够用,疲于应对在事业和孩子两边的各种要求。在本书后面会讲到的迈克尔·舍曼(Michael Sherman)和阿特·温菲尔德(Art Winfield)的情况即是如此。但是大部分的男人并没有分担家中的活儿。一些男人直接拒绝;另一些则相对委婉,比如,当妻子面临工作和家庭的冲突时,他们只是提供一个宽厚的肩膀让她们依靠,或一只善解人意的耳朵听她们诉苦。起初,和很多受访者一样,我认为上"第二轮班"只是困扰着妻子们的问题。但我慢慢意识到,袖手旁观的丈夫们也间接地受到影响,困扰程度上并不亚于他们的妻子——他们要承受来自妻子的怨恨,还要硬着头皮在怨恨中自处。在第四章中将要出场的埃文·霍尔特(Evan Holt)即是一例,他是一个仓储家具推销员,几乎从不做家务，只在高兴的时候陪着4岁的儿子乔伊（Joey）玩一会儿。尽力应付工作和家庭一开始似乎只是妻子的问题，但是"妻子的问题"产生的副作用也让他叫苦不迭。他的妻子包揽了家务，但内心极度不满。不知是有意还是无意，她失去了对性生活的兴趣，全心全意地围着孩子转，这恐怕是她表达失望和愤怒的一种方式。尽管表现方式有所不同，访谈中的很多男性都经历着类似的状况。在我看来，这正是美国家庭生活从传统转向现代的过渡阶段带给人们的巨大冲击。

女性通常更热衷于探讨如何兼顾工作和家庭生活，原因之一在于，即便丈夫乐意分担家里的活儿，她们仍感到自己对这个家负有更大的责任。女性更多地去操办各种事——跟医生修改或确认就诊时间、给孩子安排活动、与亲戚保持联系。在给孩子的万圣节服装上缝上小尾巴、给孩子的同学准备生日礼物这样的细节上，妈妈们也比爸爸们更操心，她们也更有可能在上班的间隙给育儿保姆打电话询问孩子的情况。

正因为如此，女性更多地感到需要不停地应付各种紧急情况，一边需要去抚慰害怕待在日托所的孩子，一边又需要向老板展示认真工作的状态。女性更容易自我怀疑，不是追问自己是否是称职的家长，就是纠结自己为何不曾想过这个问题。女性也更容易犹豫是否继续追求自己的职业理想。

随着女性大量地涌进劳动力市场，很多家庭因为工作和家庭生活的"加速运转"而受到冲击。一天仍然只有24小时，但是妻子们外出工作之后，要做的事情却是从前的两倍。这种"加速运转"的后果主要由女性来承担。在我的研究中，有20%

的男性和妻子平分家务。70%的男性承担了三分之一到一半的家务，还有10%的男性承担的家务不足三分之一。即便是在比较平均分配家务的夫妻中，妻子通常也承担了三分之二的日常事务——这些事务要求她们必须按部就班地履行职责。比如说，在大多数家里，妻子做晚饭，丈夫更换汽车机油。晚饭需要每天6点准时开始准备，而换机油却只需要每半年一次，具体日子和时间可以自由选择。女性更多负责照顾孩子，男性则更多负责修理家用电器。孩子随时需要照顾，而修理电器却可以等"我有时间的时候"再做。因此，和女性相比，男性对何时干家务有更多的掌控力。他们可能也会忙于家务，但一般对自己的时间有更多自主权，就好比主管可以告诉秘书"让打电话的人等一会儿"，而女性就像这个秘书，通常都得"赶紧去接电话"。

女性比男性感受到更多压力的另一个原因则是，她们经常要同时做两件事情。比如，一边填写支票一边回电话，一边吸尘一边看着3岁的孩子，一边叠衣服一边计划购物清单。男性则常常或做晚饭或带孩子去公园。事实上，女性常常要应付工作、孩子和家务三项内容，而大多数的男人只需顾好两项——工作和孩子。对女性来说，工作和家务都在争夺她照顾孩子的时间。

与男性相比，女性不仅在家中投入的总时间更多，而且她们的时间花在家务上的比例更高，花在照顾孩子上的比例相对较低。在男性为家庭所贡献的时间里，更多花在了照顾孩子上。这意味着，妻子们下班后花了更多的时间来"打理整个家"，而丈夫们则花了更多的时间在"打理孩子"。考虑到大多数的父母更愿意陪伴孩子而不是清理房间，所以男性做了更多他们愿意做的事情。在"打理孩子"时,男性比女性更常带孩子出去做"好玩的"事,比如去公园、动物园和电影院。女性则花更多的时间在孩子的日常照料上,比如喂饭、洗澡。这些当然也是令人愉快的事,但比不上去动物园那么悠闲或特别。男性也更少做那些"没人想干"的家务,比如擦洗马桶和浴室。

结果就是,女性往往沉浸于讲述自己过度疲劳、身体不佳和"心力交瘁"。很多女性受访者在讲到睡眠的话题时如此投入,我根本无法转移话题。她们谈论着睡多久才能"撑得下去",六个半、七个还是七个半小时,是不是要更多或更少?她们谈论着认识的人里谁睡得更多,谁睡得更少。一些女人还会为了她们的睡眠时间感到抱歉,"我恐怕得睡八个小时",好像八个小时实在太多了。她们谈论着换保姆、老二出生或她们出差对孩子睡眠习惯的影响。她们还谈论着在孩子半夜喊她们时如何才能避免完全清醒,如何接着入睡。这些女人在谈到睡眠时就像饿鬼谈到食物一样两眼放光。

总而言之,在当今美国,如果说双薪家庭承受了工作和家庭生活的加速运转带来的巨大压力,那么职场母亲就是首当其冲的受害者。讽刺的是,女性反而成了家庭生活的"科学管理专家"*。在做家庭观察时,我注意到经常是妈妈们催促着孩子:"赶紧,要走了!""快,先把麦片喝完!""你可以过会儿再做这个!""出发!"当孩子们的洗澡时间被精打细算地安排在

---

* 译者注:科学管理专家——time and motion expert,出自泰勒制,指的是对时间和动作精准控制的科学管理理念。

7：45分和8：00之间那15分钟时，通常是妈妈在喊："我们来看看谁第一个洗完澡？"小一点的孩子会冲出来，争着第一个上床，而大一些的孩子就会磨磨蹭蹭，带着抵触情绪，有时候甚至还有怨气，"妈妈总是催我们"。一个不幸的事实就是，当工作和家庭生活的加速运转引发家庭震荡时，大多时候都是女性充当了引雷针。她们在这个过程中扮演了"恶人"，却也是最大的受害者。相比于长时间劳作、睡眠不足和疲于应付，这才是"每年额外的一个月"让女性付出的最不幸的代价。

第二章
陷入停滞革命的婚姻

每一段婚姻都镌刻着经济与文化变迁的烙印。这些变迁发生在婚姻之外：制造业的海外转移与工会力量的衰弱降低了男性赚钱的能力，日益发展的服务业为女性提供了更多的就业机会，新的文化形象——比如那位秀发飞扬的女士——使职场母亲看起来神采奕奕。所有的这些变迁并非只是围绕着婚姻展开，它们在婚姻内部发生，并改造着婚姻。在丈夫和妻子间存在的问题，看似只是"个人危机"和"婚姻冲突"，其实往往是个体体验到的强大的经济和文化冲击波，远非个人所能左右。工业经济以不同的速度将男性和女性卷入其中，男性和女性以不同的速度发生变化。许多夫妻间爆发的争吵，正是源于"变得更快"的女性和"变得较慢"的男性之间所产生的张力。我们会看到，比如南希（Nancy）和埃文·霍尔特夫妇、杰茜卡（Jessica）和塞思·斯坦（Seth Stein）夫妇、安妮塔（Anita）和雷·贾德森（Ray Judson）夫妇，都是活生生的例子。

在美国经济发展的历史中，男性和女性各自书写了不同的篇章。在19世纪后期，男性从农场里转移到有偿的工业劳动中，他们的生活方式和身份认同改变了。在那个历史节点，男性告别了父辈们的生活方式，远远地走在女性前面。现今，经济发展之箭射向女性：她们正被拖进有偿工作，面临着生活方式和身份认同的转变；她们正在快速地和上一代的生活方式告别。这次是男人们落在了后面。

无论是先进入工业经济的男性，还是后来居上的女性，每一次的变迁都对两性关系，尤其是婚姻内的两性关系产生重大影响。早先从事工业生产的男性人数的增长往往提升了男性的权力，而如今女性就业人数的增长某种程度上也促进了女性权力的提升。总体而言，前者没有对家庭的稳定性造成威胁，而后者，由于缺乏其他相应的改变，伴随着离婚率的上升。

女性大量进入经济生产是一个巨大的社会变迁，但一种能够对这一过程起润滑作用的、对婚姻和工作增进的文化理解并没有应运而生。女性在变化，但大多数工作场所并不考虑员工的家庭需求。在家里，大多数男性也尚未真正地做出调整去适应女性的变化。女性的变化与其他领域变革的缺席之间产生了巨大的张力，我称之为停滞的革命。

一个社会只有人道地做出调整，适应大多数女性外出工作这一事实，才能避免这种停滞所带来的负面后果。这些调整包括：工作场所允许有孩子的员工非全职工作，分担工作任务，实行弹性工作时间，在生育、孩子生病和孩子其他需要时休亲职假。这还包括，如同多洛雷斯·海登（Delores Hayden）在

《重置美国梦》(Redesigning the American Dream)里所设想的那样，工作场所附近有买/租得起的房子，或许还有社区提供的送餐和洗衣的服务。这些调整还包括男性，他们的男性身份观念会鼓励他们在家里积极分担家务和照料子女。相反，在停滞的革命中，缺少这样的社会统筹去缓解双薪家庭的压力，也缺少男性去分担第二轮班。

如果女性因为时间不够而开始减少做家务，如果男性多做一些，如果照顾孩子和做家务一样辛苦，那么"在家里如何分工？有哪些家务活儿需要干"就成为至关重要的问题。实际上，这可能成为婚姻中许多矛盾的深层根源，我将在本书中逐一挖掘。

这场社会革命的停滞引发的一系列婚姻矛盾，导致了很多人不愿意组建双薪家庭。一些人直接放弃了婚姻，还有一些人退回到"男人养家，女人持家"的传统夫妻模式。在《男人之心》(Hearts of Men)中，芭芭拉·埃伦赖希（Barbara Ehrenreich）描绘了一种情形，当男人独自养家时，他感到经济上不堪重负、情感上压力重重，最终不惜反抗。在《女人与爱情》(Women and Love)中，希尔·海特（Shere Hite）描述了一种"女性起义"(female revolt)来反抗与男性之间不如意、不平等的关系。但我关注的夫妻并不是传统的婚姻模式，他们也没有放弃婚姻。他们努力地去协调双份工作与幸福家庭之间的关系。在这样的经济发展背景下，在这场停滞的革命中，我想知道这些双薪家庭如何前行。

当我一次又一次地驾车从伯克利的课堂前往旧金山湾区

的市郊、小镇或市中心,在双薪夫妻家中开始观察和访问,在一次又一次地回到我自己的双薪家庭后,我最初的问题,比如谁在家中做了什么工作,逐渐被一系列更深层的问题取代:是什么导致一些职场母亲独自承担了家中的全部劳动(我称之为采取了"超级妈妈"的策略),而为什么同时又有另一些女性向丈夫施压要求他们分担;为什么有些丈夫真心愿意分担家务和照顾孩子,而另一些出于无奈勉强同意,还有一些抗拒不从。

在男性身份观念的引导下,丈夫认为自己在家中和在工作中的付出"应该有什么样的感受"?他的真实感受又是什么?他的真实感受是否和他认为他应该有的感受相冲突?他如何解决这种冲突?同样的问题也适用于妻子。每个人处理"第二轮班"的策略对孩子、工作和婚姻产生什么样的影响?这一系列的问题引导我来到一个复杂的关系图谱,探究家庭的真实诉求、对平等的时断时续的追求,以及与现代婚姻的幸福之间的关系。

我们可以将一对夫妻描述为贫穷或富裕,这种描述就透露其婚姻的许多信息。我们可以描述他们为天主教徒、新教徒、犹太教徒、黑人、墨西哥裔、亚裔,或白人,这又透露出更多的信息。我们也可以将婚姻描述为两种人格的组合,比如一个"强迫症",另一个"自恋型",这也会给我们提供一些信息。但这些关于社会阶层、族裔和个性的知识只能帮助我们了解哪些人分担了"第二轮班"而哪些没有,以及分担是否能够促进婚姻幸福。

当我坐下来拿分担"第二轮班"的一对夫妻和不分担的三

对进行比较，很多答案似乎显而易见——男人的工资更高、工作时间更长，他的父亲在家不做家务、他的母亲是家庭主妇、他关于男性和女性的观念……但这些因素并没有真正地解释为何一些女性每年额外劳动一个月，而另一些却没有。它们也没有解释为何一些女性对"这额外的一个月"看起来还比较满意，而另一些却怨声载道。当我发现，有些夫妻分担了家务并和谐融洽，而有些同样分担了家务却争吵离心，很明显，单纯的经济学或心理学的解释不足以阐明这些问题。我渐渐意识到很有必要去探究在每一个男人和女人身上，性别认同到底深几许。一些男女，表面上看起来是平等型，但底子里却是传统型。我试着分辨出表层意识形态（被深层感情所抵抗的意识形态）和深层意识形态（被这些感情所加强的意识形态）。我探究每个人如何调整，使自己的意识形态与生活的其他方面相一致——我称之为"性别策略"，我深感有必要探究这些"性别策略"。

性别意识形态的表与里

性别策略是指，在关于性别的文化观念的作用下，人们通过有策略的行动去尝试解决手头的问题。为获得一种性别策略，一个男性提取自己对于男性身份和女性身份的认识——这种认识往往形成于童年时期，并根植在深层情绪中；他将对自身男性气概的认知和感受与他的所作所为关联起来。对于女性而言，亦是如此。每个人的性别意识形态界定了他想要认同的领域（家庭还是职场），以及在婚姻中他想要多大的权力（更少、更多,还是平均分配)。

我总结了对婚姻角色的三种意识形态类型:传统型、过渡型和平等型。对于纯粹的传统型女性来说,虽然她拥有自己的工作,她仍然想要认同她在家庭中的行动(作为妻子、母亲、邻家妈妈);她希望丈夫的身份认同建立在工作之上、拥有的家庭权力比她大。传统型的男人也是如此。纯粹的平等型女性想要和丈夫齐头并进、权力均分。一些希望夫妻俩都以家庭为重,也有一些希望两人都以事业为重,还有一些希望都能获得工作和家庭的平衡。过渡型可以处于传统型和平等型中间的任一状态。但是,不同于传统型,过渡型的女性想要既认同自己的家庭角色,又认同职业角色,但她认为丈夫应该比自己更认同职业角色。一个典型的过渡型女性,既想好好照顾家庭,又想帮助丈夫赚钱养家,还希望养家糊口主要是丈夫的责任。一个典型的过渡型丈夫,全力支持妻子在外工作,但同时期待她能在家务事上挑起大梁。我访谈的大部分人,在观念上都属于过渡型。

但事实上,我发现,人们阐述了一套对自己婚姻角色的认识,但他们对这些角色的感受却并不一致。一些男性表面上看起来是平等型的,但骨子里却是传统型;另一些表面上是传统型但骨子里是平等型。① 通常,一个人的深层感受是对童年时期的"警示故事"的回应,也是对成年生活的回应。有时这些感受强化了一个人表面的性别意识。例如,当南希·霍尔特(Nancy Holt)想到会像自己的母亲一样,变成家里唯唯诺诺的受气包,这种恐惧将强烈的情感动力注入她的观念——她的丈夫埃文应该分担的"第二轮班"。

另一种情况,例如安·迈尔森(Ann Myerson)表面上觉得自己应该均衡地投入事业和家庭中,但却在自己事业蒸蒸日上之时感到一种分裂,这种分裂侵蚀着她表面的信念。她想要像她丈夫一样醉心于事业,她觉得她应该热爱工作、应该认为工作很重要。在她认为自己应该感受的和她实际感受的之间,有一种冲突。她的性别策略就是尝试解决这种冲突的一种方式。

我接下来所要描述的男男女女,似乎都无意识地综合了某些文化观念和对过去的感受,从而发展出一套性别意识形态。但在性别意识形态的发展过程中,他们也将机会纳入考量。在青少年时期,无论他们从小的成长经历如何,他们比对着自己这类的男性或女性所拥有的机会,评估自己的"个人资产",意识到哪种性别意识最适合自己的处境,然后认同于某种版本的男性身份或女性身份。这套性别意识形态对他们来说"说得通",让他们觉得"我是谁"。例如,一个女性会综合考虑自己的教育、智力、年龄、魅力、性吸引力、性类型、依赖性、抱负等,再衡量一下,具备类似条件的女性在职业市场和婚姻市场上状况如何。她会找到什么样的工作?什么样的男人?如果她想结婚,她结婚的机会有多大?婚姻是平等型或传统型的机会有多大?婚姻幸福的机会有多大?她约会的对象是非常传统的男性?她把这些都纳入考量。她也用类似的方式衡量工作前景。然后,一个特定的性别意识形态——我们权且说是传统的性别意识形态,对她而言"说得通"。这一意识形态符合她所认知的自我机会,她将全心拥抱。她恪守一种特定的女性身份[比如说,"枯萎的紫罗兰"(the wilting violet)]。她认同一些习俗(男士开门)和一些符号(蕾丝裙子、长发,温柔的握手和低垂的眼睛)。她尝试建立"理想的个性"(恭顺而附属),不是因为她的父母如此教她,也不是因为这就是她的本性,而是因为在这停滞的革命中,这些特定的习俗可以让她所有的资源和她所处的环境"说得通"。同样的原则也适用于男性。无论是全心全意还是纠结不已,一个人的性别意识形态倾向于与其处境相适应。

性别策略

当一个男人试图在现实生活中应用他的性别观念时,无论有意识或者无意识,他都寻求了某种性别策略。[2] 他拟定一系列的行动。他也许变成一个"超级爸爸"——繁忙地工作,然后陪伴孩子至深夜;或者削减工作时间;或者缩减家务劳动的时间、少花时间陪伴孩子;又或者积极地去分担第二轮班。

"策略"一词既指他的行动计划,也指为实施这些行动而进行的情感准备。例如,他也许要求自己降低职业野心才能有更多的时间陪伴孩子,也可能是拼命抑制回应孩子对他的召唤的想法,以使自己安心工作。他也许让自己铁石心肠,对妻子的诉求无动于衷,也有可能他是家里那个"让"自己能看到孩子在寻求帮助的人。

我努力地使自己注意到性别意识形态的断裂,即认知与感受之间的冲突,也注意到当内在需求或外在环境施以重重阻力时，为了符合某种性别理想所需要的情感管理。

伴随着社会变革的推进，双薪家庭存在的问题不会消失。随着越来越多的女性从事有偿劳动，这些问题很可能会加剧。如果我们不能回到传统婚姻，如果我们不想对婚姻丧失信心，那么至关重要的一点，就是要把婚姻理解为停滞的革命的张力磁场，把性别策略理解为婚姻的基本动力。

感恩经济

男女性别意识形态之间的相互作用，背后隐含着更深层次的双方对彼此的感恩之情的相互作用。一个人想要如何认同自己，影响着在婚姻的你来我往中，什么会被视为一种馈赠，什么又不会。当一个男人觉得妻子比自己赚得多不符合自己的男性理想，"忍受它"就成为他对她的馈赠。但我在访谈当中遇到的另一个男性说："当我老婆开始比我赚得多时，我觉得自己好像挖到宝了。"在这个案例里，成为"馈赠"的，是妻子的薪资，而不是他接纳这份薪资的气量。当一对夫妇争吵时，很少仅仅是因为谁做了什么，更多的是关于感恩的予取。

家庭迷思

当我在受访对象家中观察他们时，我开始意识到夫妻们经常拼凑出"家庭迷思"——为应对家庭张力而掩盖某种关键真相的现实版本。例如，埃文和南希·霍尔特在分配家务中遇到了不可调和的冲突,他们通过"现在已经'平分了'"这一迷思来进行应对。另一对夫妻则不承认他们之间有冲突,他们开始相信:"我们并不是为了谁会为家里负责而较劲,我们只是太忙于事业了。"还有一对夫妻都相信,丈夫不得不全身心投入事业中因为"他的工作要求他这样";然而事实上,他的事业心掩盖了一个事实,即他们在彼此回避。不是所有的夫妻都需要或拥有家庭迷思。但是当它们登场之时,我认为通常是在处理婚姻中的关键矛盾,而这些矛盾,或多或少都与停滞的革命的深远影响息息相关。

在访谈进行一段时间后,有些夫妻会想从我这里得到一些反馈,我会跟他们交流我所理解的他们,在更大的社会图景中他们处于什么位置,以及我认为的他们应对第二轮班的策略。夫妻们往往发现自己并不是特例,这让他们如释重负,也是让他们倍受鼓舞、开启对话讨论他们的困境的根源。

本书中的很多夫妻都长时间工作,而他们的孩子又都很小:在这方面,他们的处境异常艰难。但是在另一个关键的方面,他们的处境比美国大部分双薪家庭都轻松不少:他们大多数是中产阶级。许多人就职的公司还提供开明的人力管理政策以及慷慨的福利和薪水。如果这些中产阶级夫妻都觉得难以兼顾工作与家庭,那么全国的其他双薪家庭就更举步维艰了——他们赚得更少,工作更缺乏灵活性、稳定性或丰厚的报酬,并且依赖的是更差的日托服务。

安妮·曼蓉和我于1976年开始访谈,在20世纪80年代早期完成了大部分的访谈。我的研究在1988年结束。在我后期的访谈中有一半是在跟访早期的访谈对象,还有一半是新的案例。

  从1976年到1988年发生了多少改变?现实中,几乎没有。但也有一些新的变化。有更多的夫妻想要分担,并且想象他们已经在分担了。多罗茜·希姆斯(Dorothy Sims),是一个人事主管,她就展示了这样一种理念与现实的混融。她急切地向我解释,她和丈夫丹(Dan)"分担所有的家务",并且"平均地参与"照顾9个月大的儿子提摩西(Timothy)。她的丈夫是一个冰箱销售员,为她的事业欢欣鼓舞,为她的高薪而高兴,而不认为是种威胁。他力劝她去学习新技能,例如阅读海洋地图和计算利率(这些是她目前抵触去学的东西),因为如今"女人应该"如此。但是在一天晚餐时,一个小插曲发生了。多罗茜在给我们准备晚餐,把儿子交给了丈夫。过了一会儿,婴儿在丈夫的膝盖上打起瞌睡。"你想让我什么时候带蒂米(Timmy)*上床睡觉?"丹问道。一阵漫长的沉默。在沉默中,多罗茜意识到,我想她丈夫随后也意识到,这个看似无关紧要的问题暗示着,通常是她,而不是他或"他们"来决定这些事。多罗茜瞟了我一下,把胳膊支在桌子上,慢条斯理地对丈夫说:"那,我们怎么定?"

  当多罗茜和丹描绘他们"日常的一天"时,他们所勾勒的分担的图景变得更难以置信。多罗茜和丈夫都要在办公室里工作9个小时。她每天回家准备晚餐和照看儿子,而丹却可以一

---

 * 译者注:Timmy是Timothy的昵称。

周三次在傍晚6—7点去和朋友打壁球（这个时间对他的球伴来说比较合适）。丹更常读报纸，睡得也更多。

和早期的访谈相比，后期访谈中的女性似乎更多讲起已经结束的亲密关系或婚姻，这些关系因为其他的原因而结束，但他确实也是"在家里连油瓶倒了都不扶"。或者，就是因为这额外的一个月导致的离婚。一个协助我录入了一部分手稿的离异女性解释道："我以前是陶艺师，和一个雕塑家一起生活过八年。我做饭、购物、打扫，因为他的艺术花费更多时间。他说这样很公平，因为他工作更辛苦。但我们都在家工作，而且很明显如果说谁干活儿时间更长的话，那是我，只是因为我的陶器赚的钱不及他的雕塑多。那真的很难忍受，这是我们离婚的原因。"

在20世纪80年代早期，一些女性往更为平等的方向迈出了一小步，与我在20世纪70年代晚期访谈的职场母亲相比，她们承担的第二轮班略微少了一些。贾思特（F. T. Juster）比较了两项全国性的双薪家庭的调查，发现男性在第二轮班中的份额从1965年的20%上升到1981年的30%，而我的研究可能是这种缓慢的全国性趋势的地方映射。③但像多罗茜这样的女性，只是在她们每年额外付出的一个月之上加入一个幻象，即我没做这些。这代表着对那位秀发飞扬的女士的一种可悲的替代——一位不认为那就是她的女士。

第三章
文化掩饰

在我工作的小书房对面的公寓里,有一扇飘窗总是引起我的注意。一个真人大小、系着围裙的橱窗女模特凝视窗外,双目圆睁,双臂合抱,经年于此。她在那里守护、等待,她提醒我和其他路人,家中无人。也许她戏仿着对20世纪50年代"妈妈"的怀旧:在前双薪家庭时代,妈妈备好牛奶和饼干,等待孩子回家。

或许这个模特妈妈是住户对更黑暗的现实开的玩笑,这个现实被秀发飞扬、一手拎公文包、一手抱孩子的女性形象掩盖了。"家里真的没有人,"它似乎是说,"只有一个假妈妈。"她邀请我们再次审视那种常见的职场母亲形象,以及那种形象所隐藏的内容。1984年9月9日出版的《纽约时报》的封面特写是一名职场母亲与女儿走回家的场景。这位女士年轻、貌美、面带微笑,女儿使劲儿地抓着妈妈的公文包,笑意盈盈。榜样的力量无穷,孩子已经成为小小的"超级妈妈"。如果图像会发声,它会说,"女人可以兼顾事业与孩子";而不会提到"每年额外的一个月"、男人或弹性工作时间。这些都被掩盖了。

没有压力的痕迹,也没有迹象表明母亲需要别人的帮助。她毫无倦意。她忙里忙外,忙碌的形象熠熠生辉。事实上,忙个不停的职场母亲形象很像那种忙碌高管的光辉形象。职场母亲的时间稀缺似乎类似于高管的时间稀缺。然而他们的处境截然不同。忙碌的高管在工作中匆匆忙忙是因为他的(或她的)时间如此值钱:他在家里匆匆忙忙是因为他在办公室加班加点。相比之下,职场母亲行色匆匆是因为她工作的时间不甚值钱,也因为她在家里得不到帮助。将职场母亲类比为忙碌的高管,掩盖了二者在工作中的收入差距,同时又促成二者在家里的差距。

《纽约时报》的文章给人的印象是,职场母亲表现得十分出色是因为她有很强的个人能力,而不是因为她享有健全的社会安排。事实上,这种强调私人特征的形象掩盖了所有职场父母所缺失的公共支持。在这方面,如今职场母亲的形象与20世纪60年代的黑人单身母亲形象颇为相似。在为这种凸显个人能力的形象喝彩的同时,我们的文化制造了一种反讽的英雄主义。它为白人中产阶层女性奉上了一种类似于曾经赋予穷困有色人种女性的女性身份版本。

在谈及黑人单身母亲时,评论者和学者们有时候使用"女家长"(matriarch)来描述,在美国文化中,这是一种贬义的说法。该说法通过丹尼尔·帕特里克·莫伊尼汉(Daniel Patrick Moynihan)颇具争议的政府报告《黑人家庭:需要国家为之采取行动》(The Negro Family: The Case for National Action)引起了普遍的关注。在该报告的"病理性混乱"章节中,莫伊尼汉引用数据表明,黑人女孩在学校的考试成绩高于黑人男孩。报告还显示,双薪家庭中的黑人妻子比丈夫收入高的比例为25%,而白人妻子比丈夫收入高的比例仅为18%。在该报告的"母权制"(Matriarchy)章节中,莫伊尼汉引用了社会学家邓肯·麦金太尔(Duncan Macintyre)的观点:"……黑人男性的就业不足和与之呼应的黑人女性更高的就业倾向……都扩展了母亲角色,削弱了男性地位,使得许多黑人家庭在本质上处于母权制。"[①]言外之意是黑人女性应该向白人女性的标准看齐:在教育类的考试中表现得更差,比她们的配偶挣得更少。读到此处,一些黑人社会科学家,诸如伊莱恩·卡普兰指出,黑人女性"如果出去工作来支撑家庭,就会受到谴责;而她们如果不去工作,也会受到谴责"。黑人女性被告诫不要太过于"母权"。但是身为低收入的职场母亲且得不到丈夫的太多支持,她们也完全有理由觉得自己是男性就业不足的受害者。尽管身处社会图腾柱的底部,她们被描述成仿佛置身顶端。这些女性表明,她们"统管"家庭,不是因为她们想主宰,而是因为如果她们不去支付房租、采买食品、做饭以及照顾孩子,那就没有其他人来做这些事。黑人女性本会乐于同男性分担家务和共同决策。但是在莫伊尼汉的报告中,黑人女性的主宰变得似乎就是问题本身,而非问题的结果。

相似的是,常见的超级妈妈形象暗示着,她精力充沛、能力非凡,因为这些是她的个人特征,而不是因为她被迫去适应一张超负荷的时间表。在这两种情形中，女性背负的额外负担都被隐藏起来。莫伊尼汉描绘的作为女家长的黑人职场母亲与当代刻画的白人超级妈妈之间的差异，是一种无意识的种族主义。超级妈妈看起来英勇无畏，而女家长则离经叛道。

这种女性背负的额外负担在苏联也同样被掩盖了。作为工业大国，长期以来苏联的女性就业率超过80%。根据亚历山大·绍洛伊的研究（详见本书第一章），这些女性每年额外工作一个月。在纳塔利娅·巴兰斯卡娅（Natalya Baranskaya）撰写的传奇般的短篇小说《寻常不过的一周》（*A Week Like Any Other*）中，26岁的奥尔佳（Olga）是一名技术人员，她在莫斯科的一间塑料检测实验室工作，也是妻子和两个孩子的母亲。奥尔佳的督导称赞她是一名真正的苏联女性——一个超级妈妈。然而，一次奥尔佳被要求填写一份问卷列举她的爱好时，她回答："就个人而言，我的爱好是跑来跑去，跑来这儿，跑去那儿……"如同黑人女家长和多种族的超级妈妈，"真正的苏联女性"形象将一个社会问题拘泥在个人特征的领域。

在超级妈妈形象中遗漏的是日托工作者、育儿保姆和女佣——这类女性往往处于蓝领阶层，接手白领夫妻交付的、大量（虽非全部）的第二轮班。在媒体形象中，超级妈妈几乎全是白人，而且至少是中产阶层。当然在现实中，日托工作者、育儿保姆、互惠生*、女佣和家务保姆往往也是双薪夫妻中

---

* 译者注：au pairs，源于法语，意思是"平等的"和"互惠的"。年轻的外国人为本地家庭提供育儿服务，以此交换食宿待遇，通常还有少量酬金和学习机会。

的一员。这支不断壮大的女性大军正在接手职业女性所甩掉的一部分母亲的职责。大多数女佣和育儿保姆终身从事这份工作。然而,谁能够请得起打扫屋子的保洁员呢?2010 年,美国家庭年收入的中位数大约 50,000 美元,人口总数是 312,000,000 人,而女佣和保洁员的总数为 1,470,000 人。因此,对一般的美国人而言,把家务外包不是主要的解决方案。

在广告世界里,女佣经常被机器取代。例如,在电视广告中,我们看到一位优雅的女士轻轻触摸着她的新冰箱或微波炉。她的丈夫也许不帮她做家务,但是她的机器在帮忙。她和它是一个团队。② 然而,在现实世界中,机器并不总能节省时间。正如社会学家琼·万尼奥克(Joan Vanek)在关于 20 世纪 20 年代与 60 年代的主妇的研究中指出,即便使用更加省力的电器,60 年代的主妇耗费在家务上的时间与 20 年代的主妇大体相当。60 年代的主妇在清扫房屋方面花费的时间较少,机器帮忙解决了问题,但是她们花费了更多的时间去购物、维修电器、洗衣服(随着洁净标准的提升)和记账。我访谈过的 85% 的职场夫妻没有长期雇用家政帮手;家务事全靠他们自己和他们的"机械助手"。由于这些家务占据了他们稀缺的时间,许多人降低了家务标准。

秀发飞扬的女性形象还遗漏了一个人:她的丈夫。在帮佣缺席、家用电器仍然费时的情况下,丈夫的援助就变得至关重要。但是在大众文化里,职场父亲的形象大量缺失,同样缺失的是家务分担的议题。随着这个议题销声匿迹,因缺乏分担而产生的挣扎和婚姻矛盾这样的观点也悄悄退出视野。有一则广告为我们呈现了以下画面：一位女士刚刚下班回家，她用半熟米迅速做好一顿晚饭，而画面中吃得津津有味的是一位男士。在1978年的一项关于电视广告的研究中，奥利芙·考特尼（Olive Courtney）和托马斯·惠普尔（Thomas Whipple）发现，广告里的男人展示着辅助家务活儿的产品，但通常并没有在使用该产品；广告里的女人经常在为男人和男孩服务，但是男人和男孩很少在为女人或女孩服务。

在纸质作品里也是如此，双薪夫妻中的男性经常是隐形的。大量书籍给职场母亲出谋划策，告诉她们如何"变得有条理""列清单""决定优先顺序"，但是我发现却没有给职场父亲的该类书籍。海伦·格利·布朗（Helen Gurley Brown）是流行词语"都会女孩"（Cosmo Girl）的缔造者以及畅销书《性与单身女孩》（*Sex and the Single Girl*）的作者。她在1982年出版的《拥有一切》（*Having It All*）一书中，用一种与闺密聊天的口吻，向读者讲述自己如何从文员变为明星，如何既能事业成功，又能有女人味，还能把自己嫁出去。她为女性们提出了令人眼花缭乱的建议，如何在事业有成的同时保持性感，但是对如何做一名好母亲却轻描淡写。在布朗的世界里，女性可以拥有名誉和财富、办公室绯闻、整容塑形和耀眼的名牌服装，但是，很显然，有一样是她们无法获得的——一个分担家务的男人。提及自己的丈夫，布朗写道："卡萝（Carol，一个朋友）说，一个男人是否会帮厨取决于他的母亲。我的男人不会。你也不能派他去买东西……他买回来瓶子上带小耳朵的玉米油醋汁、橄榄和肉酱——但是他没买要用这些来炖的豆焖肉，你恨不得一头撞在炉子上。他们经常做一些事情来弥补在家务方面的低能……比如爱你和支付大量的账单。"③

在另一本针对女性的建议类图书《女超人综合征》(The Superwoman Syndrome)里,玛乔丽·汉森·施维茨(Marjorie Hansen Shaevitz)更加坦率地承认自己在让丈夫分担家务的斗争中败下阵来:"有很长时间,我对他毫不掩饰地拒不干活儿感到怒火中烧。我又进一步评判,如果他真的爱我,他就会看到我干得多辛苦,我有多累,然后他会愉快地向我提供帮助。无须我说,你也想得到,这从来没发生过。"④

施维茨过度劳累,难以招架,不受控制。怎么解决?她应该学着列清单和决定优先顺序,她应该雇个用人。施维茨建议少生孩子,推迟生育年龄,缩短生育间隔,因为"这会为父母追求事业或发展其他活动留出更多的时间"。她评论说"如果你有一个以孩子为重心的配偶,你可以得到一些解脱",但她同时提醒说"许多女性没有那件奢侈品……"。对此,施维茨建议做出哪些改变呢?多向朋友们寻求帮助,少为他们提供帮助。对于职场女性来说,互惠原则正是"问题"所在。她解释说:"女超人不仅对求助别人感到焦虑,更重要的是,她心里的'22条军规'——她很可能觉得自己不得不用各种方式来回报别人的帮助。而那同样让你对自己的生活失去掌控。"⑤因此,她不必做以下的事情,比如"同意送你朋友的孩子去看校园剧……",或者是"聆听朋友讲述关于她丈夫和孩子的一长串问题清单"。

施维茨不认为分担家务有错,只是女性无法获得这种结果。在《女超人综合征》长达 4 页的后记中,令人不安的家务分担问题再度浮现于施维茨与丈夫莫特（Mort）话不投机的交谈中：

玛乔丽：……目前我认为除非男人开始多参与一点儿（注意我说的是多一点儿）家务和陪伴孩子，不然我们将陷入某种两性之间的艰难时刻。我不认为聪明、能干、受过教育的女人会忍受不愿意进入分担型关系的男性。你注意我说的是"分担"，而不是"平等分担"。许多女人告诉我，她们想找一个男人共同生活，但是她们不再愿意成为唯一的在关系里付出的人。她们不想和需要被照顾的男人在一起。那样的话，没有男人的生活反倒更加轻松愉快。

莫特：玛乔丽，那真的让大多数男人怒不可遏。很清楚的是，男人现在承担得更多，这种趋势很可能加剧。让男人们难以接受的是，他们所做的一切没有得到多少认可，却被不断抱怨他们这个没做那个没做。男人和女人可能以不同的方式付出。女人们不断地设定基本规则，她们期望什么、她们想要什么以及她们想如何实现。我可以告诉你，大多数有能力、成功的男性——这正是大多数女性寻觅的那种男性——根本不会理会一个行为清单。

玛乔丽：……让你妻子包揽一切的后果就是她很可能生气、怨恨，甚至可能会生病。

莫特：夫妻们需要看看，妻子对丈夫指手画脚这一幕背后的情形。你也知道这样不起作用。我认为许多男性大概会乐意"让她走"——他们会找到其他人来照顾自己。⑥

玛乔丽在谈"很多女性",莫特在谈"大多数男性",但是这场对话似乎隐晦地充斥着他们自己的挣扎。在最后,莫特·施维茨含糊地提到一个观点:女人"从每个人那里获得帮助——来自她的丈夫、孩子和社会",女超人再次穿过芸芸众生独自阔步前行。《拥有一切》和《女超人综合征》给予女性的建议围绕着这些方面:在男人不变的情况下,如何行事?在丈夫与自己的父亲差别不大的情况下,如何成为一个与自己的母亲不一样的女人?通过为"女人"冠名"超级",并且不提女人"全体",这些作者告诉女性如何优雅地适应这场停滞的革命。

有两种针对超级妈妈的回应:其一是取笑她,其二是提出替代性方案——"新好男人"——来取代她。在礼品店,尤其是母亲节前后,在售卖的笑话集、记事簿、钥匙链、烟灰缸、鸡尾酒餐巾和咖啡马克杯上,我们可以见到第一种幽默形式的回应:批评超级妈妈滑稽可笑。芭芭拉(Barbara)和吉姆·戴尔(Jim Dale)的笑话集《职场女性之书》(*The Working Woman Book*)中如此建议:"与你的孩子建立良好关系的第一步是记住他们的名字。"在《女超人综合征》关于育儿一章的"你能做什么"一节里,作者严肃地建议:"A. 与你的孩子聊天,B. 做游戏,C. 参加体育活动……"在"展示你的感情方式"一节中,贴心地提示:"A. 拥抱,B. 亲吻……"⑦

又或者是:"著名的飞人瓦伦达家族(Flying Wallendas)*以

---

* 译者注:Flying Wallendas 是一个杂技和冒险特技表演组合,最广为人知的是他们没有任何安全保护的高空绳索表演。

他们的平衡绝技而闻名，7 名瓦伦达家族成员站在一根细木杆上，下面只有 4 名家族其他成员支撑，在这 4 人之下只有一位强壮、可靠、果敢的瓦伦达……毫无疑问，此人便是瓦伦达夫人。"

在一个马克杯上，印着一名职场母亲一手拎着那熟悉的公文包，另一只手抱着孩子。但是她没有昂首阔步，没有面带微笑，没有飞扬的秀发。这名女士的嘴唇歪歪扭扭，头发蓬乱，脚蹬一只红鞋、一只蓝鞋。她一手抱着号啕大哭的婴儿，另一只手拿着公文包，包里的文件散落出来。下面配的文字是："我是职场妈妈。我快疯了。"时间匮乏，一点都不光鲜；马克杯似乎在说："我不快乐，我很不好。"那个杯子在含蓄地批评疲惫的超级妈妈本身，而不是僵化的工作日程，不是日托危机，也不是我们对"一个真正的男人"的顽固不化的观念。她有不错的选择；疯狂而好笑的是她决定去工作。正因如此，每年额外的一个月成了笑话。如此一来，职场母亲的商业形象吸纳了对该形象不痛不痒的批评，让人开怀大笑，然后一切继续。

对超级妈妈的严肃批评与幽默形式的批评一脉相承。在通俗新闻中，对女性问题的严肃探讨似乎被许多其他的取向所排挤。例如，在《跷跷板上的女人：成功路上的起起落落》（*Woman on a Seesaw: The Ups and Downs of Making It*）一书中，希拉里·科塞尔（Hilary Cosell）对自己一门心思扑在事业上充满了苦涩的悔恨，她没时间找对象结婚，更没法有孩子。比如：

> 你瞧，我工作十个小时、十二个小时或甚至有时候更

长时间,回到家,已经半死,然后我所做的就像是在惟妙惟肖地模仿童年记忆中那些事业成功的父亲。那些我发誓自己长大后绝对不会嫁的男人,更不用说让自己也像他们一样……他们从办公室回到家,喝上一两杯,瘫在沙发上,狼吞虎咽地吃饭,除了无聊的闲谈和东拉西扯之外,毫无用处。而我就是那样做的,我会大口喝一两杯加冰伏特加,胡乱塞一口冷冻食品,摇摇晃晃地去洗澡,追看《希尔街的布鲁斯》(*Hill Street Blues*),伴着特德·科佩尔(Ted Koppel)打盹儿。第二天起床,周而复始。⑧

如同那个咖啡杯上疲惫的妈妈,科塞尔承认自己的压力。如同那个咖啡杯上的妈妈,她哀叹自己进入激烈的职场竞争是"错误的决定",但是并没有质疑竞争中不成文的规定。以幽默形式或严肃形式对超级妈妈的批评都在告诉我们情况不妙,但就像它们所批评的职场母亲形象一样,这些批评传递着一种宿命论,即"事情就是如此"。

第二种文化潮流提出一种替代性方案——新好男人,从而不动声色地批评了超级妈妈的形象。越来越多的书籍、文章、电影和漫画都在歌颂这类男人,他们认为陪伴孩子和分担家务,与成为一个真正的男人并不冲突。鲍勃·格林(Bob Greene)在报纸专栏撰写了一系列描述自己初为人父的文章,这一系列后来汇编成畅销书《早安,快乐阳光》(*Good Morning, Merry Sunshine*)。在书中,有一张他抱着小女儿阿曼达的照片。格林没有奔波在家和工作之间。他正坐着,看起来是在家里,他是居家工作的作家。他穿着短袖衬衫，而不是穿西装打领带——无须职场着装。他微笑着，在他的臂弯里，他的女儿对着相机大笑。他事业有成——他在撰写这个专栏、这本书。他撰写"男性"的主题，比如芝加哥市长选举。他是一名投入的父亲。但他不是一个"家庭主夫"，不是电影《妈妈先生》(*Mr. Mom*)里的那个与妻子交换角色过了一段炸锅一般、令人捧腹的时光的男人——角色互换是一个亘古而幽默的文学主题。格林的妻子苏珊也在家陪伴阿曼达，他加入其中，但不取代妻子。他在日志里写道：

> 今天上午很早就开工了。我投入地撰写关于即将到来的芝加哥市长选举的专栏。我要去镇子北郊采访一位男士，待我回到市中心，还要花几个小时打电话核实信息。我在完稿后要再做一些修改。在我完成之前，就已经天黑了。回到家，我还在回忆这一天片刻不停的报道和写作，故事的各个部分仍然在头脑中不断涌现。苏珊说："阿曼达今天学会了用杯子喝水。"我走进厨房去看她。我看着阿曼达用杯子喝水，其他的一切都无关紧要了。⑨

新好男人"拥有一切"的方式与超人妈妈拥有一切的方式相同，他是秀发飞扬的女性的男性版本。鲍勃·格林是一名投入的父亲，也在一个竞争激烈的领域里获得了成功。尽管他撰写的只是极不典型的个人经历，但无意中传达出一种观念，即男人不面临职场工作和养育子女之间的冲突。

事实上，大多数充分分担了对子女的情感责任和身体照料，并承担了一半家务的职场父亲，同样面临着巨大的困难。只要这些"女人的活儿"仍在社会上被贬低，只要它仍被界定为女人的活儿，只要它仍被附加在常规的工作日之内，分担这些事务的男性很可能也会像咖啡杯上的妈妈一样，嘴歪歪扭扭、头发凌乱。新好男人的形象就像超级妈妈的形象一样：掩盖了其中巨大的压力。

超级妈妈的形象，以及新好男人的形象（在相对较低的程度上）进入了一个奇妙的文化循环。首先，越来越多的男性和女性成为职场夫妻。广告商将这些男女视为潜在客户，用包揽一切的女性形象将他们包围——这些形象出现在网站上、杂志封面上和电视广告里。随后，记者们撰写关于这样的女性的文章；紧跟其后的是建议类图书；最后，学术词汇应运而生。这一连串解读的结果是，双薪夫妻仿佛走过一个长长的镜厅，从一面面镜子里看到自己。

职场母亲在文化之镜中看到的是她们在进退两难的生活中被迫寻求的形象。当我访谈过的职场母亲谈到超级妈妈的形象时，她们想象的是这样一名女性——超乎寻常地高效、有条理、精力充沛、聪明和自信。成为一名超级妈妈似乎是一件好事，被称为超级妈妈是一种赞许。她不真实，但她是理想。南希·霍尔特既是一名社工，也是男孩乔伊的母亲，她发现超级妈妈的观念出奇地有用。在稳定的婚姻还是平等的婚姻的痛苦抉择中，她选择了稳定的婚姻。她努力克制与丈夫发生冲突，并进行了情绪掩饰。超级妈妈的形象吸引了她，因为这个形象提供了一种文化掩饰，以配合她的情绪掩饰。她的妥协被包裹在"一切不可避免"的氛围里。该形象还掩盖了她和丈夫在第二轮班问题上所面临的危机，他们在此问题上的冲突，以及她尝试着压抑冲突来保卫婚姻——于是就在那里留下了秀发飞扬的女性那虚幻的、轻盈的、半眨着眼的形象。

第四章
乔伊的问题：霍尔特夫妇

南希·霍尔特下班回到家，她一手牵着儿子乔伊，一手提着一袋子食品和杂货。她放下购物袋，打开前门，眼前出现的画面是：走廊里信件散落一地，桌上有乔伊吃了一半的肉桂面包，电话机正闪着红灯。这组静物写生让她回想起早晨的情形：全家人紧张忙乱地奔向外面的世界。30岁的南希是个小巧轻盈的金发女人，她快人快语，已经做了七年的社会工作者。她麻利地把信件捡到桌子上，然后直奔厨房，边走边脱外套。乔伊紧紧跟在她后面，专心致志地给妈妈讲自卸卡车如何卸货。乔伊是个活泼可爱、脸上肉嘟嘟的四岁的男孩，一高兴起来就咯咯地笑个不停。

南希的丈夫埃文停好了家里的红色旅行轿车，走进家门，挂好外套。他接南希下班，然后两人一起回家。他显然不愿意掺和厨房里的烂摊子，但就这样回到客厅看报纸又有点底气不足，于是他慢慢研究起信件。埃文和南希同岁，是一名仓储家具推销员。他有一头稀疏的浅金色头发，身材壮硕，习惯将身体重心偏向一边，举止中兼有友善与迟疑。

从一开始，南希就形容自己是"坚定的女权主义者"；她希望获得工作与家庭的平衡和平等的权力。在结婚初期，南希希望自己和埃文的身份定位是既要发展事业，又要做好父母，但她如今却明显地向母亲身份倾斜。埃文觉得，如果南希能把家庭处理好，她有一番事业也是可以的。

这天晚上，在他们家里观察时，我注意到一朵小涟漪从他们家庭生活的汪洋中浮出水面。从喧闹的厨房里传出了南希拖着长音的呼喊："埃文——，请问你能把桌子摆好吗？""请问"一词，道出了她的极大怒火。南希在冰箱、水槽和烤箱之间快速移动，乔伊在她脚边寸步不离，她想让埃文来帮忙；她极不情愿地叫了他来帮忙。她似乎对于不得不去叫埃文来帮忙而怨气十足。（后来她告诉我："我讨厌叫他帮忙，我为什么要叫他来帮忙？这是一种乞讨。"）埃文从信件中抬起头，恼怒地瞥了一眼厨房，也许是这种极不尊重的请求方式刺激到了他。他开始摆放刀叉，问她是否需要勺子。然后门铃响了，埃文打开门，门口站着邻居家的小孩。埃文说，不行，乔伊现在还不能出去玩儿。那一刻的恼怒随之消散了。

之后，我分别访谈了南希和埃文。他们都形容自己的家庭生活很幸福——除了乔伊的"问题"。乔伊很难入睡。一到八点，他们就开始努力把乔伊弄上床。埃文试着哄他睡觉，但被乔伊断然拒绝；南希的运气更好些。八点半，乔伊在床上了，他在嬉闹地爬来跳去。过了九点，乔伊仍在喊着要喝水或要玩具,还偷偷溜下床想开灯。这种情况持续到九点半、十点、十点半。大约十一点,乔伊抱怨自己的床"吓人",他只有在爸爸妈妈的房间才能睡着。筋疲力尽的南希接受了他的提议。在他们家当前的分工中,把乔伊送上床睡觉是"南希的任务"。南希和埃文直到午夜或更晚,才能上床睡觉,那时埃文感到疲劳,而南希则已累到散架。南希告诉我,她过去很享受和埃文做爱,但是现在的性生活就像"更多的活儿"。霍尔特夫妇认为,"乔伊的问题"是他们筋疲力尽、性生活枯竭的罪魁祸首。

"乔伊的问题"的官方历史——即南希和埃文告诉我的故事版本——源自乔伊对南希的狂热依恋,以及南希对乔伊的强烈依恋。一个午后,大家在金门公园散步,南希全神贯注地盯着乔伊的一举一动。一会儿,乔伊看见一只松鼠,南希就跟我说,她下次要记得带些坚果。一会儿,乔伊爬上了滑梯,南希发现他的裤子太短——她今晚要把裤腿放长。这两个人其乐融融。在官方版本之外,邻居们和照顾乔伊的育儿保姆都说,南希是个出色的母亲,但是私下里他们又加上一句:"多像一个单亲妈妈。"

埃文很少关注乔伊。他晚间的常规安排是在地下室鼓捣他的工具,而乔伊看起来总是乐于和南希待在一起。事实上,乔伊对埃文几乎不感兴趣,而埃文没太觉得这是个问题。"小孩子对妈妈的需求超过他们对爸爸的需求,"他冷静地解释说,"所有男孩都会经历俄狄浦斯阶段。"

下面就是在家里发生的完全正常的事情。漫长的一天结束后,一家三口坐下来吃晚饭。埃文和南希在一天里难得有时间可以聊聊天，但他们都紧张地关注着乔伊，预计到他会发脾气。南希问乔伊吃不吃芹菜蘸花生酱，乔伊说想吃。"你确定真的想吃吗？""是的。"然后乔伊开始躁动起来。"我不喜欢芹菜上的这些丝。""芹菜是由这些丝组成的。""这根芹菜太大了。"南希一脸严肃地切开芹菜，一种紧张的气氛愈演愈烈。每次爸爸或妈妈跟对方说话时，乔伊就会打断，"我没有喝的"。南希就给他一些果汁。最后变成，"喂我吃"。到用餐结束时，乔伊所向披靡，大获全胜。他得到了妈妈不情愿的关注，而爸爸伸手拿了一罐啤酒。事后，我们谈起这件事，他们说："当你有了孩子就会发现这很正常。"

有时候，埃文去育儿保姆家接乔伊回家，小男孩的目光会扫过爸爸，寻找他身后的面孔："妈妈在哪儿？"有时候，他直接拒绝和爸爸回家。甚至终于有一次，乔伊"毫无理由地"重重打了爸爸的脸。这下很难把乔伊和埃文的关系继续想象成"完全正常"了。埃文和南希开始认真地讨论"打人问题"。

埃文决定想办法弥补他和乔伊之间疏远的情感。他大约每周给乔伊一个惊喜——一辆汤卡玩具卡车或者同笑乐糖果。他把周末变成父子时间。一个周六，埃文提议去动物园，乔伊迟疑地同意了。父子俩穿好外套，向前门走去。南希在抱着乔伊下台阶的时候，突然决定要和他们一起去，她向埃文解释说："我想帮帮忙。"

埃文很少获得乔伊对他表达的爱，他对此感到无能为力。一天晚上，他对我说："我只能说，我对自己和乔伊的关系感觉不太好。"埃文爱乔伊，他为这个阳光、英俊、快乐的男孩感到骄傲。但是身为父亲,埃文似乎也隐隐地感到受伤,这种感觉让他有苦难言。

"乔伊的问题"的官方版本是:乔伊感受到的正是一名男童对自己母亲的"正常的"恋母情结。但是埃文和南希补充了一点,埃文难以成为一名积极参与的父亲加剧了乔伊的问题;他们觉得这源自埃文的父亲对待他的方式——埃文的父亲是一个白手起家的商人,感情疏离、不善表达。埃文告诉我:"等乔伊长大些,我们要一起打棒球和钓鱼。"

当我通过访谈和观察,记录下"乔伊的问题"的这个官方版本,我开始对此感到怀疑。首先,在一个典型的夜晚,我在简单的脚步声中,发现了另一种诠释的若干线索。南希步伐稳健,她在厨房准备晚餐,操作台—冰箱—操作台—炉灶,沿着"之"字形挪步。乔伊的步伐更加轻快,他在房子里穿梭,跑出大大的"8"字形,从他的汤卡车冲向骑摩托车的玩偶,在自己的物件中,认领他在家里的归属感。晚餐后,南希和埃文一起收拾洗碗,脚步声在厨房里交错。在这之后,南希的脚步声再次响起:咔嗒、咔嗒、咔嗒,下到地下室洗衣服;然后,嚓、嚓、嚓,爬上铺着地毯的台阶来到一楼,跑到浴室给乔伊洗澡,又进到乔伊的房间,再返回浴室帮乔伊洗澡。埃文则较少走动,从客厅的椅子上,到厨房里南希的身边,然后又回到客厅。他挪到餐厅吃晚餐,接着到厨房帮忙收拾。晚饭后,他下到地下室的"个人爱好小铺"整理工具;随后他上楼来拿啤酒,接着又回到地下室。这些脚步声表明了正在发生的一切:南希在家里上她的第二轮班。

脚步的背后

从早上 8：05 到晚上 6：05，南希和埃文都在家外做第一轮班的全职工作。在其余时间里，他们处理各种各样的第二轮班任务：购物、做饭、付账单；保养车、料理花园和后院；保持和谐的人际关系，包括与埃文的母亲——她经常期待乔伊来造访，邻居们、健谈的育儿保姆，以及他们夫妇彼此。南希的日常话语反映出一系列第二轮班的思维："我们的烧烤酱用完了""乔伊该准备万圣节服装了""乔伊需要理发了"等等。她显示出某种"第二轮班的敏感性"，为获得在子女、配偶、家庭和外部工作之间恰当的情感平衡而进行持续的协调。

在我第一次见到霍尔特夫妇的时候，南希承担的第二轮班任务远多于埃文。南希说自己承担了 80% 的家务和 90% 的子女照料；埃文说南希承担了 60% 的家务和 70% 的子女照料。乔伊说，"我用吸尘器吸地毯，还叠餐巾"，最后总结说，"妈妈和我做了所有的事"。一位邻居认同乔伊的说法。很明显，南希和埃文之间存在"闲暇差距"：埃文比南希拥有更多的闲暇。在分别访谈两人时，我请他们讲述自结婚以来，他们如何处理家务和子女照料。

在他们结婚第五年的某个晚上，南希告诉我，在乔伊两个月大的时候（差不多是我认识他们夫妇四年之前），她第一次严肃地和埃文提出这个问题。"我告诉他：'你看，埃文，这样行不通了。我做家务，照顾乔伊，还要全职工作。我很生气。这也是你的家,乔伊也是你的孩子,照料这些不全是我的职责。'当我冷静下来,我对他说:'你看,这样如何,我每周一、周三和周五做饭,你周二、周四和周六做饭,周日我们一起做饭或者出去吃。'"

据南希说,埃文表示自己不喜欢"死板的日程安排",他觉得没必要遵照南希的家务管理标准,他反感南希将自己的标准强加于他,尤其是南希"硬塞给"他一些任务时——而他觉得她时不时地这么干。不过,他原则上接受这个安排。南希说,新计划的第一周是这样执行的:星期一,南希做了饭;星期二,埃文计划的晚餐需要购买一些食材,但他在回家的路上忘记采买,回家后他发现冰箱和橱柜里都没有能用的食材,于是向南希提议出去吃中餐;星期三,南希做了饭;星期四早上,南希提醒埃文"今晚该你做饭了",那天晚上,埃文做了汉堡和炸薯条,南希随即表扬了他;星期五,南希做了饭;星期六,埃文又忘了做饭。

这种情形持续发生,南希的提醒愈加严厉,而埃文则更主动地遗忘——也许他料到,如果自己直接抗拒,南希的责备就会更严厉,被动拒绝——失望愤怒的循环愈演愈烈;不久,战火烧到了洗衣服上。南希说,埃文得平分洗衣服的任务才公平。埃文原则上同意,但南希担心埃文不会分担,她要一个清晰明确的约定。她告诉埃文:"你应该和我轮流洗衣服并叠好。"埃文觉得这个安排就像颈上枷锁。于是,许多个周末,成堆的脏衣服就像一位衣衫不整的来客坐在客厅的沙发上。

沮丧之下,南希开始对埃文实施微妙的心理攻击。她会叹着气说:"我不知道晚饭吃什么。"或者说:"我现在没法做饭,我得去洗这堆衣服。"听到任何对家里的杂乱的评价,她都会全身紧绷;埃文不做家务,他就完全没有权利评判她做得怎么样。她会对埃文大发脾气:"下班后,我和你一样,累得抬不起脚。我和你一样每天都紧张得像上了发条。回到家,我做饭,我洗衣服,我打扫卫生。现在我们计划要第二个孩子,但我连现在这个都应付不过来。"

在我初次拜访霍尔特夫妇的大约两年后,我开始以某种角度来理解他们的问题:这是他们所持的两种性别观念之间的冲突,每一种都承载着个人符号。南希想成为在家里和职场都被需要、被赏识的女性。她希望埃文欣赏她是个体贴周到的社工、尽心尽职的妻子和无可挑剔的母亲。但是她同样在意自己对埃文的欣赏能够基于他在家里的付出,而不只是他如何供养了家庭。她希望能自豪地向女朋友们解释,自己嫁给了这样一个男人。

性别意识形态往往植根于个人的早期经历,并被一些先前形成的动机所强化,而这样的动机常常可以追溯到早年生活中的一些警示故事。南希正是如此:

> 我妈妈棒极了,她是真正的贵族,但她当家庭主妇当得极度沮丧。我爸爸对她呼来喝去。她毫无自信。我慢慢长大,我能回想起她非常沮丧的样子。我在这样的环境里长大,打定主意不过她那样的生活,也绝不嫁给像我父亲那样的男人。只要埃文不做家务,我觉得他就会变得像我

父亲一样——回到家,跷起脚,大声喊我妈妈去伺候他。那是我最害怕的事,我做过那样的噩梦。

南希认为,她同龄的女朋友中那些步入传统婚姻的,结局都很糟糕。她描述了一位高中朋友的故事:"马莎(Martha)勉强从城市大学毕业,她对学习毫无兴趣。九年里,她跟在丈夫(一名销售员)后面打转。那真是痛苦的婚姻。她手洗他所有的衬衫。她的人生巅峰是她18岁那年,我们俩开着野马敞篷车在迈阿密海滩奔驰。如今她胖了70磅,厌恶自己的生活。"对南希来说,马莎就是自己母亲的年轻版本,沮丧、缺乏自尊心。这个警示故事的寓意在于,"如果你想过得幸福,就要发展自己的事业,并让你的丈夫分担家务"。尽管一次又一次地让埃文帮忙就像是艰巨的任务,但这是为了努力摆脱马莎以及母亲的命运。

埃文出于自己的理由,对这些事的看法大不相同。他爱南希,如果南希喜欢做社工,他为此感到高兴和骄傲,也愿意支持她。他知道她对待个案工作非常认真,这项工作非常耗时费力。但与此同时,他不理解的是,为什么就因为她选择了这个费力的工作,他就不得不改变自己的生活?出去工作完全是她个人的决定,为什么她的这个决定就得要求他在家里多承担呢?南希的收入差不多是埃文的三分之二,她的工资对家庭来说是很大的帮助,但是就像南希吐露的,"如果实在不行,家里没我这份工资也过得下去",南希成为一个社会工作者是因为她热爱这份工作。对埃文来说,做日常家务吃力不讨好,他当然也不需要从中得到南希的赞赏。在第二轮班寻求平等意味着降低了他的生活标准。尽管有过各种表态，但他觉得自己没有真正地就此和南希协商过。他很乐意在南希需要时去帮她，那样做可以接受，也还像回事。但是如果要让他投身于一种"互不相欠"式的家务安排，那事情就麻烦了。

大抵还有两个信念加剧了他的抗拒。第一，他疑心如果自己平分了第二轮班，南希就会"控制他"。南希会让他做这做那。对于埃文来说，南希仿佛已经赢得了许多小的胜利，他必须让她意识到界限在哪里。南希喜欢发号施令，她透露说："埃文的母亲有一次让我坐下，对我说我太强势了，埃文需要有更多的权威。"南希和埃文都认同，在两人当中，事实上埃文的事业心和自我意识相对更不坚定。埃文曾经失业，南希却从来没有过。他过去有一阵子酗酒，而她滴酒不沾。埃文认为平分家务会扰乱某种权力平衡，而这种平衡被认为是"文化正确的"。他掌管家庭经济，并在大宗花销方面做主（比如买房），因为他"更懂得理财"，还因为他们结婚时，他贡献的继承财产比南希多。工作的不如意伤害了他的自尊心，现在他们在夫妻关系中达成某种不可言喻的"平衡"——她则认为是对他有利的倾斜——如果将"平衡"矫正，平分家务负担的话，将会使他屈服"过多"。在某种强烈的焦虑的驱动下，南希积极采取策略重新协商家庭角色，这使埃文认为如果他同意了就是"让步"。当他在工作上不顺心时，他很担心自己在家也受制于妻子。

在这些表面的感受之下，埃文可能还另有担忧，他害怕南希回避照顾他。埃文的母亲是个举止温和的酗酒者,她不知不觉地出离了母亲角色,让埃文在很大程度上只能靠自己。也许是这个个人动机——为了防止自己在婚姻里重蹈覆辙——构成了他对南希采取消极抵抗策略的基础,这是我的猜测,埃文没有明说。而他为此惧怕也不全然是错的。同时,他认为自己向南希提供了机会可以待在家里或减少工作时间,可是她拒绝了他的馈赠。南希对此的感受是,鉴于自己对工作的热爱,埃文的提议难以成为馈赠。

在婚后第六年,南希再一次向埃文施压,希望他平等分担家务,埃文记得自己说:"南希,你为什么不能半职呢?这样你就能有时间做好所有事情了。"起初,南希很困惑:"我们结婚这么久,你还是不明白,工作对我很重要。我努力获得社工硕士学位,为什么我应该放弃?"南希也向埃文和我解释说:"我认为学位和工作是自我安慰的方式,让我觉得自己不会落到我母亲那样的境地。"她攻读学位期间,几乎没有得到父母和公婆的情感支持。(南希的母亲避免问及她的学位论文,她邀请公婆参加自己的毕业典礼,但他们并未出席,后来还声称没有收到邀请。)

此外,南希在田德隆区的旅馆里见到她的老年服务对象时的兴奋程度,甚于埃文将沙发卖给梳着油光锃亮大背头的家具零售商。为什么埃文不该像她那样,在职业抱负和个人闲暇上做出妥协?她和埃文,都无法以对方的方式来考虑这个问题。

多年来,斗争与妥协交替上演,南希只看到了短暂的合作幻景,那种景象在她生病和抽身而出时才会出现;在她病愈或者主动承担时，就消失不见了。

经历了七年恩爱的婚姻生活，南希和埃文最终走进一个可怕的僵局。他们开始朝对方大吼大叫，互相指责，吹毛求疵。彼此都感到自己委屈：在埃文看来，他提议的合理分工，而南希无法接受；而在南希看来，她深感公平的安排，而埃文不愿意做。

战火蔓延到他们的性生活——起初是遭到南希的断然拒绝，后来是通过乔伊来回避。南希一直对任何形式的女性诡计或操纵都不屑一顾。她耻于使用那些传统女性惯用的让男人俯首帖耳的伎俩。她的家人把她视为一个激昂的女权主义者，她也如此看待自己。她仔细回忆说："我十几岁的时候，我就发誓绝不利用性来达到自己的目的。这是不尊重自己，是羞辱人格。但是当埃文拒绝承担他的家庭任务时，我却那样做了，我利用了性。我说：'埃文，你看，如果我每天早晨不必面对这么多事，晚上我就不会这么筋疲力尽、毫无性欲。'"她觉得自己沦为了耍弄那种"老套花招"的人，她的现代意识让她为此感到羞耻。与此同时，她已经用尽了其他的现代方式。

分居的念头在两人心中萌生，他们都害怕了。南希审视了他们周围那些每况愈下的婚姻和刚刚离异的、身边尚有年幼子女的夫妻。他们认识的一位男士，是个不幸福的丈夫，极少参与家庭生活（他们不确定，是他的不幸福让他置身事外，还是他的不参与导致妻子不幸福），以至于妻子离开了他。还有另一对夫妻，南希觉得那个妻子太"唠叨"，乃至丈夫抛弃了她，找了别的女人。在这两个例子里，夫妻在离异后更不快乐，而且妻子们都是与前夫争夺了抚养权后,独自抚养孩子,在金钱和时间上都捉襟见肘。南希评估一番后,自问:"为什么要为了一个没洗的长柄煎锅而毁掉婚姻?这真的值得吗?"

"楼上—楼下"作为"解决办法"的家庭迷思

霍尔特夫妇的婚姻危机爆发后不久,由第二轮班引发的矛盾发生了戏剧性的缓和。仿佛问题解决了,埃文赢了,南希将承担第二轮班。埃文对此表达了含糊的内疚,但仅此而已;南希厌倦了不断提起这个话题,也厌倦了缺乏解决方案。当下的挫败让她精疲力竭,她也希望结束这场斗争。埃文在其他方面是"这么好",为什么要让没完没了的争吵来伤害他们的婚姻?她还告诉我:"女人总是调整得更多,不是吗?"

一天,我让南希在一份长长的家务清单上,挑出他们夫妇各自承担的任务,她打断了我,甩手比画说:"我做楼上的事,埃文做楼下的事。"那是什么意思?我问。她不带感情、就事论事地解释说,楼上包括客厅、餐厅、厨房、两个卧室、两个洗手间,楼下包括车库和一处储物和把玩爱好的场所——埃文的爱好。南希不带任何幽默或嘲讽地解释说,这是一种"共同分担"的安排——正如埃文后来也如此解释。双方表示他们都同意这是解决争端的最佳方案。埃文将照管汽车、车库,还有他们家的狗——马克斯。就像南希说的:"狗完全是埃文的事,我不需要操心它。"其余的事就全归南希料理了。

于是,为了适应第二轮班的分工,霍尔特家的车库在道德和实际意义上提升到与房子其余部分同等重要的位置。南希和埃文将"楼上和楼下""屋里和屋外"含糊地描述为"一半对一半"的公平劳动分工，该分工是基于他们房屋空间的一种自然划分。

对于他们"曾经遇到的"难题，霍尔特家以"楼上—楼下"的共识，作为绝对公平的解决方案。我们可将这种信念称为"家庭的迷思"，甚至是一种轻度的妄想体系。他们为什么相信这个迷思？我认为是因为他们需要以此为信，因为它解决了一个棘手难题。它让南希得以继续将自己视作被丈夫善待的女性——这样的自我概念对她至关重要。它回避了一个严峻的真相，那就是埃文以麻木和被动的方式，拒绝平分家务。它回避的另一个真相是，在他们最后对决的时候，南希比埃文更害怕离婚。他们共同设计了这个家庭生活的外罩，借此试图就以下问题达成一致：他们在第二轮班的问题上没有冲突，他们各自认同的男性身份和女性身份之间不再紧张，之前出现的重大危机是暂时和次要的。

回避这种冲突的愿望是再自然不过了。而他们的回避受到周围文化——尤其是那秀发飞扬的女性形象——暗中支持。毕竟，这位令人钦佩的女性同样自豪地承担每天"楼上"的工作，既不需要丈夫帮助，也不挑起冲突。

在南希和埃文达成"楼上—楼下"的共识后，他们的对抗就结束了。曾经的冲突几乎抛诸脑后。然而，在达成共识数月后，南希讲述起日常生活时，她的怨恨依旧如影随形。例如，她说：

埃文和我终于平分了家务,这样一来,我管楼上的事,埃文管楼下的事和家里的狗,所以狗就成为我丈夫操心的事了。但是当我把狗弄到门外,帮乔伊收拾好准备去日托,将喂猫后的狼藉打扫干净,准备好大家的午饭;结果儿子用我的衣服擦鼻涕,我不得不去换衣服——然后我气炸了。我感觉我在做所有的事。埃文所做的全部就是起床、喝咖啡、读报纸,然后说:"好啦,我现在要走了。"而且他还常常忘记带上我费劲做的午餐。

她还提到自己已经养成了哄乔伊入睡的固定习惯:一开始,乔伊让她抱着他摇晃,一起倒到床上,鼻子贴着鼻子,胳膊抱着胳膊,还要她在他耳边哼唱低语。乔伊等着妈妈关注他,如果得不到,他就不睡觉。但是,逐渐地,当南希每晚八九点哄乔伊睡觉时,这套程序非但不奏效,反而让乔伊更精神了。就在那时,乔伊开始说自己只有在爸爸妈妈的房间里才能睡着,于是他开始睡在他们的床上,吞噬他们的性生活。

在我的家访行将结束时,我突然意识到,南希是在以一种"令人兴奋"的方式哄乔伊入睡,睡觉的时间越来越晚,为了向埃文宣告某件重要的事:"你赢了,我将继续承担所有的家务,但我对此感到气愤,我要让你付出代价。"埃文打赢了战役却输掉了战争。依照家庭迷思,一切安然无恙:"楼上—楼下"的共识解决了这场争斗。但是,这场争斗在他们婚姻的某个方面偃旗息鼓,又在另外的方面生生不息——正如乔伊的问题,以及他们自己的问题。

南希维护迷思的"程序"

我相信有那么一刻,南希似乎决定放弃对这个问题的坚持。她决定试着不去怨恨埃文。无论其他女性是否面临这样的时刻,至少她们都面临着一种内心需求,去处理当珍视的理想和不匹配的现实激烈碰撞时内心涌现的百般滋味。在一个革命停滞的时代,这是众多女性都要面对的问题。

在情感上,南希的妥协不时滑坡,她会忘记自己的"决定"而重生怨恨。她的新决心需要维护。半自觉半无意识地,南希倾尽全力去保持决心。自她决定妥协大约一年后,她可以用一种就事论事、不带批评的方式对我说:"埃文喜欢回到家就有热饭吃。他不喜欢清理桌子,不喜欢洗碗;他喜欢看电视,他高兴的时候就陪儿子玩儿,而不觉得他应该多陪伴儿子。"她似乎放弃斗争了。

一切"还好",但是其中耗费了异常复杂的"情绪工作"——试图去感受"正确的"感受,也就是她所希望的感受——以便让一切实现并保持"还好"的状态。在这一历史时刻,在全美各地,挡在停滞的革命和破碎的婚姻之间的,往往就是这种情绪工作。

对南希·霍尔特来说,更容易的做法本该是,和其他一些女人一样,愤然坚持她主张分担第二轮班的目标。或者她可以愤世嫉俗地声明放弃误导了自己的女权主义信条,清除为她的愤慨站台的各种意识形态力量,以便理顺她和埃文之间打了结的情感纽带;或者像她母亲那样,她可以悄无声息地沉沦于抑郁，用过劳、酗酒和暴饮暴食来自我掩饰。但是这些事，她都没有做，她所做的更为复杂。她变得充满善意的通融。

南希如何做到宽以待人？她如何能真正忍受这一切？最宽泛而言，她迫使自己相信这个迷思，即"楼上—楼下"的家务划分是公平的，这解决了她和埃文之间的争斗。她不得不决定接受这种安排，尽管在内心深处，她觉得不公平。与此同时，她并没有放弃自己对公平的深深信念。

她的所作所为反而更加复杂。南希在直觉上回避了所有与这个痛处关联的心理联想：埃文照看狗与她照料孩子和房子之间的联系，她的家务份额与婚姻平等之间的联系，平等与爱之间的联系。简言之，南希拒绝有意识地承认整个链条中的关联，这些关联让她感到有些不对劲。在她所设计的维护程序里，避免思考上述事情以及它们之间的关联，在一个角度来看，这是一种否认，而从另一个角度来看，这是一种直觉上的天赋。

首先，该维护程序将第二轮班的不平等，与他们的婚姻中以及更广义的婚姻中的不平等区分开来。南希依旧在意平分家务，在意拥有"平等的婚姻"，还在意其他人能够拥有这些。南希在意这些事情的原因可以追溯到她那抑郁的"受气包"母亲，也与她自己的决心有关，她决心要成为一名受过教育的、独立的职场女性，而就业机会在20世纪80年代早期已经向这些女性敞开。女权主义是理解她的生平、她的境遇，以及她如何打造二者的钥匙。她怎能不在乎呢？但是，为了确保自己对平等的关注不会使她在婚姻中怨恨自己那拒不改变的丈夫，她"重新划分了"诱发愤怒的领地。她把那片领地缩小了：只有当埃文不照看狗的时候，她才会气愤。现在，她一般不必为了双重工作日而烦恼。她可以仍然相信家务平分，仍然相信努力实现平等是一种尊重的体现，而尊重是爱的基础。但现在这一观念链条被更稳当地套在一件更小的事情上：埃文是多么精心地为狗洗理、喂食和带它遛弯儿。

对于埃文也是如此，宠物狗成为整个第二轮班的象征：它变成了物神（fetish）。我发现其他男人也有第二轮班物神。当我问一名男士，他分担了哪些家务，他回答说："我们吃的馅饼全是我做的。"他不必去分担太多家庭责任，"馅饼"代表了他承担的责任。有的烤鱼，还有的烤面包。通过做馅饼、烤鱼和烤面包，这类男性将单一行动转变成第二轮班中大量家务的一种替代、一个标志。埃文所做的是照看狗。

南希封装愤怒的另一种方式是，换种方式思考她的工作。感到自己无法应对家务，她费了一番周折后，终于和上司达成了半职的工作安排。这减轻了她的负担，但并没有解决那个若隐若现的道德问题：在他们的婚姻里，与埃文相比，南希的工作和时间"不那么重要"。埃文花时间做的事，与他希望南希依赖他、欣赏他的方面相一致，而南希花时间做的事却达不到相应的效果。

为了解决这个问题，南希有个想法：将自己所有的工作划分成"多个轮班"。她解释说："是的，我一直愤愤不平。我感觉受到了亏待，我变成了让人难以忍受的泼妇。既然我已经非全职工作，我算了下，自己从早晨八点到下午一点在办公室，回到家照顾乔伊，五点做晚饭——早晨八点到晚上六点之间都是我当班。所以我不介意每天晚上做饭,因为这是我上班的时间。此前,我不得不在自认为是下班后的时间做晚饭,而我对自己总是不得不做感到怨恨。"

在南希的维护程序里,另一要点是抑制比较任何她和埃文之间的闲暇时间。在这方面,她得到了埃文的配合,因为他们都坚守一个信念,即他们享有平等的婚姻。他们否认这个平等婚姻和闲暇时间均等之间存在任何联系。他们都认为,以下的声称都毫无意义:埃文比南希的闲暇更多、埃文的疲惫才更重要,埃文更有权支配自己的时间,或者埃文更能按照自己的意愿生活。这样的比较可能暗示着,他们都把埃文当作比南希更有价值的人;而对南希来说,这一点带来的多米诺效应会让她最后想到,她爱埃文并尊重他,但埃文对她却没有报以同样的爱与尊重。

对南希而言,她和埃文的闲暇差距似乎不仅仅是这样一个简单而现实的问题,即这让自己更为疲惫。倘若只是如此,她就只会感到疲惫,而不是愤怒;倘若仅仅如此,做一阵非全职的工作将会是绝好的解决办法,正如许多其他女性说的,"两全其美"。困扰南希的是她自身的价值。就像她有一天跟我说:"并不是我不愿意照顾乔伊。我喜欢照顾他,我甚至不介意做饭和洗衣服。我有时候觉得埃文认为他的工作和时间都比我的更有价值。他会等着我去接电话,好像他的时间更宝贵。"

南希解释道:"埃文和我找寻不同的爱的迹象。埃文在我们做爱时感到被爱,性的表达对他来说非常重要。我在他为我做饭或替我打扫卫生的时候感到被爱。他知道我喜欢这些,有时会这样做。"对南希来说,让她感到被爱的是,丈夫考虑她的需要,尊重她家务共担的理想。对埃文来说,"公平"和尊重看似是毫无人情味的道德观念,是粗暴地强加在爱意之上的抽象概念。他认为自己向南希表达尊重的方式,是认真聆听她对于老年人、社会福利等各类话题的观点,以及征求她对大宗家庭开销的意见。然而,谁刷碗与个人的家庭角色有关,与公平无关,更与爱意无关。我在访谈中发现,数量惊人的女性提到她们的父亲"出于爱"或关心而帮助她们的母亲。比如一位女士说:"我爸爸帮忙做了很多事。他真的很爱我妈妈。"而我访谈的男性中,没有人在描述自己父亲时将帮忙做家务和爱意联系起来。

压制比较的政治

过去,南希会比较自己和埃文的家庭责任、各自身份和生活,也会将埃文与他们认识的其他男性比较。如今,为了避免生怨,她似乎更多地将自己与其他职场母亲比较——相比之下,她是多么有条不紊、充满活力和卓有成就。照此标准,她表现出色:乔伊茁壮成长,自己婚姻美满,工作是自己所期待的。

南希也将自己与一些在事业上获得长足发展的单身女性比较,但是她们符合另外的心理范畴。她认为,女人分为两种——已婚的和单身的。"一名单身女性可以在事业上勇往直前,但已婚女性还不得不承担妻子和母亲的责任。"她没有对男性做这种区分。

当南希决定不再将埃文与做家务较多的男性进行比较后,

她只好抑制一些她经常和埃文讨论的问题：埃文的帮助是有多难得？她的幸运又是多难得？与一般男性相比，他做的算多还是算少？与受过教育的中产阶层男性相比呢？男性分担家务的"当下行情"是什么？

在做决定之前，南希曾声称，与他们同一条街，相隔两户的比尔·博蒙特（Bill Beaumont）无须妻子提醒，自己承担了一半的家务。埃文承认有这么一回事，但他说比尔是个例外。埃文说，和大多数男人相比，他做得算多了。如果"大多数男人"是指埃文的老朋友们，这倒是实情。和那些男人的妻子相比，南希感到自己是"向上流动的"，而且她相信她们会将埃文视作榜样，就像她自己过去仰慕那些丈夫比埃文多做家务的女性。她还提到，一位男性朋友把她视作危险的"工会成员"。

> 我们有个朋友是传统的爱尔兰警察，他妻子现在不工作。但他们保障婚姻的方式是，即便她带孩子并做全职工作，她还要承包全部家务。他不能理解我们的安排，无法想象我丈夫会帮忙做家务，有时做饭，偶尔洗碗、洗衣服。他曾一度禁止我们去他家做客，因为他告诉埃文："每次你妻子跑过来跟我太太聊天，我就有麻烦了。"我被当作了激进的自由主义者。

柯林斯一家住在南希家对面，当乔·柯林斯（Joe Collins）的妻子抱怨乔不和她平分家务的时候，乔就会搜寻一个分布着分担、半分担和不分担男性的无形链条，以便在他妻子列出的助益型丈夫名单上，找到排名靠后的某个人，然后说："至少我做的比他多太多了。"乔的妻子回应时会点出一位她了解的男性的名字，此人承担照顾孩子和做家务的一半责任。乔会说，这个男人要么是虚构的，要么就是自身很有钱，然后引用另一个男性朋友的例子，虽然此人是个十足的幽默家和渔夫，但他在家里承担的家务更少。

我开始想象，在中产阶层爱尔兰街区的这条街上，穿越整个城市，以及延伸到其他城市、各州和地区……有多少个同样的夜晚，妻子向丈夫表明，哪个男人承担的家务多，丈夫则向妻子表明，哪个男人承担的家务少。这样的比较——在埃文和其他男性之间，在南希和其他女性之间——折射出两性成员中对某种态度和行为的半有意识的支持度。如果在他们中产阶层的朋友圈里，大多数男人都沉溺于喝酒、打老婆和出轨，南希就会觉得自己遇到埃文是"幸运的"，因为他没有上述行为。但是，他们熟悉的大多数男性也没有那样肆意妄为，所以从这方面来讲，南希不认为埃文"高于当下行情"。那些男人中的大多数在鼓励妻子发展事业时，都表现得很敷衍，所以南希认为自己很幸运地获得了埃文的热情鼓励。

这种"当下行情"的观念，可谓反映了关于男性行为或态度的市场价值。如果某个男人真的很"少见"，他的妻子在直觉上会心怀感激，或者至少夫妻俩都觉得她应该感恩。整个文化及其特定领域对女权主义议程的认可程度，包括对暴力殴打妻子的行为予以定罪，反对女性需要丈夫的"许可"才能工作等等，为一个社会如何评价男人的稀缺和被需要的程度提供了文化基础。

"当下行情"是婚姻斗争的工具;在家务分担方面,主要是男方的利器。如果埃文能说服南希相信,他和"大多数男人"承担的家务相当,甚至比他们做得更多,她就不会真的期待他做更多的家务。像大多数不平分家务的男性一样,埃文觉得男性"规范"是支持他这边的:"其他"丈夫也做得少,他与其他丈夫分担的一样多,南希应该感到幸运。

南希认为,"其他"丈夫在家里做得更多,但他们羞于承认。鉴于这样的看法,南希觉得自己没有埃文所认为的那样幸运。此外,南希觉得稀有程度不是唯一和最佳的衡量标准。她认为,评价埃文所承担的家务量,不应该参照其他人生活中的不平等现状,而是应该参照分担理想本身。

越接近理想,赞许就越多。理想越难实现,就越需要收起更多骄傲,付出更多努力,得到的赞许也就越多。因为埃文和南希对当下行情的看法不一致,因为他们的理想截然不同,也因为埃文事实上没有努力做出太多改变,南希没有像埃文觉得她所应该的那样感激埃文。她非但不感激,反倒怨恨他。

但是现在,南希运用新的"维护程序"维系自己婚姻中关于平等的必要迷思,她搁置了施予和收获赞许的纠结。她现在用一种更加"区别对待"的方式思考这个问题。她在女性之间比较,也在男性之间比较,她的感恩之情基于那种思考方式。由于当下行情对女性不利,相较于埃文对南希的付出(稀松平常)而心生感激,南希觉得自己应该对埃文的付出(世间少有)更加感恩戴德。南希不是因为埃文在男性身份的观点上做出妥协而对他感激，事实上他几乎没有让步。但是南希觉得应该感激埃文全心全意支持她的工作，这非同寻常。

对埃文来说，他没有过多谈到自己对南希的感激。他避免将自己和南希做比较。他抹去了南希和他自己的差别：他用"我们"代替"我"，不将"我"和"你"做比较。例如，当我问他，是否认为自己在家里承担了足够的家务时，他笑了，对我的直截了当感到惊讶，然后温和地回答说："我觉得还不够。我必须承认，我们也许可以承担更多的家务。"接着，他以一种截然不同的"我们"的口吻继续说："不过我也不得不说，我觉得，在家务方面，我们可以比实际做的再多做一些。你看，我们放过了很多该做的家务。"

南希不再将埃文和比尔·博蒙特做比较，不再将埃文和"当下行情"做不利的比较。排除这些参照系后，南希和埃文的交易看似"公平"了。这不意味着南希不再注重性别平等。相反，她剪下很多关于男性在社会福利方面比女性提升更快的杂志文章，她抱怨精神科男医生对待女社工的居高临下。她将自己信奉的女权主义"推进到"工作领域，这样就和家里的"楼上—楼下"安排保持着安全距离。

南希现在将她的疲惫归罪于"她必须做的每件事"。当她偶尔讲到冲突，指的是工作和乔伊之间的冲突，或者是乔伊和家务活儿之间的冲突。埃文从这个复杂情境中脱身了。现在当南希谈到他的时候，他在冲突关系中消失得无影无踪。

自从南希和埃文不再将自己视为可比较的，当埃文以"男性的"方式说起某些家务活儿是他"将会做的""将不会做的"，或者是当他有时间就着手做时，南希便不予计较。像大多数女性一样，当南希说起家务活儿的时候，她指的只是那些必须做的事情。她和埃文在谈及家务时的不同方式，似乎强调了他们不同的观点是"与生俱来"的，也再次有助于将这个问题抛诸脑后。

许多夫妻根据实际需求来灵活安排家务，比如，谁先到家就先开始做饭。过去，埃文曾以"灵活性"为借口，掩饰自己对第二轮班的逃避；他说自己不喜欢"死板的日程安排"。他有一次跟我解释说："我们真的没有算过谁做了什么。谁先到家，谁就很可能先准备晚饭；谁有时间，谁就去照看乔伊或收拾。"埃文特别瞧不上一个女邻居，她一丝不苟地记录家务执行状况，埃文形容她"紧张兮兮"又"有强迫症"。他觉得，夫妻相处应该"自由自在"。他曾说过，任何时间吃晚饭都可以。在埃文欢庆愉悦的、自发的散漫中，闲暇差距的想法消失不见了。但是，现在他们的斗争结束了，埃文就不再说起可在"任何时间"吃晚饭了。晚饭在六点开餐。

南希"退一步海阔天空"的程序中还包括另一个策略：她会关注输了这场斗争所带来的好处。她并没有被楼上的活儿困住。现在，言谈中她似乎在主持家庭事务，仿佛这是她的领地。她会去做家务，而房子像是属于"她的"。新买的客厅沙发和厨房餐柜，都被她称为"我的"。她操起"超级妈妈的说法"，开始称我的厨房、我的客厅窗帘，甚至埃文在场时，她称乔伊为我的儿子。她谈论着帮她省时省力的家用电器，以及她面临的工作—家庭冲突。凭什么她不该这样说呢？她觉得自己争得了这个权利。客厅装饰体现了南希对米色的偏好,乔伊的成长方式体现了南希的育儿理念,即通过给予孩子可控的选择来培养创造力。房子的其余部分是埃文的领地。她表示:"我从来不碰车库。埃文打扫车库,然后整理布置,还在里面捣鼓工具,琢磨如何摆放——事实上,这是他的一项爱好。晚上,安顿好乔伊之后,他就下到车库去捣鼓;他在那儿有台电视机,他摆弄他的钓鱼设备。洗衣机和烘干机也在那儿,那是我在车库仅有的一块地盘。"

南希可以自视为"赢家"——那个在家随心所欲的人,那个真正拥有厨房、客厅、房子和孩子的人。从某个特定角度讲,她可以将自己和埃文之间的分工看作是再公平不过了。

南希和埃文夫妇都以掩饰争端的方式,解释了他们对第二轮班的分工。现在,他们合理地解释说,这是由他们两人不同的个性导致的。尤其是对埃文来说,完全不存在闲暇差距的问题;这只是两种个性之间持续不断的奇妙互动。"我很懒,"他解释说,"我喜欢在我自己的时间里做自己想做的事。南希不像我那么懒,她闲不住,也很有条理。"曾经直指问题的种种比较——他们各自的工作、疲惫程度和闲暇时间——都融化在孤立的个性问题里——他行为懒散,而她做事上瘾。

现在,南希认可埃文对她的评价,她形容自己是个"精力充沛的人",做事惊人地"井井有条"。我问她,是否感到工作和家庭生活的冲突。她辩解道:"我通宵工作都没问题。读本科和研究生的时候,我一直熬夜,所以现在也没多大问题;我整个晚上陪着家人,打发他们上床睡觉后,煮些咖啡,接着熬通宵（撰写福利个案报告），然后第二天继续工作——不过我只是在快到最后一刻才这么做。我完全不觉得工作和孩子之间存在冲突。"

埃文在工作中表现得很有条理并且充满活力。但在南希谈到埃文在家的表现时，既不能说他拥有这些优点，也不能说他缺乏，而是这不相干。优点的双重标准，强化了一个观点，即男性和女性"生来"就如此不同，他们之间无法比较。

根据夫妇俩现在的描述，埃文在家务方面的倾向，在童年时期就已打下烙印，个人岂能改变整个童年？南希常常提醒我说："我从小就做家务，而埃文不是。"许多其他男人在成年之前也没怎么做过家务，但他们并没有如此宿命般地提到"成长经历"，因为他们目前承担了很多家务。但是，命运早注定的念头，在南希"退一步海阔天空"的程序中，却异常有用。她需要这个念头，因为如果命运在生命之初就已经注定，她每年额外劳动一个月便无可避免。

就是这么一套心理把戏，帮助南希调和"信的一套"与"做的一套"之间的张力。

霍尔特夫妇知多少？

从一个重要的方面来说，霍尔特夫妇在绝大多数双薪夫妻中很典型，即他们的家庭生活已经成为一场停滞革命的减震器，而这场停滞革命的源头远在他们的家庭生活之外，根植于对两性造成不同影响的经济和文化趋势。南希看书、读报纸、观看电视节目，关注女性角色变化的议题；埃文则没有。南希感到自己在这些变化中受益；埃文也没有。对南希而言，无论在理想还是现实中，她与自己母亲的差别都甚于埃文与他父亲的差别。南希上了大学，她母亲却没有。南希从事专业性工作，她母亲从未涉足。南希认为夫妻之间应该平等；而在她母亲青春年少时，这仿佛就是痴人说梦。南希认为自己应该分担赚钱养家的责任，而埃文也应该分担家里的活儿；而她母亲却从未如此异想天开。埃文上了大学，他父亲（和家里其他男孩，但女孩没有）也上过大学。工作对埃文作为男人的自我认同非常重要，对他父亲来说也是如此。事实上，埃文对家庭角色的感受，和他父亲当年的感受如出一辙。20世纪60年代和70年代，新的工作机会和女权主义运动让南希经历了翻天覆地的变化，但将埃文留在原地。由这种两性间的差异造成的摩擦，如同磁石吸铁一般，自然而然地转移到第二轮班的问题上。到最后，埃文承担的家务活儿和子女照料比大多数职场女性的丈夫少——但也没少太多。在另一个方面，埃文和南希的婚姻也具典型性，即夫妻双方性别意识形态的冲突和彼此对于"牺牲"的不同观点。在我的研究中，这种类型的婚姻占到将近40%。到目前为止，最常见的错配形式就像南希和埃文的组合，平等型的妻子配上了过渡型的丈夫。

但是对于大多数夫妻来说，策略之间的矛盾并没有那么迅速地激化。与大多数女性相比，南希更努力地、想方设法地让埃文平分家务，而与少数也同样努力进行斗争的女性相比，她失败得更彻底。与大多数男性相比，埃文更不声不响、不屈不挠地采取消极抵抗的策略；与大多数父亲相比，他也让自己在儿子的生活中变得更为无足轻重。与其他封装着同样强烈矛盾的家庭迷思相比，霍尔特家对平等分工的迷思似乎也更怪异一些。

除了他们的"楼上—楼下"迷思，霍尔特夫妇的故事还向我们详细地展示了夫妻双方所采用的微妙手段，在不解决问题或解散婚姻的情况下，封装起由第二轮班引发的争斗。像南希·霍尔特一样，许多女性都挣扎着回避、抑制、掩盖或神秘化关于第二轮班的可怕冲突。她们这样挣扎，不是因为她们一开始就想这样，或是因为这样的挣扎不可避免，或是因为女性难逃失败，而是因为她们被迫在平等和婚姻之间做出选择。于是，她们选择了婚姻。当被问及对两性间的"理想"关系的总体看法、她们对自己女儿的希冀，以及她们对婚姻的愿望时，大多数职场母亲都希望她们的丈夫能分担家里的活儿。

但是，很多女性"希望"如此，而非"想要"如此。其他目标——比如保持家里相安无事——是第一要务。为了防止自己的理想与婚姻相冲突，南希·霍尔特进行了一系列非凡的幕后情感管理。最终，她成功地限定和微缩了自己秉持的两性平等的观念，从而完成两件她迫切想做的事情：感觉自己是女权主义者，并和一个非女权主义者的男人和睦生活。她的维护程序卓有成效。埃文赢得了现实层面，因为南希承担了第二轮班；而南希赢得了封面故事。他们谈及此事时，好像彼此真的平分了第二轮班。

南希将"楼上—楼下"的迷思当作意识形态的外衣，保护自己免于陷入婚姻中的矛盾冲突，也让自己免于承受加诸婚姻的文化和经济力量。在这场发生在他们身边的性别革命中，南希和埃文·霍尔特身处对立的阵营。在 20 世纪 60 年代、70 年代和 80 年代，广大女性进入公共领域工作——但在职业阶梯上攀升有限。她们努力争取"平等的"婚姻，但却收获寥寥。与她们结婚的男人，喜欢她们在办公室工作，却不愿在家里平分每年额外的一个月。20 世纪 70 年代和 80 年代，职场女性的身份困惑形成了一种文化真空，此时，超级妈妈的形象悄然而至。她让"停滞"看似正常而幸福。但在秀发飞扬的女性的幸福形象背后，是像霍尔特家那样的现代婚姻，反映出错综复杂的张力之网，以及女人、男人和孩子们在不得不处理不平等时所付出的巨大的、隐秘的情感代价。不过，在表面上，我们看到的可能是，每天早晨八点半，南希·霍尔特自信地关上门出发，一手拎着公文包，一手牵着乔伊。我们听到的可能是，南希和埃文讲述他们的婚姻是多么幸福、正常，甚至平等——因为平等对南希是如此重要。

第五章

传统婚姻的家庭迷思：德拉科特夫妇

在我们的访谈开始时，弗兰克·德拉科特（Frank Delacorte）坐在一把带扶手和搁脚垫的躺椅上，他身体后倾，躺椅就随之展开，这是他的专座。在这间装饰朴素的客厅里，这是唯一的一把扶手椅。我访谈过的一些男性，他们所坐的椅子对着电视，暗示着他们渴望隐退和独自休息。弗兰克的椅子面向房间，暗示了他是家庭的一员，椅子的尺寸和醒目暗示了主人的权威；这把摆放在房间中心的椅子属于一家之主。我坐在沙发上，旁边放着录音机，与弗兰克进行访谈。这位在两性议题上比埃文·霍尔特持更传统观点的男性，结果反而比后者更心甘情愿地承担了更多的家务事。

弗兰克是一名身材颀长的29岁男性，手臂修长肌肉紧致宛如绳索，深色头发梳理得干净利落，棕色的眼睛十分深邃。在描述自己和婚姻时，他显得谦逊而深思熟虑："我认为自己差不多是传统主义者。我内心是传统的人。我觉得男人应该成为一家之主，他应该说了算。我不认为他该是唯一有发言权的；我父亲是一家之主，但是很多时候我母亲也按她的方式行事。我觉得自己在生活中的角色也是如此，我找不到想要改变的理由。"他稍事停顿，微微地、并无歉意地耸了耸肩。他斟词酌句——仿佛说出了通常难以用言语表达的根本所在。

弗兰克在一家工厂黏合箱子的纸板，每年能赚 12,000 美元。他喜欢做木匠，但合成纤维板并不是他喜欢的真正的木头。他讨厌胶水那股浓烈的化学气味，担心会有危害。说到职业，他说自己是木匠，曾经在岳父经营的小型家具公司工作，后来公司倒闭了，他才被迫进入工厂。尽管他近期在浏览招聘广告，想找个收入更好的工作，还在午休时参加了一场招聘面试，但是目前尚无进展。不过他的婚姻很幸福，他为此感谢上帝。他和卡门（Carmen）结婚六年了，此时妻子正在卧室看言情电视剧。

弗兰克出生于尼加拉瓜的一个蓝领家庭，在六个子女中排行老三。弗兰克的父亲是一名商船船员，在多个港口城市工作。为了追随父亲，弗兰克和兄弟姐妹们从小就经常跟着母亲到处搬家。他记忆中的母亲和父亲——他将父母统称为"他们"——"严厉"而且"略微冷漠"。他不想抱怨，但他感觉父母没有给予他足够的关爱。他认真思考自己是否有权利抱怨——因为父母的生活也很艰难——但他的初步结论是，自己不希望在如此冷漠的家庭里成长。他想组建一个更温暖的家庭，而与卡门的婚姻让他如愿以偿。

弗兰克·德拉科特的观念与我采访过的大多数工人阶层男

性一致。中产阶层的男性经常期望妻子"帮忙"养家，同时他们也要求自己在家里"帮忙"；他们支持妻子的工作，常常觉得工作"对她们有好处"，而且认为女性"如果想工作，她就有这个权利"。中产阶层的男性常常把自己看作平等的伴侣，只是与妻子扮演不同的角色。虽然他们更高的收入给予了他们更大的潜在权力，但是他们不强调这个优势；他们不加谈论，只是享有——这体现了他们的男性荣誉。有些男人会偶尔开玩笑说，自己让妻子一直"光着脚，大着肚子"*，或是命令她去"给我拿烟斗和拖鞋"。他们的玩笑强化着一个事实，即在他们这个阶层，女性受压迫早已是历史。

相反，弗兰克则使用"让我的妻子工作"这样的说法。对他来说，男性荣誉体现在向妻子——被上帝赋予在婚姻中居于从属地位的那一方——表现出爱的体贴和关怀。因为德拉科特家需要卡门的收入来维持生活，事实上弗兰克的经济实力逊于大多数中产阶层男性。尽管如此，或者也许正因如此，德拉科特夫妇都希望弗兰克来做"一家之主"，并"最终决定"卡门是否出去工作。现如今，对于弗兰克的收入来说，他的传统理想太过"昂贵"了。

在与一些少数族裔男性交谈时，我察觉到他们把对成为"一家之主"的渴望与补偿种族歧视的需要关联起来，但弗兰克并未如此。假如弗兰克是爱尔兰裔或德裔，而非拉丁裔，他也

---

* 译者注：原文是"barefoot and pregnant"，意指女性不应该外出工作，而应该在育龄期多生育子女。

许更有可能获得一份有工会组织的工作。在没有工会、薪酬微薄的纸箱工厂，他的工友们大多数都是拉丁裔。但弗兰克并不想用他与卡门的关系来弥补种族待遇上的不公正。

甚至在与卡门结婚之前，弗兰克就预料到自己的收入和传统主义观念之间的冲突。他坦言相告：

> （当时）我还没有做好结婚的准备。其实，那时候我觉得自己不满足结婚的条件，因为我还没找到我想要的工作。我想自己不算是太有抱负的人［轻声地、紧张地笑了］。嗯，卡门比我更着急结婚。我是真的犹豫了一阵子。我觉得自己可能会在经济上让她失望。卡门当时有工作，她跟我说："如果你把咱俩的工资加到一起，真的足够花了。我们俩不会有任何困难。"真的是这样！最后我让步了。真的是她让我娶她，而不是我求她嫁给我。

弗兰克在卡门想要结婚的时候娶她，卡门虽然想在家里做个"准备牛奶点心的妈妈"，但她也欣然同意自己婚后需要继续工作。与霍尔特夫妇的不同之处在于：首先，德拉科特夫妇之间的妥协没有发生在婚后，他们婚前就以此作为结婚的前提；其次，德拉科特夫妇之间的妥协也不是围绕着丈夫与妻子在男性角色观念上的冲突。他们对此并无异议。需要他们妥协的，是他们一致认同的传统型婚姻理念与难以支撑这个理念的微薄的经济收入之间的冲突。

所以，从一开始，夫妇俩就心照不宣：如果弗兰克因为木制橱柜市场的波动而失业或减薪,卡门不会因此责怪他;他们将一起面对。更重要的是,弗兰克不能"像个男人"一样赚够养家的钱,这也不会只成为他的道德负担。卡门不会像某些传统妻子一样,自认为有权利为自己必须去工作而感到怨恨。卡门的小姑子和表妹都是职场母亲,她们对自己必须去工作感到怨恨,也因此让她们丈夫的日子痛苦不堪。卡门没有这样做;对她来说,他们夫妇的共识是:"我们家需要我的工资,但我不会反复提起让弗兰克难堪。"南希·霍尔特和大多数中产阶层女权主义者一样,她想去工作,并觉得自己应该想去工作。她从来没有想过有权利为自己必须工作而感到怨恨;她坚持要求的是一种不同的权利:她应当被给予闲暇时间,这是对她正当职业的尊重。但是卡门强烈地觉得,唯一真正的工作是待在家里。南希和卡门对于女性身份持有不同的看法,她们在对待一些问题上的观点也大相径庭,比如,什么是面对工作和养育子女时正确或错误的感受,以及怎样才是夫妻间恰当的情感馈赠。

这两位女士持有相反的"情感规则"。卡门认为她应该讨厌工作,将其视为无足轻重。南希认为她应该享受工作,认为它至关重要。卡门认为,她应该感恩弗兰克在家里提供的任何帮助;南希则认为,埃文理应承担50%的第二轮班,埃文少做一点都让她难以心存感激。

卡门很漂亮,29岁,黑头发,身材健壮,在日托中心工作。她和我说话的时候,总是充满活力,手舞足蹈。她想让我知道,她并不是因为想要工作才去工作的。那是一种骄傲。她解释说:"我工作的唯一原因就是,每次我去杂货店,账单都超了

20美元。我去工作,不是为了自我发展,也不是为了发现自我。绝不是!"她不是那种新女性,不是那种在某个大厦30层的某间办公室里追求真实自我的女性。讽刺的是,尽管卡门不想喜欢自己的工作,但事实上她却乐在其中。当她描述自己照看过的每个孩子时,都会开心地笑起来。有些职业女性则展示出截然相反的窘境。一名苦苦挣扎的女权主义作家沮丧地承认:"我想要热爱我的工作,但我并不爱。"讽刺的是,卡门不得不去工作成为一件幸事;她开始享受工作,即便这本非她所愿。

卡门把她在日托中心的工作称为"我在家外从事的活计",以便和"当育儿保姆"区分开来。就像我访谈过的任何一个日托工作者或育儿保姆一样,卡门痛苦地意识到,在美国从事儿童保育工作的女性不受尊重,"如果你是保姆,他们就认为你什么都不是"。对于从事更加"男性的"和中产阶层职业的女性来说,这种关乎自尊的问题并未出现。

弗兰克向别人解释说卡门"真的待在家",从而试图挽救他的自尊心。这种说法并不完全是迷思,但是不免误导。比尔(Bill)是弗兰克的工头,社会阶层高他一等,能够负担得起妻子待在家里。他吹嘘让妻子待在家里的正确性,口气中带着某种刺人的审判意味。弗兰克每天和比尔一起开车上班,除了物价上涨,女人就是他们最常聊的话题了。弗兰克清了清嗓子,略带不安地解释说:"我们正聊着钱不够花,我给他讲卡门的活计,我说:'你看,你有房子,你太太可以像卡门一样做她那行,还不赖。'他的态度是:'不!不!不!我不想让别人议论她是看孩子的。'他觉得自己的生活方式就是大多数人应该的活法——丈夫外出工作，妻子留在家里。"弗兰克认为，比尔反对妻子工作，不是因为工作本身对妻子来说太屈尊了，而是因为妻子工作这件事对于丈夫来说太跌份了。这将剥夺他作为工头区别于工人而享受的某种奢侈——由全职太太提供的家庭服务。我问弗兰克对工头的说法有何感想，他说："我确实感到他在贬低我。"

卡门一边照顾一岁的女儿迪莉娅（Delia），一边还照看邻家职场母亲们的四个两岁的孩子，一年能赚 5,000 美元。卡门是新兴的女性"底层"的一员，这个底层包括日托工作者、育儿保姆、女佣、互惠生和老人陪护等为数众多的女性；她们从事着过去由家庭主妇承担的工作，收入少、地位低。讽刺的是，对卡门来说，这种日益式微的家庭主妇角色，是她渴望填补的。她也为"在家里"工作感到骄傲。弗兰克从不否认她在家工作赚钱，但"卡门待在家里"的说法帮他维持着一种时下愈发难以为继的念头，即自己是家里唯一的养家人。

卡门是一名热烈的传统主义者。[在我的研究中，曾有一名女士非常渴望成为传统的妻子，她"努力"地让自己"意外"怀孕，这样就可以从大学退学然后结婚，她在婚礼上发誓"服从"丈夫，她工作是"因为我丈夫让我工作"，她的衣服大多是粉红色，把她的猫叫作"漂亮猫咪"（Pretty Kitty）。即便如此，这名女士的传统主义信念也不及卡门强烈。]卡门仰慕南希·里根（Nancy Reagan），蔑视格洛丽亚·斯泰纳姆（Gloria Steinem）[*]。

---

[*] 译者注：Nancy Reagan，美国第 40 任总统罗纳德·里根的夫人，美国前第一夫人（1981—1989 年），女演员；Gloria Steinem，美国女权主义者、记者、社会政治活动家，在 20 世纪 60 年代晚期和 70 年代早期，成为美国女权主义运动的领袖和发言人。

在卡门身处的拉丁裔蓝领文化中，女性囿于低收入和没有出路的工作；而她比其他人更为深信自己渴望待在家里，服从丈夫。与她相同处境的女性通常都希望获得更好的工作和待遇，减少工作时间，但是多数人还是想要工作。在本研究中，如果以"从来不想工作"这一点来界定"传统型"，那么只有10%的女性能被算作传统女性，尽管我估计在全国范围内，这个比例会更高一些。做一名"传统女性"吸引卡门之处就在于她从属于弗兰克。卡门激动地跟我说："我不想和弗兰克平等，我也不想在工作中实现平等，我想有女人味。我喜欢有褶儿边的这些东西。我不想和男人竞争！见鬼！我不想做我丈夫做的那些事。让他去做好了。也许是——我想被照顾。"

卡门进一步解释说："我希望弗兰克比我懂得多，我不希望孩子们慢慢长大认为'哦，妈妈什么都知道，爸爸就像墙上的装饰画'。弗兰克懂得更多让我感到骄傲。也许这样想不对，但我就是以此为傲。"

高中时期的卡门聪明但缺乏抱负。高中毕业后，她没有继续深造，而是开始踏入办公室熬日子，相比这些经历，日托中心的工作成为一种难得的解脱。她认为自己欠缺高等教育是一种美德，因为她觉得这让她不如弗兰克——弗兰克比她"懂得多"，尽管他也是止步于高中文凭。卡门在床上也应用了同样的原则：弗兰克懂得越多，就越居主导地位，那就越好。她说："我不想和他在床上平等。我想让他支配我！我不想去支配他。我不想跟他说：'嘿，你要这样和我做爱。'"

卡门认为强势的女人都是犯下重罪——和杀人、虐待儿童相差无几。在她看来，女性通向支配地位的一条危险途径就是事业成功。她厌恶地噘起嘴，和我说起她有一个"过于"雄心勃勃的小姑子，取得了兽医学博士学位——"一个博士，狗屁不是"，她愤愤地低声说——对别人指手画脚，自己却一直未婚。

卡门不喜欢雄心勃勃的女性，部分原因是她觉得正是她们让自己这样的女性落伍了。持续上涨的物价迫使女性走出家门去工作，这本身就够糟糕了；更恶劣的是，她在孩子午睡期间追看的肥皂剧，演绎的都是自私的职业女性，她们抢走了家庭主妇的风头。如今，卡门这样的女性被刻画成失败者——超重、抑郁、被抛弃。奉行家庭主妇之道的女性已经成为最新的濒危物种，她们正在被事业女性全面取代。她将妇女运动视为上层社会的风尚。卡门说："贝蒂·福特（Betty Ford）*支持妇女解放，对吧？但她擦过地板吗？你看她那漂亮的指甲，整形后的脸，打理好的头发；而我呢，指甲断裂、头发蓬乱；我琢磨着，好吧，女士，给我讲讲这是怎么回事……格洛丽亚·斯泰纳姆应该坐下来看肥皂剧，而不是四处游行。肥皂剧告诉你真实的生活，她应该摘下玫瑰色的眼镜，认真看看。"

这些观点初听来让人觉得卡门是个依赖心很重的人。但事实上，卡门信奉"萎蔫的紫罗兰"（Wilting violet，通常指羞怯内敛的女人），这是她性别观念的一部分。她积极地追寻着这种观念。这也许是因为，她害怕在缺乏某些文化制约的情况下，

---

* 译者注：美国第 38 任总统杰拉尔德·福特的妻子，美国前第一夫人（1974—1977年），推动女权运动。

她可能最终会支配弗兰克。

卡门为何对两性关系持有这种观念,而非其他?我认为她的观念可能是这样形成的:在青年时期,卡门对照社会现实,衡量了自己的资历——没读过大学,不会熟练打字,欠缺上述条件,很难找到有趣、薪酬不错、受人尊敬的工作。她恼怒地解释说:"我还没有准备好走出家门坐下来当一个秘书。我知道怎么打字,但一分钟打不了50个。我能做什么呢?擦地板?我本该为这样的职业[打字]做好准备,但是我没有,行吗?我母亲让我接受了良好的教育,但我没有好好利用。这是我的错,行吗?不过我没有接受救济,没有领食品券,我在努力帮助自己的丈夫。"如果仅凭一己之力,卡门难免陷于贫苦,不如通过婚姻来养活自己。如果丈夫需要她去工作,没问题。如今的家庭就是这样。

在本研究中,一些高中学历的女性,同样困于低收入的文员或销售岗位,她们却想要喜爱自己的工作,还想要一个分担家务的丈夫。缺乏工作机会并不能完全预测女性的性别观念。

一种更加内在的动机似乎也蕴含其中。像南希·霍尔特一样,卡门想要避免自己母亲的命运。如果说南希·霍尔特是在逃离母亲作为家庭主妇的自我贬损,卡门·德拉科特变成一名传统主义者,可能是在回应母亲作为"独立女性"的艰辛生活。卡门的母亲是白手起家的职业女性榜样,但是对卡门来说,却是一个危险的示范。卡门的母亲胆识过人,极具天赋,她18岁结婚,20岁怀孕,22岁离婚。这段婚姻如同灾难一般。卡门的父亲从来不给抚养费,他30年来第一次给卡门打电话,是在自己罹患癌症的弥留之际。卡门感同身受地讲述母亲的境遇:"在当时的社会，如果一个女人离婚了或成了寡妇，那么在之后的日子里，除了'装扮圣徒'［假日去教堂为圣徒雕像穿戴服装］，没有别的可做。不再婚，不约会。我母亲离婚时，还是一个年轻的姑娘，因此她的父亲开始安排她的生活。"

卡门的母亲独自带着孩子，冒险来到美国，在一家不断扩张的保险公司里一步一个脚印，从助理档案管理员做到档案管理员，再到初级审计师，最后成为高级审计师。母女俩与另外两名离异的拉丁裔女性及她们的孩子们共同生活在一间小公寓里，直到（卡门16岁时）卡门的母亲再婚嫁给一名酗酒的木工。

想到如果是自己处于母亲的境地该怎么办，卡门避之唯恐不及。"我从来都不会想过我母亲那样的生活！从不，从不！我觉得自己不会像母亲一样，因为我母亲没有任何人可以依靠。"

换作格洛丽亚·斯泰纳姆，她会从单身母亲的挣扎中汲取完全不同的教训，而事实上她确实这么做了。卡门母亲经历的考验仿佛就是教科书式的范例，用以说明一个社会为何应该防止殴妻，为何不应该鼓励两性双重标准，为何应该确保离异的男人继续抚养他们的子女。然而卡门估量着自身处境，得出了一个警示性的教训：不要在外面单打独斗。如果她母亲多顺从丈夫一点，藏起自己的才智，压住自己的主动性，也许卡门的父亲就会留下来。这里的等式似乎是：婚姻之外的女性，身处冷酷的世界，所以女人不得不结婚。如果想要成功的婚姻，她就不能做强势的女人。为了避免强势，她应该试着产生从属感；如果她能做到，她就应该展现出一种温柔、脆弱和少有见识的形象。如果卡门能设法去这样感受或看起来如此，她推断，弗兰克会永远留下。对她来说，女人可能生来和男人一样聪明强大，但女性的职责是把她们天生的个性和智商压缩进"枯萎的紫罗兰"模具。对她来说，女性的从属地位不是性别歧视，而是防御性别歧视的盾牌。

这样的思路一旦形成，一些事情也顺势展开。一方面是她和弗兰克的关系，另一方面是她和第二轮班的关系。考虑到她对自身资源和机会的认识，她想要变得传统。这就要求端庄、轻声细语、甜美、被动而文静。然而，事实上，卡门是个大嗓门，生动有趣，引人注意、主动、率性而聪明。偶尔，她和弗兰克激烈讨论，楼下的邻居们都能听到，她响亮的嗓门伴着各种修辞抑扬顿挫，语速飞快地给出一大段解释。接着，他们听到弗兰克的声音：低沉、温和、平缓而冷静。在超市，弗兰克彬彬有礼地遵照不成文的购物推车移动规则前行，而卡门则会去推开挡她路的推车。她有时在家庭争执中也会采取攻势。例如，弗兰克的父亲斥责弗兰克放弃了"有前途的"银行职员工作，卡门就敦促弗兰克"为自己挺身而出"。但在这种场合过后的次日清晨，她就自责自己的性格"不符合"自己渴望成为的那种女人。

她告诉我，年轻的时候，"我有一个人见人爱的男朋友，我们都以为我俩会结婚。但我实在太强势了。他离开了我，我总觉得他还会回来，但他没有。母亲总说，'别忘了威廉（William）'"。

婚后前三年，卡门和弗兰克生活和谐，但他们有过一次暴露真相的摊牌。有一天，弗兰克抱怨卡门对家庭支出的安排欠妥当。卡门在付房租（刻不容缓）前，买了一把新椅子（可日后购买），卡门的描述是："弗兰克对我说：'既然家里大部分的钱都是我赚的，我就能够对大部分事情做出决定。'我说：'什么？！等等！想都别想！你赚钱多又怎样，我也在工作。'我对他说：'你真的这样想吗？'他笑了笑说：'哦，其实没有，我只是想试试。'"

总而言之，对弗兰克来说，卡门表面上的服从让他受用。他喜欢卡门，喜欢她的勇气。她的鲁莽也没什么大不了，他丝毫没有受到威胁。让自己的个性与意识形态保持一致是卡门遇到的难题，而不是他的。

用传统主义的一面应付另一面

卡门想做一个顺从的人。她想让弗兰克挣钱养家，而她打理家务。我问卡门，如果她有100万美元，会打算做什么。她狂笑不已，逐一罗列所有她想买的家具，描绘她想给自己母亲买套大公寓。然后，她放慢语速，认真地解释这笔钱将不会影响男性领域和女性领域的分隔。她说："有了那么些钱，我们可以喝喝茶、喝喝咖啡、冲冲澡，享受各种生活的福利。然后，我会给孩子们买酷爱（Kool-Aid）喝。我会只做妈妈。"我问她，如果有了100万美元，弗兰克就可以不工作了，他会待在家吗？"绝对不会！如果他待在家，孩子们就不会尊重他了。他会厌恶自己，不久他就会恨我。如果我不想做家务，我会故意让他去做。至少他应该开车出去打两个小时高尔夫球，走出家门去干点什么。"

但回到真实世界，一个很现实的问题摆在眼前：卡门如何应对所有的第二轮班任务？在第一个孩子9个月大的时候，卡门又开始在家里照看其他家的孩子。尽管她是传统主义者，但她的需求与那些职场母亲别无二致：她极度需要弗兰克在家庭事务上帮忙。但这种需求让她产生了强烈的矛盾之感。一方面，她确实需要帮助；另一方面，家里应该是"她的领地"。她说自己不太介意弗兰克是否分担第二轮班——他来帮忙固然很好，但也不值得小题大做。此外，她觉得让弗兰克在厨房帮忙可能会显得自己很强势。事实上，她引以为豪的是弗兰克不进厨房。卡门聊起他们的家务分工时，仿佛是无奈承认弗兰克帮了多少忙。在她的理解中，弗兰克参与她负责的家务是她的失败；在这方面，她有别于平等主义女性，后者显摆自己丈夫做的所有家务。卡门以一种招供的方式讲述弗兰克在购物、付账单和打扫卫生方面的贡献："好吧，我们共同承担某些家务，在这点上，弗兰克和我是平等的。"说罢，她又立马谈及性别平等的危险。"平等"使男人和女人飞快迈入"竞争"关系，继而迈入敌对和离婚。

既渴望把弗兰克拦在厨房之外，又需要他在厨房里帮忙，她将如何处理这两者之间的矛盾？首先，卡门继续声称弗兰克是"真正的一家之主"，以此保持自身的顺从表象完好无损。与此同时，她也将一个旧式的女性习俗用于新用途，以此解决她的问题，即佯装无助。这真是天才之举。佯装无助使她既能在人前保持顺从的妻子的形象，又能在人后把弗兰克带进厨房。

该策略的唯一代价可能是，其他人会认为她能力不足，但那不是问题。她从不直接向弗兰克求助，所以他来帮忙，不是因为他在履行职责，而是因为卡门无法承担。下班回家后，弗兰克煮米饭——不是因为他喜欢做，也不是因为他特别擅长，而是因为他煮饭的手艺好过卡门。弗兰克还账单是因为卡门起初支付错了。弗兰克做针线活儿（在卡门母亲没有帮他们缝补的时候）是因为卡门不会缝缝补补。弗兰克为卡门操作自动取款机，因为她"总是忘记"密码。弗兰克开车带卡门去购物，因为卡门不会开车。就这样，弗兰克回应着一个接一个蓄意的不称职，最后几乎承担了一半的第二轮班。也许是卡门掌握了分寸，又或许是弗兰克心里有杆秤。原本看起来"不正当"的家务平分就这么默默发生了。

卡门"无助"是个迷思，它挽救了弗兰克的男性自尊：现在他可以踏进厨房，像个骑士一般"解救出一名女士"。同时，该迷思也挽救了卡门的女性自尊：她可以默示丈夫分担女性的活儿，但不会因此损害她的女人味。女性无助感的迷思并非对所有传统型男性都起作用，还会让平等型男性觉得骇人听闻。然而对卡门和弗兰克来说，这很管用。

不能干的策略

表现得不能干，是引导传统型男性参与第二轮班的一种方式；生病是另外一种。卡门患有关节炎，毛病"发作"后她就不能提重物了。尚不清楚她是否像拿无助当借口一样，也拿生病当说辞。但令人好奇的是，我访谈的其他传统型女性似乎比平等型女性更经常生病。她们生病的情形都遵循某种模式。她们坚持认为家里的所有任务都是她们的，她们拼命干活儿，直到最终累得病倒。她们不主动停止干活儿，而是疾病逼停她们。有时是肺炎，有时是偏头痛、背痛或关节炎。然后她们那些时刻准备着在紧急关头挺身而出的丈夫，"伸出了援手"。一旦身体恢复了，女人们便回归她们的双重任务，倾尽全力地投身其中，最终又病倒了。生病和"变得"不能干有一些共同之处：两者都是在第二轮班中，通过间接策略获取男性劳动，许多平等型女性则是通过直接策略获取男性劳动。在本研究中，11%自认为是传统型的女性比她们的丈夫和其他女性更经常生病。

和许多传统型夫妇一样，德拉科特夫妇呈现出新式和老派的奇特混合。他们用传统的方式思考、交谈和感受，但他们不得不接受现代生活的坚硬现实。他们渴望男性主导的模式，但却退回到了性别民主。弗兰克想成为可以让妻子赋闲在家的那种男人，但事实上他需要她的收入。卡门想一人独揽家务活儿，但是她确实需要弗兰克的帮助。弗兰克认为厨房是卡门的领地，但他实际上却在厨房帮忙。他欣赏的观念是男人和女人各有自己的领域，但他常常和卡门一起逛超市，从货架上挑选罐装食品，或是手持计算器，监控着他们微薄的收入与稳步攀升的物价之间的残酷竞赛。卡门想要剔除她工作中除了金钱以外的任何意义。但尴尬的现实是，她喜欢自己的工作，而且这份工作颇为讽刺地赋予她一种好用的权力，以便让她"给予"弗兰克主导地位并"经营"她自己的从属位置。只要家里需要她的工资，卡门就会拥有一种困扰她的权力，这种权力颠覆了他们共同的理想。

通过质疑主张女性自主的文化偶像，通过严格地将自己的主导性限制在"女性"领域，通过"牢记威廉"，通过抬高弗兰克的地位——卡门终于实现了顺从。她压制了自己在家庭之外的决断，放大了依赖对方的感受。

传统主义的理念与他们外在或内在的生活现实都不相匹配。外在现实是，弗兰克需要卡门去赚钱，卡门需要弗兰克帮忙做家务和照看孩子。内在现实是，弗兰克不是主导型的男人，卡门也不是顺从型的女人。这两方面的矛盾被包裹在这样一个家庭迷思里，即"弗兰克在家里基本什么也不做"。

德拉科特夫妇与霍尔特夫妇有些相似之处。在这两个家庭案例里，夫妇俩都对他们如何分配家务持有某种确信的认识，而这种确信都是一种迷思。霍尔特夫妇说他们"楼上—楼下"的安排是平分家务；德拉科特夫妇说他们家的分工不是平等的。这两个家庭故事都反映出夫妇俩想要相信什么，却与生活中的某些重要现实冲突，形成了一种紧张关系，于是他们用"封面故事"来掩饰和处理。

性别意识形态本身，并没有告诉我们一名职业女性的丈夫会承担多少第二轮班。一般来说，在我的研究中，传统型男性事实上比过渡型男性在家里承担了略微多的家务，过渡型男性支持妻子工作，但觉得妻子也应该料理好家务。大多数坚定的平等型男性倒确实平分了家务。

夫妻双方特定的性别意识形态、家庭的经济现状，以及用来调和性别策略与经济现状之间关系的性别策略——这三者之间的相互关系，能给我们提供更多线索，获悉职业女性的丈夫在家里所承担的家务量。卡门是传统主义的捍卫者，她的性别策略是通过佯装无助而获得了一个不传统的结果——丈夫在厨房忙前忙后。与此相对，南希激烈的女权主义斗争却以一个传统的结果而告终。在霍尔特家，无疑是埃文在佯装无助。

和埃文不同，弗兰克不会将"公平"和分担第二轮班分开考虑——他没有试图去做到南希所认为的公平。和那些致力于平摊家务的男人一样，他没有通过假装分担来试图逃避家务。他既不声称自己受到事业的制约，也不拿工作压力当说辞。他没有大张旗鼓，只是尽力参与。

南希的策略是推动角色转变。这个策略失败后，她求助于自己并不认同的女性伎俩。她对性生活的兴趣索然和她对乔伊的全神贯注，每天都在提醒着埃文，他拒绝分担第二轮班会付出的情感代价。

南希的经验讲述了女性如何将失败的策略抛诸身后并泰然处之。卡门·德拉科特不需要做这样的功课。但这两个故事揭示了，早期经历如何造就了特定女性身份和男性身份背后的情感动力。这两个故事还展现了，当诸如配偶抗拒第二轮班或家庭开支紧张这样的问题危及性别身份认同的核心时，如何用不同方式保持该身份认同的表象。

随着经济压力迫使更多不情愿的、以家庭为中心的女性进入不断扩大的服务行业从事低收入工作，德拉科特夫妇调和传统信念和现代生活之间矛盾的这种方式可能会日益常见。但是发生在弗兰克和卡门身上的事，也可能发生在更多夫妻的生活中。我最后一次听说的情况是，弗兰克和工头吵翻后丢掉了工作。在他们携手对抗背运之时，夫妻俩常常互相慰藉，"感谢上帝让卡门有份工作"。

第六章
男性身份与表达感激：塔纳戈瓦夫妇

33 岁的彼得·塔纳戈瓦（Peter Tanagawa）头发乌黑，棕色眼睛闪着光芒、活力四射。在一家科技书店的小办公室里，他坐在皮椅上，身体前倾，低声道出他婚姻中的症结，尽管听起来微不足道："尼娜（Nina）想让我多和孩子们在一起，多关心她们的教育和发展，做一个更顾家的人。我已经这样做了！但是不如她做得多。"

对于彼得来说，关于他应该多"顾家"，已经不是新问题了。早在热恋期，他们骑着自行车，滔滔不绝地畅谈数小时；和其他情侣一样，彼得和尼娜探讨过彼此对"男人"和"女人"的认识。尼娜曾想把主要的自我认同锁定在家，只把余下的部分用于工作。在这个意义上，她的立场介于卡门·德拉科特（她想待在家里，让弗兰克去外面打拼）和南希·霍尔特（她想让自己和埃文平等地在家庭与外部世界之间实现平衡）之间。尼娜和彼得初见时，他们都被对方的两性角色观念所吸引。他们达成共识,彼得的图书销售事业的重要性,将优先于尼娜将会从事的任何工作,不过她确实想从事一份工作。双双秉持过渡型性别观念,他们是天生的一对。

然而,夫妻间的矛盾还是慢慢滋生了。和南希·霍尔特一样,尼娜坚持要求彼得多做家务;和埃文·霍尔特类似,彼得百般抵抗。但因为尼娜一开始的立场更为传统,她要诉诸一个"无法抗拒"的工作机会,以此作为自己冒险闯荡世界和彼得应该更多参与家庭事务的"理由"。

彼得从小在夏威夷一个关系紧密的日裔社区长大,他是母亲最疼爱的孩子,而与父亲关系疏远——父亲每天长时间工作,回家后疲惫烦躁。现在,身为父亲[他有两个孩子,5岁的亚历山德拉(Alexandra)和3岁的黛安娜(Diane)],他感到自己愈加专注于孩子们的生活——像一个母亲那样,而他对自己的图书生意越来越不满意,这超过了他的男性身份观所允许的程度。为了让一切"感觉没错",彼得似乎需要尼娜处于他和孩子们之间。

尼娜同样是33岁,她金发碧眼,身材苗条,外形惊艳,举止略显羞涩。傍晚时分,我在家里访谈她的时候,她看起来仍是一名职场丽人,白色的外套配半身裙,宛若装在西装里的童话公主。像她的父亲一样,尼娜机敏又务实。她的母亲当了一辈子家庭主妇,热衷志愿服务,因为丈夫不"允许"她出去工作而间歇性地焦躁不安。长久以来,尼娜一直期待自己成为家里的主角。然而,不经意间,现在的她被自己高歌猛进的事业牵引着,渴望成为泰尔法克(Telfac)公司人事部门的核心。她逐渐摆脱了自己20岁时信奉的女性身份认同——但，她真的摆脱了吗？

彼得的策略：情感支持代替实际参与

彼得认为尼娜应该照顾家，不是因为这是女人天性，或者上帝让男人支配女人，也不是因为彼得比尼娜赚钱多；而是因为她对照顾家更感兴趣也更擅长，她自己选择投入时间和精力于此。尼娜表示认同。于是，她承担了70%的子女照料和大约80%的家务活儿。（他们都认可这个估算）。孩子生病的时候，尼娜留在家里照顾；孩子的外套落在朋友家，她去取回；新沙发送货上门，她在家等着。尽管彼得把女儿们称为"爸爸的宝贝女儿"，而且在我看来，他在家里也干了不少活儿，但是塔纳戈瓦夫妇都认同彼得在日常照料孩子方面基本上不承担什么责任。

一天晚上，我到他们家拜访，尼娜带着孩子们上楼，在床上做祷告；彼得愉快又自豪地小声对我说："现在，她们正在享受优质时间（quality time）。"我让夫妻俩和往常一样度过这个晚上，于是彼得就安心地去看报纸了。他将自己的"家长角色"视为支持尼娜的角色：他照顾尼娜，尼娜照顾孩子们。

这并不意味着彼得不是一个能干又喜欢孩子的父亲。塔纳戈瓦夫妇都认为，彼得更能直觉地感知孩子们的感受。例如，他能快速察觉到，偏向于黛安娜的某些举动会让亚历山德拉感到被冷落。他知道亚历山德拉何时真的受伤，何时假装受伤。他常常指点尼娜，然后尼娜采取措施。尼娜照顾孩子们的生理需求，安排她们的社交生活，并且和善体贴地管理她们。尼娜与自己的母亲缺乏有温情的沟通，这让她对于自己成为一名好母亲略感焦虑，所以彼得对她的点滴赞许都让她欢欣鼓舞。而彼得也很欣赏尼娜对孩子们无微不至的照顾。

  彼得和孩子们保持着一定的距离，但他对孩子们又有极大的兴趣。当他和我谈起自己时，他把妻子和孩子们扯进来。和很多男性不同，他在说起自己典型的工作日早晨时，以一种共识般的"我们"来叙述——比如，"我们早晨六点起床"。在他说起日常的一天时，他的工作似乎像是他温情脉脉的家庭生活的插曲：

> 尼娜会先起床，然后洗个澡。当关门声一响，我就听到了起床的提示。我下楼去煮我们俩的咖啡，在烧水的同时，报纸也送到了。我扫了一眼头版和体育版，然后阅读商业栏目，做好咖啡，拿着两杯咖啡和报纸上楼，这时她正好从浴室出来。我们一起喝咖啡。然后尼娜把我们的小女儿黛安娜带出来，我开始给她换衣服，把她放到她的小便盆上，接着我拿毛巾给她擦干净，给她穿上出门的衣服。这时亚历山德拉也起床了，我帮她穿好校服——她看到我给黛安娜穿衣服时就想得到我的**关注**，并不是她需要我帮她穿衣服。我理解她的**那种**需求，所以帮她穿衣服。

  相比之下，彼得对自己工作的描述则简短而敷衍："我八点半或九点上班。我一到那儿，就开始了一天的日常工作，然后在五点或五点半左右下班。"一到家,彼得就跑到楼上换上牛仔裤(下班后,尼娜还穿着她的白色套装)。他描述晚饭时间、洗澡时间和"优质时间"时,都附带着自发的、欣赏的和饱含爱意的细节,他记得尼娜在亚历山德拉的午餐饭盒里都装了什么,还能准确说出尼娜为黛安娜准备了什么衣服。

在尼娜对自己日常一天的叙述中,早上的时间很短暂,仅仅是一系列温情而高效的日常程式。当她描述自己的工作时,细节接踵而来,比如她上午的第一个例会,不停打电话见人解决公司里一个迫在眉睫的危机。她放缓语速,侃侃而谈下周将上报给公司委员会的一系列棘手问题,以及她手下两个员工之间剑拔弩张的竞争关系。就像彼得在办公室的节奏不如他计划中的繁忙紧张,尼娜在办公室的日程却比她料想的更紧锣密鼓。

彼得有一点远远超过大多数不分担第二轮班的男性,他能清晰设想分担第二轮班将会是怎样的。回忆起为亚历山德拉的5岁生日所做的准备时,彼得说出了大量他没参与的任务:

> 除了包装一些礼物,在这个周末我没为亚历山德拉的生日派对做什么事。尼娜不得不写邀请卡、订蛋糕,给亚历山德拉买齐她要的礼物,计划我们将要去哪儿,安排孩子们的午饭菜单。这些都成了她的责任,我觉得她想让我多参与一些。我装饰了房间,吹了气球,在家里到处撒五彩纸片。我还做了所有的三明治,一共22个,安装好了录像机。但尼娜仍然做了70%,而我只做了30%。

像弗兰克·德拉科特一样,为了让孩子们获得快乐,彼得所做的可能比他自己想象的要多。一天晚上,我正和他们一起吃晚饭,黛安娜先抽泣了几声,突然吐了起来,里面有一些紫色口香糖。父母双方不由自主地跳了起来,彼得冲向了黛安娜,尼娜冲出去找拖把。彼得安慰黛安娜说:"没关系的,黛安娜,你的小肚肚现在舒服啦。"擦净地板后,尼娜脱下了黛安娜的衣服拿去洗。尼娜好像是这个家里的"女佣"——洗成堆的衣服、换灯泡,装好午餐饭盒,打电话预约育儿保姆。彼得好像是"保姆",能理解人又能安慰人。为了调和他们的性别观念和真实个性之间的冲突,他们发展出一个家庭的迷思:尼娜"天生就更有兴趣也更擅长和孩子们相处"。

尼娜的触礁之旅

1973年,尼娜·塔纳戈瓦攻读工商管理硕士,她是班上仅有的五名女生之一。在20世纪70年代初,一些公司开始意识到招募从顶尖商学院毕业的女性人才的优势,尼娜被一家日益扩张的大型计算机公司泰尔法克的人事部门录用。这份工作令人愉悦而充满挑战,薪酬也足够支持彼得完成商学院的学业。

尼娜以惊人的速度在管理职位上节节高升,她的薪酬已经居于全国女性的前1%。她是公司同级别雇员中最年轻的,比第二年轻的要小五岁,也是全公司职位最高的三名女性之一,而其他两名女性都没有孩子。无论以男性标准还是女性标准判断,她都取得了无与伦比的成功。

在尼娜入职五年后，塔纳戈瓦夫妇开始迎来新的家庭成员。先是亚历山德拉出生了，尼娜休假一年，在家照顾她。回想起来，尼娜认为自己做出了正确的选择。她为亚历山德拉唱歌，在她的房间贴上糖果色条纹墙纸，为她缝制连体衣。但尼娜也承认，独自在家照顾孩子让她感到无聊，她认为自己不应该有这种感觉，但她确实感到无聊。她还认为自己在彼得眼里变得无聊。她告诉我，她之所以回去工作是想"成为一个更好的妻子"。于是，当她的上司打来电话询问她是否想回去非全职工作时，她雇了一个保姆，尽管心有顾虑，但立马接过了橄榄枝。

在计算机市场不景气之时，尼娜被派去负责公司几个部门的"裁员"工作，她的工作时间随之增加。晚上，在亚历山德拉上床睡觉后，她还要阅读"裁员对象"的报告和撰写工作备忘录。为了维护自己管理者的形象，她每天早上比其他员工早到半小时，晚上晚走半小时。当员工加班的时候，她只得默默地先行离开。在尽心尽责的同事和下属的瞩目下，她的工作时间稳步上升了。尼娜回忆说："我复工时每周工作三天，后来变成每周四天。但是工作增加得太快了。我一直在追着跑——快，快，快！我晚上倒在床上，意识到自己一天工作了十七个小时。"

尼娜经历了两年这样的生活，然后第二个孩子黛安娜出生了。这次她在家待了六个月就再次接到上司召回她的电话，而她又再次复工了。但这下家务更多了，让她更难应付。尼娜说："家里变得更乱了。两个孩子多出很多要洗的衣服。在晚饭时间，孩子们的打闹和喧哗愈发严重。"

她雇了一个家务保姆，但这个家务保姆坚决"不擦窗户和地板"，并且每天下午五点半准时离开。因此，在一周繁忙的工作之余，尼娜在周六又变身成完美的家庭主妇和母亲。星期天早晨，在彼得打网球的时候，尼娜在给孩子们洗头发、剪指甲，以及打扫房子。她不乏挖苦地表示："彼得让我接管了大量家务。"然而，在某种意义上，尼娜觉得"接管"是一种解脱。

尼娜所在的计算机公司的所有高管都是工作狂，他们要么是单身，要么就是形同单身。起初，她试图装作和他们一样投入。但有一天，正当尼娜开始感到自己再也装不下去之时，她的上司突然冲进她的办公室，满面笑容地对她说："恭喜！你刚刚升职了！"人们蜂拥到她的办公室来道贺，尼娜感到愉悦而荣幸。但当那晚她开车回家的时候，日后将长期持续的抑郁症状已经初露端倪。她回想起，一位演讲者在公司举办的一次关于工作与家庭生活的讨论会上宣称："我还没听说有哪个职场母亲能够平衡事业、孩子和婚姻，她们不得不对这三者进行取舍。"尼娜记得她曾暗自思忖，我要证明你错了。现在，她不确定了。

彼得用"过渡型"男性惯用的方式支持尼娜的事业。他和尼娜讨论她在工作中遇到的问题，在夜里抚慰她眉宇间的焦灼。他担心她的健康。他也会在家里这儿多干点儿，那儿多干点儿。但即便是这么一点儿，似乎也需要尼娜提醒。就像尼娜所说："我对他说：'你今晚想给孩子们洗澡，还是想打扫厨房？'因为如果我不这样说，他就会去看电视或看报纸。"

尼娜暗示彼得她需要更多的帮助，但她表达的方式是她的

"处境",而不是她自己,需要帮助。和南希不同,尼娜只字不提"公平"。她在抵抗升职的诱惑:她不想答应,但是她怎么可能拒绝?

彼得听出了暗示,但他视之为"尼娜的问题"。于是,过了一段时间,尼娜用她的疲惫不堪向他表态。她瘦得吓人,还有浓重的黑眼圈。她甚至走路和说话时都变得无精打采。最终,尼娜向彼得坦言,她正接近情绪崩溃的边缘。然而,她没有情绪崩溃,而是患上了肺炎。她休了十天的长假,这是自黛安娜出生以来的第一次。仿佛是她的疾病道出了她自己无法直说的话:"请帮帮我。你也做一回'母亲'吧。"然而,尽管彼得很关心尼娜,但他仍然认为问题在于她的事业和她的母亲身份之间的冲突。

尼娜在改变。但她对他作为男人的看法是否也发生了改变?事实上,彼得不想改变,而且他也不敢改变,尤其是尼娜现在的收入比彼得高很多。尼娜感到很幸运,自己能够给家里添这么多钱。如她所说:"我的薪水可以让彼得放弃技术图书销售的工作,他愿意的话可以去学心理学。有时候他说起自己想成为心理咨询师。他会做得非常出色。我告诉过他,如果他想的话可以去做,我们负担得起。"尼娜提出,在一段时间内,她可以作为家庭的经济支柱,这样彼得就可以投入到他热爱的工作中,这是她对彼得的馈赠。

对于尼娜的馈赠所表达的心意和带来的机会,彼得心怀感激。她的收入还让他们住进了新房子,换了新车,把亚历山德拉送进了私立学校——即便他还没有找到自己事业的归属感。

但是尼娜的收入也让彼得感到不安。彼得对尼娜的感激显然不及若将他们收入对调后尼娜会对彼得报以的感激。这不是因为彼得认为尼娜在和他一争高下。他这么解释:"尼娜很成功,但她没有太大抱负。我比她更有抱负。尼娜也不争强好胜,而我可能有那么一点儿好胜心,有那么一点儿。"因此,问题不在于尼娜的抱负或好胜心,而是尼娜的高收入辱没了他作为男性的尊严。朋友和亲戚——尤其是年长的男性——如果知道他妻子赚得比他多,会看不起他,而他想在他们心中留下好印象。

因此,他无法悦纳尼娜的馈赠。事实上,他和尼娜将她的收入当成一个痛苦的秘密。他们没有告诉他的父母,如果彼得的父亲发现了,彼得说:"他会气死。"他们也没有告诉尼娜的父亲,因为"尼娜甚至比她父亲赚得还多"。他们也没有告诉彼得家乡的高中同学,彼得说,因为"我会被他们没完没了地念叨"。一日我和尼娜共进午餐,她在我耳边低声说:"我最近接受了《商业周刊》的采访,而我事后不得不给记者打电话,请他不要披露我的薪资。记者采访我的时候,我很自豪地告诉他我的工资,但是后来我转念一想,我不想公开收入——因为彼得的缘故。"

尼娜给予彼得的馈赠,是在传统规则下,男性应该给予女性的:从养家的压力中获得解脱。彼得想要给予尼娜"去工作或者不去工作的选择权"。他希望她主动想去工作——当然了,为什么不呢?——而不是她需要去工作。但是尼娜并不需要那个特别的馈赠:鉴于她所拥有的技能与机会,她总是会选择去工作。

彼得的男子身份观念遭遇到新的压力，于是他选择了一项无法言喻的"举措"，以此维护男性与"男性领域"的联系，以及他认为的夫妻权力的恰当分配。他召唤起一种感受，即并不是尼娜将高工资作为给他的馈赠，而是他——彼得，给予了这份重要的馈赠。在彼得的世界里，他熟悉并在乎的那些人，都会嘲笑赚得不如妻子多的男人们。他们一边摇头，一边翻白眼。为了忍受尼娜的高薪，他不得不咽下对自己男性身份的羞辱。彼得直视着我，说道："一百个男人里只有一个能接受。"尼娜很幸运能嫁给这样一个不寻常的男人，而且尼娜也对此认可：她也认为彼得非同寻常。她的高薪的确让人难以接受。她很幸运。

令人好奇的是，正因彼得和尼娜容许，界定他们夫妻间相互的馈赠的价值的，不是他们自己，而是他们的父母、彼得办公室的同事、他家乡的朋友和"外面的"社会。是什么最终降低了彼得对尼娜的认可，让她在他俩的感恩天平上分量变轻？其中一点是，他们都感激彼得所承受的男性尊严的损伤——这种感激的基础是，他们认为一个男人应该能够将他的尊严根植在传统的土壤里。而且，这种尊严取决于其他人的态度。外部世界就这样渗透进家庭内部，变成她亏欠了他。

表面上看，彼得适应了尼娜的高薪，这份薪水"还好"，而他也希望尼娜有好的发展。但是，由于他必须在自己"身为男人"的传统观念上做出让步，所以他想让尼娜对他心怀感恩。毕竟，是她无法抗拒泰尔法克的工作机会而将压力转嫁给了彼得和整个家庭。

彼得期待尼娜对他感恩戴德,这种无形的"举动"通过他们婚姻中的"感恩经济",不知不觉地将更大的社会变迁的张力(泰尔法克公司在20世纪70年代早期对女性高管的需求即是一种迹象)回传给尼娜。现在,因为他"愿意承受这些",她欠了他一份感激。就像一个塞满了各种杂物、拯救家于杂乱的巨大储藏间,她对他感到亏欠也让他们的夫妻关系在其他方面变得更加"整洁"。彼得支持尼娜的工作,并为此感到骄傲,但只是通过把他保持不变的自我观念与尼娜日益增长的薪水之间的矛盾塞进这个隐秘的情感储藏间里。这就像是咬下一口食物却不吞咽。

尼娜觉得彼得成为那种(能接受妻子高工资的)"百里挑一"的男性,就是在施恩于她了,这也与"第二轮班"有关。她告诉我:

> 我曾想过,是不是我的薪水困扰着他。因为当我们对某些事的看法有分歧,他有时说他觉得我变得趾高气扬——比如他说过:"你以为你是谁?"我有一次对他说:"你以前从没这样说过。"而他告诉我:"我确实觉得你比以前专断多了。"彼得可能是把我的专断和我的收入等同起来了。我不知道这是否和我的收入有关,或者只是我厌倦了包揽所有家务。

彼得开诚布公地告诉我,尼娜的收入令他痛苦。如果他既比她赚得少,又分担第二轮班,他就觉得自己不可能成为那个会让尼娜再爱三十年的男人了。在内心深处,彼得并不真正在意自己的事业成就。他看重的是自己和尼娜的婚姻；为了让他们之间一切感觉正常，她不能在工作方面如此一马当先，在家庭方面又如此高高挂起。彼得想参与家庭生活，但前提是尼娜要参与更多。他现在比刚结婚时承担了更多的家务。他想从自己为她所做的改变中获得认可。他觉得已经临近他能够改变的"底线"，而他守卫底线的"措施"是获得认可：为自己所牺牲的荣誉，为适应对方而做出的调适——而这，如同南希·霍尔特所言，通常是女人干的。

在一次访谈中，这条"底线"的迹象意外浮现了出来。我让彼得查看一长串家务清单，包括洗衣、缝补、修车等，让他说出他和尼娜各自的分工。我预计彼得会给出一连串敷衍的回答，但在我们说到修理草坪时，我被他的样子吓了一跳。他突然大喊："修理草坪！我割草！"他用手指戳着清单，解释说：

> 我们一起除草，但是我负责割草！我觉得女人不应该割草。我认为父亲如果有时间割草和修剪草坪，就不应该让他的女儿和妻子来做。我认为那是懒惰。我不喜欢这样。我不喜欢那种让孩子代劳自己能做或该做的事情的父母。我不想看到自己的妻子割草坪。这个逻辑延伸即是，我也不想让别人看见我的女儿割草坪！还有一点，我认为高中女生不应该开车。我不会让亚历山德拉和黛安娜在高中期间开车的。绝对不行！

在他深爱的女人身上，在他最看重的家里，在工作世界中，一场性别革命正在蔓延。但是在彼得·塔纳戈瓦的草坪和汽车上，老派的习俗依旧坚挺。

离异的警示故事

尼娜感到"幸运"，因为彼得是"百里挑一的男人"。但在她的幸运感背后，潜藏着一个警示故事。就像卡门·德拉科特从母亲作为单身妈妈的艰辛挣扎里吸取教训，就像南希·霍尔特脑海中时时萦绕着母亲的郁郁寡欢，让尼娜感到不寒而栗的则是身边朋友们上演的一幕幕离婚闹剧。几个女同事的婚姻在第二轮班的浅滩上翻船，之后在社会阶层上下滑，有些人难以翻身，有些人挣扎着回到原来的位置，却付出了代价——在尼娜看来，牺牲的是她们的孩子。最近，尼娜的两位同龄密友，都是全职工作的妈妈，孩子也与亚历山德拉和黛安娜年纪相仿，突然被她们的丈夫抛弃了——在尼娜和彼得看来大致如此。其中一个女朋友在他们家住了一周，跟尼娜讲述了自己的悲惨经历。尼娜报之以同情、恐惧，还有某种不可思议。"我的朋友美丽动人。但她说她自我感觉不好，"尼娜感同身受，"所以她跑去做了面部拉皮。她比我还年轻！她丈夫在外面找了一个更年轻的女人，比她还漂亮。"在他们爱巢的安全地带之外，横亘着冷漠的浪漫关系市场，男人挑选女人，被选上的女人年轻、貌美、没有孩子。这情形令人胆战心惊。

就在尼娜和彼得猜测朋友们的婚姻出了什么问题之时，彼得的父亲在他们身边投掷了一枚"炸弹"。在结婚四十年后，他宣布要与彼得的母亲离婚，还说正在交往一个比他年轻二十岁的金发美女。究竟发生了什么？难道他们的婚姻一直都那样不幸福吗？惊醒之后，彼得和尼娜促膝长谈，再次确认他们当初恋爱时多么甜蜜，他们对彼此的爱日久弥深。

但尼娜隐约感受到在别人的离婚故事与她对彼得提出的要求之间存在重要关联。外面的凛冽寒风让家里显得温暖人心。她以严肃的口吻反思说：

> 这些离婚闹剧给我们的关系带来了一种有趣的影响，因为当然了，你开始检查一些家里的情况。我的确认为女性——我应该说男性也如此，但实际上我觉得是女性——开始唠叨诸如收拾衣服这类琐事。我意识到琐事真的可以累积。彼得的父亲向我倾吐了数年来累积的事情，他的妻子会不停地跟他唠叨琐事，比如晚上没有挂好西服。我为了照顾孩子的事情对彼得喋喋不休。他会让我请求他做事，但我不喜欢不得不求着他帮忙。如果我继续喋喋不休，也许我应该做些调整。

她可以态度更好地请求他，也更少地提出请求。他们可以寻求更多的外界帮助。她可以缩减工作时间，更多地投入第二轮班。如果彼得和尼娜真的离婚，他们将进入假想中的"离异者的世界"，也在潜意识里降低了尼娜在家的筹码。她美丽、富有，再婚的机会俯拾即是。但是比起像彼得这样的男性，置身"离异者世界"对像尼娜这样的女性来说，显然还是更加令人惧怕。生活更加艰难，选择更加稀少。离婚对他们双方来说都是警示，而于她尤甚。

在这样的警示下，尼娜通过独揽每年额外的一个月来弥补自己的高收入对彼得的男性自尊造成的伤害。彼得本着饶有兴趣地倚在邻居家围栏但避免过度卷入邻人事务的精神，参与到家庭生活中来。他进入了"尼娜的领地"，但只站在积极的旁观者和热心的指导者的安全位置。

亚历山德拉的朋友们

麻烦出在他们黑头发的女儿亚历山德拉身上，她是个观察敏锐、稍带忧郁的孩子，看起来比实际年龄（5岁）要成熟。从一开始，这些麻烦被界定为"尼娜－亚历山德拉"之间的问题。彼得通过尼娜来表达他对亚历山德拉的感情。有一天，亚历山德拉闷闷不乐地对我说："安妮（Annie）的妈妈开车送我上学，萨拉（Sarah）的妈妈和吉尔（Jill）的妈妈都开车送过我。我妈妈却不开车送我。"亚历山德拉区分了学校的朋友（她在学校里一起玩儿的朋友）和家里的朋友（邀请到家里的朋友），她有学校的朋友，但没有家里的朋友。她解释说，要想请朋友们到家里来，得有个妈妈在家。他们三人——尼娜、彼得和亚历山德拉——都认为，如果妈妈不在家，女孩就交不到家里的朋友。

假如说彼得有冲动想投入更多的精力到孩子们的日常生活中，他克制住了。假如说他另有冲动想把孩子们的事情丢给尼娜，他行动起来了。他帮助亚历山德拉把她写反了的"B"和"D"改正。他读《苏斯博士》（*Dr. Seuss*）给她听，每天早晨还为她扣上裙扣。但其余的"优质时间",他又急切又敬畏地说:"就都归尼娜了。"这样一来,他再次形塑了自己的意向,撇清自己对第二轮班负有终极责任,但同时以妻子为媒介,满怀爱意地与每个家庭片段发生关联。

察觉到父亲投向母亲的目光,亚历山德拉转向了尼娜。她开始拿自己的遭遇和那些有全职妈妈的学校朋友相比较,然后她向母亲发出了无声的抗议,这让尼娜感到愧疚。

如果妈妈不在家,似乎亚历山德拉也不会"在家"——不说话,也不参与周末活动。一天,亚历山德拉带回家的午餐盒里有一张老师留给尼娜的字条,尼娜回忆说:"老师说,亚历山德拉来学校已经一年多了,但她还是没有朋友。"

接下来的周六,正好是情人节前一周,发生了更糟糕的事情。尼娜带亚历山德拉去文具店给她的同学们买情人节卡片。亚历山德拉为自己挑选了一张最漂亮的卡片,她低声解释道:"我觉得学校里没人会送我卡片。"

有时候,一种生活状态崩塌于一段出乎意料的小插曲,比如这张情人节的卡片。那天晚上,尼娜对彼得说:"我们遇到危机了。"这是个小插曲,但他们都认为这不是一件小事。"亲爱的,用你能做到的最好办法来处理,"彼得说,"我百分之百地支持你。"

公司忠诚度测试

一周后,尼娜询问她的上司,能否让她减薪但每周只工作三天,上司同意了。晚餐时,尼娜把这个好消息告诉了亚历山德拉，希望看到她喜悦的反应。三天过去了，亚历山德拉缄口不提。然后，一天晚上，亚历山德拉满不在乎地问起她能否下个周五邀请一个女朋友来家里。第二天，彼得在开车送尼娜上班的路上，温柔又激动地对她说："亲爱的，这难道不值得吗？"

彼得告诉尼娜，她可以做"任何她需要做的事"，但他自己却拒绝投入亚历山德拉的生活，就这样，他成功地剥夺了他满怀爱意赋予尼娜的选择权——凭她的意愿来选择全职工作与否。讽刺的是，他更加卖力地拓展技术图书市场，尽管这项工作令他厌倦；而尼娜却缩减了她热爱的工作。他们俩都不觉得这其中有任何不妥。

在此前，尼娜一直是公司女性高层管理者的典范，她所在的公司为其人力资源制度而自豪——包括灵活的工作时间、允许非全职、工作分担制，这使得身为人母也能够工作。现在尼娜有机会向外界展示，员工可以成为好母亲，非全职员工可以拥有真正的事业。她的直属上司向她保证："别担心，我们支持你。"

然而麻烦紧接而至。尼娜过去一直管理着四个部门，她舍弃了其中三个。据说管理层在议论："如果尼娜每周只工作三天，她的工作就不该那么重要。"她的上司变得愈加"现实"；"为了你，我向高层领导争取，我一直在拖延他们，"他告诉尼娜，"现在我对你只有一个要求——全职工作。"他们训练并培养了她，现在他们不想白花钱。

同事们开始对尼娜工作的"认真"程度说长道短。他们推断，工作时间越长，就越认真和尽职尽责。在这项认真度测试时，依循传统轨道生活的男性要更容易通过；而像尼娜这样的女性，她们对于自己能与"承担很多家务"的男性共同生活已经感到足够幸运。尽管出台了先进的正式制度，但是公司仍然默默地奖励传统的婚姻，惩罚其他类型的婚姻。尼娜这样总结她的困境：

> 一周工作三天的安排很难让他们满意。我想着，也许有了每周四天的非工作日，我至少能够履行拼车送孩子上学的义务了，而我也会有更多时间和亚历山德拉在一起。如果我很快就回去全职工作，那就没事。但是如果我更长时间地维持现状，那就有问题了，我大概就出局了。我的上司说："你正在踽踽独行，你在公司没有尽职尽责。"事实并非如此，我对公司的确是尽职尽责的——在非全职的基础上。

被当作不恪尽职守的员工，尼娜受到了越来越多的惩罚。首先，她被迫搬出面朝旧金山湾的大办公室，移进一间没有窗户的小办公室。然后，她被要求向一名同级别职员汇报工作，而不再汇报给更高层级的职员，这将"一直持续到她回来全职工作"。她加入的一项公司奖金计划，公司此前一直确保她的获益，如今也被终止了。公司里有一位比她年长的男士，他与一位职业女性的婚姻以暴风骤雨般的离婚收场。多年来，他对尼娜的成功怀恨在心，如今终于向她坦言："当你选择了非全职，我意识到你对工作并不认真。"

她的一些高管男同事心满意足地再婚了，他们再婚的妻子在各自的第二段婚姻中愈加慎重地致力于家庭。其余高管男同事的妻子，要么长期攻读研究生学位，要么在做志愿工作，这种生活赋予她们对于未来拥有某种公共生活的私人幻想，但不会干扰到她们丈夫的事业。这些妻子中有一些待在家里，看似过着更轻松的生活。少数男高管的妻子是职业女性，但即便如此，她们似乎并没有遇到类似亚历山德拉带给尼娜的那种困境。

尼娜开始清醒地意识到，她的男同事们，和彼得一样，是如何免于陷入她面临的危机。他们是否为了确保自己孩子的需求得到满足而做出过任何牺牲？她注意到男同事们乐于把她固定在"母亲身份"上；他们在大厅里从她身边经过时，常常说："嗨，尼娜，孩子们怎么样？"过去，她愉快地回应他们。现在，她注意到他们很少用这种方式和男性打招呼。

有一天，我去公司拜访尼娜，发现她正盯着自己办公桌上的家庭照片。她跟我说有史以来第一次觉得她在公司里像个陌生人。她认真审视着自己的工作："在工作中，我解雇别人。我不得不这样做。我们一直在裁员。我向员工们提供咨询服务，帮助他们解决问题。直到今年，我才认识到，他们都是好员工。他们并非表现差劲。他们是能与我真正产生联系的人，他们是勤勉工作的人。错误不在他们，是他们的部门倒闭了。"

此刻我看着尼娜，我能看出她那娇弱的、近乎灰姑娘般的无辜神情，配上她的极高的智商和情商，能使她的上司确信，她就是那个可以友善地告知雇员坏消息的人。她乐于助人的举动和对企业宗旨的觉察，可能为公司节省了数百万美元的诉讼费用。一名被解雇的员工在与如此友善和乐于助人的尼娜打交道后，还怎能去起诉呢？我可以想象尼娜就像包裹在公司营利动机外的一层柔软的绒布。如今，当她将自己抽离时，也看出了这一点。

她一边拖延现公司，一边寻找其他公司的非全职工作。没过多久，另一家计算机公司提出聘用她为全职副总裁。听到这个消息，尼娜所在的公司突然也向她给出了副总裁的职位，以及更高的工资和难以置信的高额奖金，同样是全职。尼娜为亚历山德拉大伤脑筋，她和彼得反复商量。

然后，她接受了当前公司给她的职位。她对上司说，她不能每天工作很晚，也无法在周末加班，但她可以一周工作五天。她赢得了最后的胜利，伴随而来的却是摇摇欲坠之感。她告诉自己，这是一个"眼下的"决定；如果亚历山德拉的状况变糟，她可以辞掉工作。

尼娜的担忧成真了。在她履新后不久，她打开亚历山德拉的午餐盒，发现老师留下了另一张字条："亲爱的塔纳戈瓦夫人，我想告诉你，亚历山德拉在学校里结交了更多的朋友。但是我不得不说，其他情况仍然让我担忧。最近，我向孩子们布置了写故事的作业，亚历山德拉写了一个奇怪的故事，内容关于杀死她的妹妹和憎恨她的母亲。"尼娜和亚历山德拉的老师谈了话，在两周内联系了一位家庭治疗师。当我上次见到他们的时候，彼得仍然在支持尼娜度过"她的"危机。

尼娜的亲戚和朋友们对此也束手无策。她所在的"先进的"工作场所也无法向她提供援助。她开始实施一种过渡策略，向着南希·霍尔特的方向，和缓地推进彼得的参与，但也与南希一样，她遭遇了抵抗。霍尔特家的迷思是他们共同承担第二轮班，塔纳戈瓦家的迷思则是掩盖了一个事实，即彼得持有一种性别策略。彼得的举措是，迫使尼娜扮演超级妈妈。这个举措的一部分包括他通过提振传统男性角色来保卫婚姻，他觉得婚姻依赖于这种角色。他的"解决方案"就成了问题所在。目前，在全国大约20%的双薪夫妻中，女性的收入高于丈夫（在我的研究中，该比例略低）。尽管每次旋律不尽相同，但节奏通常一致，而问题难以解决。尼娜和彼得的婚姻是停滞革命的缩影，如同这场革命，他们的故事未完待续。

第七章

包揽与放弃：迈尔森夫妇

在一家新锐电子公司的一间小型会议室里，一群职场妈妈围坐在一张胡桃木桌旁开午餐会。她们是由供职于硅谷大型计算机公司的女经理人所组建的一个大型组织中的"妈妈团"成员。在她们之间，似乎可以毫无顾虑地谈论公司里的反家庭氛围、难以顾及家庭事务，以及抚养年幼子女的林林总总。起先，有人打趣式地提到辞职的话题。"我大概也会辞职，"一名两个孩子的母亲笑呵呵地踊跃发言，"然后我的脑子可能会变成一团糨糊，还会长胖20磅。""如果我们没有孩子，我们在家会做什么？上午吃夹心软糖，下午去健身房消耗热量？"一阵哄堂大笑；如果不是为了孩子，没有人愿意待在家里。然而,34岁的安·迈尔森（Ann Myerson）——一名一头红发、高挑苗条、处事周到、收入颇丰的大公司的副总裁，率先认真地说起了离职的想法：

> 我快要辞职了。我女儿现在十二个月，她耳部感染后

变得非常黏人。她起初是婴儿肠绞痛,总要人抱着;现在如果我不抱她,她就大哭大闹。我明天要出差,但是我内心的强烈冲动是,"我不去了。"我和我丈夫说了,但我不能告诉上司我的孩子病了。我可能做的最糟糕的事情,就是承认孩子影响了我的生活。这不是很讽刺吗?我已经到了辞职的边缘,但我竟然不能告诉我的上司,我的孩子病了,所以我不想出差。

在座的女士们纷纷点头,以示同情,没有人感到惊讶。一位有两个孩子的离异母亲说:"我可以花时间哄客户,只要不是哄你自己的孩子就好。"另一位母亲讲到,有一次她的上司邀请他们夫妇共进晚餐:"我问是否可以带上我的女儿,还解释说她很安静,可能就在那里睡觉。他说不可以。他有一个十几岁的女儿,他应该了解有孩子的生活。但我认为是他前妻把她带大的。"大家纷纷摇头,仿佛在说:"好家伙,这是什么世道。"稍事停顿后,一名女士评论说:"我认为他们是以反家庭的态度来精心挑选管理层的。"

当我去安的家里拜访时,我见到了迈尔森家三岁的大女儿伊丽莎白(Elizabeth)。她性格外向,穿着百褶裙,留着红色的长卷发,当时正患重感冒。她很快就拉我一起过家家做"红椒鸡"。迈尔森家的二女儿诺拉(Nora)刚满十二个月。她睁着大眼睛,头发毛茸茸的,正在用新学步车歪歪斜斜地走着,不时摔倒和尖叫。这时电话铃响了:来电者是安办公室的女下属。安挂断电话苦笑着说:"那位女士几乎隔天就打电话来,在晚餐时间或在周日跟我谈工作上的事情。要不然就是在工作日的五点半，我收拾好准备下班的时候，她抓着我不放。她会说：'哦，我忘了你得回家照顾孩子。'她30岁，单身，没有孩子。我告诉过她，我在家的时候别再给我打电话，但是她不听。也许她做不到。这很烦人，但也很可悲。"看着自己两个年幼的孩子，安感慨道："我可不愿意跟她交换我们各自遇到的问题。"

与此同时，照顾两个年幼的孩子和全职工作也让安不堪重负。一天晚上我去安家拜访，正赶上罗伯特在外出差，他通常每周都有两三天不在家。安在5点58分冲到家门口，"因为我家的育儿保姆一到6点就变得像个巫婆"。安解释说："有时候我跟她讨价还价，'如果这周你能让我每天晚到家半小时，我就会在周四请病假在家。'但事实是她一天工作11个小时。我之前请过很多非常糟糕的保姆，我需要留住她。"

安一边准备晚餐，一边耐心应对着伊丽莎白的一连串略显焦虑的要求："我需要纸巾。""我想脱掉舞蹈服。""我拉在裤子里了。"自从上个保姆走后，伊丽莎白又开始表现得像婴儿似的，把自己弄得脏兮兮，夜里还会醒来。安说："昨晚我数了，伊丽莎白醒了八次，小女儿也醒了两次。"结束一天的工作后，安累得筋疲力尽了，她只是回应伊丽莎白的需求，没有精力带着她玩儿或者主动和她聊天。伊丽莎白对此的感知越强烈，就越想提出更多的要求："我想要点儿喝的。""这本书不对。"

安是一个温柔慈爱的母亲，目前她正在付出自己最大的努力。但此刻，她只是给予伊丽莎白关于美好未来的期许。母女

之间请求 - 应答的对话让我想起了其他那些长日将尽、心神枯竭的时刻，比如一名疲惫的母亲催促玩得起劲儿的孩子们赶紧洗澡——"快点，快点。看看谁第一个洗完！"这样的时刻反映出，在社会转型时期，将家庭生活塞入第二轮班所付出的情感代价。安正在寻求办法规避这种代价。

不久，小女儿睡着了，伊丽莎白上了床，但还不肯睡，听着录音机播放的故事。安反思说："我不知道自己做错了什么，但我很不满意家里目前的状况。我的丈夫非常出色，他为人慷慨，讲究合作。我已经用遍了钱能买到的所有服务。我上班的通勤时间是十五分钟，但这仍然不行。我觉得自己很失败。像我这样已经具备了很多有利条件的人都无法摆平，那些单身母亲是怎么应对的呢？"

在过去的三年里，安几乎试遍了职场母亲能用的所有策略。在工作日，她从早上七点四十五分工作到晚上六点，然后一直陪伴伊丽莎白到八点半（超级妈妈策略）。她调整了自己关于孩子到底需要多少父母的陪伴时间的想法，将大量的照料任务移交给育儿保姆（重新定义在家里的"需求"）。她减少了对工作的心理忠诚度（削减工作）。她缩减了与老友社交的时间，每次见面都带上孩子，在孩子们友好的喧闹中叙旧（重新定义个人需求）。即便如此，生活也难以为继了。

然而，辞职对她而言并非易事；她的职业长久以来一直是她身份认同的基础。安曾是个聪明、有上进心的学生，她从14岁开始工作，18岁得了溃疡，一路半工半读在26岁完成了大学和研究生学业。工作既是她缺乏社交生活的避难所，也是她骄傲的源泉。所以,当她第一次请产假的时候,她突然觉得待在家里很不自在。她思忖着:"即便我刚生完孩子,我仍然对自己没在工作感到羞耻。当时我家正在改建,我把成箱的信件寄到家里,因为我不想让建筑工人觉得我只是一名家庭主妇。"

一个月后,我重访安时,她已经辞掉了工作,但她没有向公司透露自己辞职的原因是需要时间陪伴孩子。她解释说:"如果我告诉男同事们,我在他们心中的威信就会荡然无存。在他们的世界里,需要时间陪孩子不能算作是影响你工作决定的'真正'原因。于是我告诉他们,我丈夫在波士顿找到了一份收入更高的工作。他们很理解,说:'喔,波士顿,听起来很好。'"

罗伯特:"在家对半分"以及阅读与火车模型时间

我第一次在"妈妈团"见到安的时候,安告诉其他母亲:"罗伯特轻松承担了家里一半的家务,只有一项例外——我全权负责做计划。我喜欢掌控,但是只要我差遣,他总是听我吩咐去做。他非常与众不同。"

然而,当我见到罗伯特的时候,他描述的家庭分工却不尽相同,而在我看来,他说得更准确:"我们达到了一种平衡——我和安的分工是四六开,因为我在外工作的时间太长了。但我在家时,我做饭的时间比她多。"

即使是这样的叙述,也多少有点歪曲安在第二轮班的实际付出。罗伯特是个中等身材的英俊男子,步伐轻快,说起话来神气活现。我见他的时候(我正坐在地上,在玩具房旁边和伊丽莎白一起做"红椒鸡"),他双手插在绿裤子的口袋里,带着主人的架势蹲下来说:"在鸡肉上放点儿巧克力酱怎么样?"早上的杂事告一段落,在短暂的休息后,他向我解释说:

> 如果你减去我出差的时间,我的休闲时间比安稍微多一些,一方面是我睡得更少,另一方面是她在家里做得更多。每周我有两三天都在路上。在家的时候,我清晨四点起床,花一个小时做我的火车模型,然后运动一小时,六点吃早饭。六点半,诺拉醒了,接着是伊丽莎白。七点半,我们的瑞士保姆到岗,我们也就出门了。晚上,我尽量和安一起在六点半到家,不过有时我回家晚一些。诺拉在一小时后就上床睡觉了,伊丽莎白是八点半入睡。有时候我洗碗,或算账单,在十点半至十一点之间上床睡觉。也有时候,我太累了,就睡得早一些。

罗伯特花在工作上的时间比安多,并且他的工作对他们双方而言也更重要。安承担更多的家务。彼此都为全家的福祉做出了贡献,但方式不同。罗伯特比安有更多的时间搭建火车模型、做运动和阅读。"有时候,"安说,"罗伯特迷上一本好书,就把书带进卫生间,45分钟后才出来,爱不释手。"安有自己想读的书单,但她没有时间阅读。不过她一点也不嫉妒罗伯特有空读好书——至少是在她心情好的时候。

安认为,她在家里承担首要责任的一个原因是,她能自然地注意到一些事情:

即使在有孩子之前,我的观念就是我们家应该井然有序,饭菜应该按时准备好,我们的生活不能一团乱麻。之前我们什么家具也没买。无论是坐在客厅的靠枕上,还是享用我买的好家具,他都没问题。他就是不会为此操心。饮食也是如此,每天晚上吃金枪鱼他也没意见。我想正经吃饭。

尽管安和罗伯特已经在这栋爬满常春藤的二层小楼里生活了两年,但是看起来却像是上周才搬进来。墙上几乎没有照片,客厅里也几乎没有装饰灯、座椅或植物。他们没买家具——沙发和两把椅子都是借的。"我为此烦恼,但罗伯特觉得无所谓。"安解释说。安的全部精力都放在孩子们和工作上。她预订了一些家居用品,比如窗帘,但似乎无暇跟进后续事宜。这个家讲述着罗伯特的平和疏离与安的持续超载。安在童年时期历经多次搬迁,她想拥有一个可以长久居住的"像家一样的"的房子。她甚至把这个近乎空无一物的房子称为他们的"养老院"。她守护着自己对"一个真正的家"的感受和自己对"正经"饭食的观念,就仿佛一个正面临被主流文化同化的危险的少数族裔,保护濒临消失的一门语言、一种风味和一套习俗。快节奏的城市生活和高强度的职业体系迅速击溃了老派的女性文化。与此同时,迈尔森夫妇计划着真正"入住"这栋房子——认领它,栖身于此,营造一个家——等安有时间之后。

他们的家庭分工很常见也备受推崇,但其中未涉及分担第二轮班。我想知道,为什么安发自内心地认为他们夫妇已经平分了第二轮班。在我看来,他们家庭生活的情景稀松平常。唯一非同寻常的是安认为罗伯特平分了第二轮班。

安相信罗伯特平分了第二轮班,是一种微不足道而广为流行的迷思,尽管与南希和埃文·霍尔特的"楼上—楼下"平等分工的迷思不可同日而语,但仍然可称为迷思。安相信自己的丈夫平分了第二轮班,因为她想成为挣脱传统角色的"先锋"夫妇中的一员。但她同时认为,自己作为女性通过管理家庭来满足掌控的需求,以及自己比丈夫承受更大的工作和家庭冲突,这些都是"自然而然"的。

事实上,即使罗伯特有时间搭建火车模型和阅读,而安却没有,但她仍然真心觉得罗伯特平分了第二轮班,这其中还有另一个原因:在许多其他方面,罗伯特比其他男人"更进步",安对此深怀感激。

一方面,当罗伯特在家而且不累的时候,他就全身心地参与家庭事务。一个周六,我陪着迈尔森一家买了一辆婴儿推车、一个五斗橱,还有一双罗伯特的慢跑鞋。我看着他们在空荡的客厅伴着《摇滚亚美特斯》起舞,在厨房做浓缩咖啡,在公园玩耍,与带着年幼子女的好友们共进晚餐。在这期间,罗伯特兴致勃勃地和每个孩子聊天。他驾驶吉普车从一处辗转到另一处,每当在红灯下停驶,他都转过身伸出手拍拍后座上的小女儿。在一整天里,他拥抱她们,轻抚她们,融入她们,温情脉脉又活力满满。当安说罗伯特承担了50%的家务时,她的意思可能是,他在场时,他全身心在场。

在夫妻两人中,罗伯特也更娇惯孩子,可能因为他太多时间不在家。在他排队付钱结账时，伊丽莎白兴奋地绕着一架子裙子飞奔。起初他觉得挺逗乐，过了一会儿感到了些许焦躁，因为小女孩在悬挂的衣服之间钻进钻出，引起了其他排队结账顾客的注意。最后当顾客们开始纷纷"行注目礼"时，罗伯特才追上去制止她。回家后，他承认，"她和妈妈在一起时，不会那样做"。

顺便说一句，罗伯特也展示了一种略有不同的育儿方式。他们买五斗橱时，罗伯特和诺拉开玩笑说："我要把你关进这个抽屉，把你留在这儿。"伊丽莎白爬上梯子，想要爬进放在双层床上铺的帐篷（他们在配有儿童游乐区的商场购物，这样可以将家务杂事和娱乐结合起来），这时罗伯特拉开帐篷的拉链，开玩笑地说："我们要把你锁在里面！"安则会提醒伊丽莎白把鞋脱掉，然后对着帐篷里的女儿微笑；她还会确认五斗橱的价格，决定最终买哪个。从商场出来后，他们去朋友家做客，罗伯特和伊丽莎白去后院探险，而安注意到一个溜达进来想要一起玩的邻家小孩出了水痘。

安认为罗伯特平分了第二轮班的另一个原因是，罗伯特的进步观念。与埃文·霍尔特和彼得·塔纳戈瓦这类的男性相比，罗伯特更支持女性进入职场高层，并为自己不是一名"典型的男性"感到自豪。当妻子的收入比他高时，他为这一事实而骄傲——并且为自己有这样的感受而欣喜。他一边说一边眨了眨眼：

> 当我妻子的收入开始超过我时，我觉得自己挖到宝了。

有一次，我们刚搬来的时候，我在家等卧室家具来送货。我告诉我办公室的经理，我必须在家等送货，经理说："为什么你太太不能在家等？"我告诉他："这样想吧，就我俩目前的时薪而言，我应该在家等家具。"我的上司无法理解我的态度。

妻子的事业让罗伯特感到非常骄傲。"现在我辞掉了工作，"在第三次访谈中，安向我吐露，"我担心罗伯特会不高兴。他不希望我做一个典型的妻子。我相信在我们到波士顿后，他会这么介绍我，'这是我的妻子。她现在不工作，但她曾经是一家大型电子公司的副总裁，在那之前……'"

正如罗伯特不希望安是"典型的妻子"，他也不希望伊丽莎白做一名典型的女孩。如果伊丽莎白偶尔溜达到他搭建火车模型的地下室，他就递给她一个引擎。如果伊丽莎白开始摆弄娃娃、说起白雪公主，他就给她买一套建造模型玩具。在那个我跟随他们办杂事的周六，他们聚在一家书店里浏览翻阅。伊丽莎白拿来一本《玛德琳和吉卜赛人》(Madeline and the Gypsies)，罗伯特不耐烦地翻了翻，然后伸手拿了一本关于火车的书，带着一种无心恋战的口气草草地说："你为什么不看看这些爸爸喜欢的关于火车的书？"

罗伯特超乎寻常地渴望和女性分享传统的男性世界，从而赋予女性一些男性的"优势"。但他不太热衷于想要保留传统的女性世界，也少有分担的意愿。他更愿意聘请女佣和育儿保姆去做女人的活儿。安之所以认为罗伯特平分了第二轮班，最重要的原因是她觉得罗伯特真心愿意分担余下的家务活儿——如果她想要他这样做的话。

罗伯特深爱着安，他想取悦她；在她需要的时候愿意分担家务是他取悦安的一种做法。罗伯特不像埃文·霍尔特，也不像彼得·塔纳戈瓦，分担家务对他来说完全不成问题。因此，无论是否选择让罗伯特分担家务，安都很享受某种"爱慕盾牌"，保护她免于陷入许多女性的不利处境。这样的结果就是，他们实际共享的是权力。

然而安不想让罗伯特分担第二轮班。她想要认为罗伯特承担了家里一半的活儿，她想确信在她需要的时候罗伯特会分担家务。但是，即使罗伯特不必如此频繁地出差，安实际上也不想让他承担一半。

安的"反反复复"综合征

谈及分担家务的问题，安的内心有两种矛盾的声音。在她感觉自己"状态好的时候"，她想把罗伯特从家务中解脱出来，她自己来承担全部。在这个内心的声音最高亢时，安就会满怀赞赏地说起罗伯特工作多忙多累，工作之余多么需要放松："罗伯特特别爱动手，捣鼓各种玩意儿。做火车模型、组装收音机，他完全沉浸其中。这是很棒的爱好。他经常在出差回来后已经筋疲力尽，但他仍然在清晨四点起床去锻炼，然后再花一小时捣鼓他的火车模型。"

在安感觉自己"状态差的时候"，她就想让罗伯特平分家务。当她有此念头的时候,她会这样说:"久而久之,罗伯特对帮忙做家务越来越不上心。"她讲述了另一个"状态差的时候":"有时我跟他说,他是以自我为中心来安排时间。他在火车模型上消磨的那几个小时,本可以用来帮我照看孩子们。"但最终,她认为如果从一个更加"真实"、具有奉献精神的角度来看,自己对罗伯特"不上心"和"自私"的看法是失之偏颇的。

令安很恼火的是,她在"状态好"和"状态差"之间摇摆不定。她这样讲述:

> 我一直反反复复。某一天,我想成为一个超级疼爱丈夫的妻子。我真心认为罗伯特能够获取比我更大的成就。他的教育背景更好,他显然也更聪明。他真的有天赋,如果他能努力投入,他真的可以有所成就,能为自己建立声誉。我在乎他有思考的时间。为此我能做的一项付出就是,在我还没倒下之前,让他能够有时间去做有价值的贡献。我告诉他:"我想减轻你的压力。你不必再着急赶着六点到家,你也不必操心晚上照顾孩子,你需要在火车模型上投入更多的时间。"我长篇大论一通,打算扮演这个难以置信的角色。
>
> 于是,我六点半回到家,管孩子们,做晚饭,上床睡觉,被小女儿吵醒,我累得不行了。我再也受不了了。然后我责备他没有坚持完成他的那50%的份额,让我感到如此疲惫不堪。他这就知道到了一个特殊阶段。在这个阶段,他十分努力地做到六点回家,帮忙做晚饭,给孩子洗澡,

处理一半和家庭事务有关的电话。然后我感到内疚。

但有时候,我的"想要保护他"的阶段只能持续一天。然后我就变卦了。我说:"我收入可观,身居要职。尽管我没像你那样看重自己的工作,并不意味着别人不把我的工作当回事。所以,我只需要做 50% 的家务。"

当安处于"高亢"期,就采取卡门·德拉科特的立场;当她处于"低落"期,就采取南希·霍尔特的立场。但是对安来说,她内心真正钦佩的是卡门·德拉科特对于妻子角色的看法,即使她无法长久秉持这种看法,她也心生向往。她为自己不能坚持而恼火。她也对自己感到惊讶:"我从没想过会为了罗伯特的事业而退居二线。我之前从没有过这样的婚姻观。"

才华横溢的丈夫和感觉失真的工作

为什么安和卡门·德拉科特都觉得丈夫的工作——和丈夫的生活——是第一位的;而尽管弗兰克和罗伯特对妻子充满爱意,却没有以同样的方式谈到自己的妻子?卡门对男性至上的信奉,更易于理解成一种文化调教:鉴于从小严格的天主教教育,又缺乏培训和职业机会,她持有这些信念不足为奇。但是,安的成长一直以来都是以事业有成的职业女性为目标,她自己也做到了,她对男性至上的信奉不太切合她的境遇。

当我把这个问题抛给安时,她给出了两个答案。首先,安说罗伯特更聪明,他在大学班上是前几名。这样看来,也许罗伯特确实比安更聪明。时至今日，两性婚姻的现状仍然是大多数女性嫁给了比自己教育程度更高、职业成就更大的男性；男性则娶了在上述两方面都逊于自己的女性。女性"上"嫁（marry up）和男性"下"娶（marry down）的婚配模式，被社会学家杰茜·伯纳德（Jessie Bernard）称作"婚姻梯度"。这种婚配模式的结果造成了两类难以成婚的人群——教育程度高、职业成就高的女性，以及教育程度低、社会地位低的男性。也许同样的模式也适用于智识发展：如果罗伯特是天才，根据这个"婚姻梯度"，他没有娶另一个天才。在智识上，罗伯特可能也一直在"俯视"，而安则在"仰视"。

还有一种可能是，安也许和罗伯特一样聪明。毕竟，即便在每周工作30小时的情况下，她仍然以全A的成绩本科毕业。如果她把这30个小时花在学习上，天知道她能取得什么样的成就。或许安尚不能正视自己的潜力，并引以为豪。

至于为何罗伯特的时间比她自己的更重要，安给出的第二个原因是，自己的工作在她看来"不真实"。

> 我骗取别人对我的信任，让他们误以为我特别看重工作。这并不是说，我认为自己周围的男性更能干，或者他们的工作更有意义。我只是认为，他们那么重视自己的工作真是不可思议。这里的工作并没有真正帮助任何人，不过是一堆印有数字的纸。
>
> 我嫉妒那些人，他们全心投入自己所做的事。这就像是嫉妒有宗教信仰的人，他们似乎更快乐。很奇怪的是，

我期待男人们认真对待自己的工作,但当我遇到一个看重职业生涯的女人时,我无法将自己与她联系起来。

所以,有孩子这件事几乎是给了我一个便利的出口。我必须认真对待某些事了。而我也的确很认真地对待我们这周六做的事[买五斗橱]。对此我毫无疑问。我可能是害怕这种不真实的感觉会悄悄潜入家庭生活中。

安觉得"只有家才真实",这种感觉促使她想要更多的孩子,将孩子计入她的"成就"。她解释说:"如果我要在家里带孩子,那么,我就想有真正的挑战。如果我有五六个孩子,我就能展示自己真的可以胜任。谁都能养大两个孩子。"

我想知道,为什么她觉得自己的职业不真实呢?在童年时期,安经历了频繁的搬家。高中三年,一年搬一次,每次都到一个新的小镇,她觉得很难交到朋友;从14岁开始,工作成为她抵挡无友困扰的避难所。对她来说,自己对工作的投入程度,成了她个人(社会交往)失败的象征。也许工作的不真实感,还与她担心自己"不够女性化"有关。在安二十几岁到三十出头的那些年,她并不想要孩子。她向自己的父亲坦言相告,她的父亲——生养了6个孩子的天主教徒——怒不可遏地冲出房间,扔给她一句话:"别人会质疑你没有女人味。"安说:"我很重视父亲的话。我对自己说,'也许他说得对。'"也许她的工作也体现出她"超越"了父亲;她对父亲有强烈的认同感,父亲是她的同行,但职业成就逊她一筹。如果工作意味着交不到朋友,意味着超越父亲并变得"没有女人味",那么她可能会害怕将工作视为"真实的"。

无论是何种原因,安认为罗伯特的头脑和工作都比自己的更有意义,这使得她在全职工作的同时还想承担第二轮班,并且最终选择了辞职。一段小插曲似乎说明了这一切:一次我到迈尔森家拜访,我发现伊丽莎白和妈妈正坐在伊丽莎白的衣帽间里玩模拟杂货店的游戏。安隔着"柜台"递来一堆空的调料罐;伊丽莎白告诉"杂货店的店员"每个罐子里装了什么——腌洋蓟菜心、调味品、匈牙利红椒粉、覆盆子果酱。她母亲已经在扮演店员了,而我坐在地上无所事事,伊丽莎白就让我当保姆。"我希望你能抱着我的孩子。"她天真无邪地说。也许安在女儿身上看到了自己的影子,她激动地插话说:"但你是妈妈,你抱孩子。"

总的来说,相较于南希·霍尔特和尼娜·塔纳戈瓦,以及本研究中的大多数女性,安不太热衷于让丈夫平分家庭事务。大多数女性都希望她们的丈夫真正平分家务,但她们没有把这个愿望放在首位,或者不敢给丈夫施压。由于一系列复杂的动机,安·迈尔森的丈夫没有"逃避"第二轮班。她没有将他纳入。

在我的最后一次拜访结束之际,我问安是否有什么建议给即将迈入双薪婚姻的年轻女性?安沉思片刻,然后总结说,自从她放弃了"拥有一切",她就真的什么都没有了。她快速地过了一遍进步改革的议程——非全职工作、弹性工作时间、工作分担制——这些可以使她获得更多的家庭时间。然后她分享了分别时刻的心声:

我有两个女儿，这真让我伤心。她们也将被拽进让我艰难应对的这个世界，她们也将不得不在乎我看重的这一切。除非她们与重重困难抗争，否则永远没有机会在任何领域真正做出贡献。无论她们多聪慧，无论她们多上进，她们终将感受到同样的冲突。我不认为事态将会发生巨大的转变，而我的女儿们仍将经历挫折。假如她们断了结婚生子的念头，也许她们能够成功。但那样她们就会失去一些东西。她们会收到社会的负面反应。但是，如果她们真的有了孩子，她们就无法样样兼得还不被撕裂。我觉得我的丈夫天赋异禀，他没有儿子简直太可惜了。如果有个儿子就好了，他不必面对这种冲突，身为男性就有这样的优势，他可以充分发挥自己的聪明才智。我想，我这么想真的很悲哀。

第八章
感恩的匮乏:斯坦夫妇

36岁的塞思·斯坦已经当了11年的丈夫、5年的父亲和8年的执业律师,其中最近6年都是诉讼律师。他身材高大,肩宽但略微驼背,握手时坚定有力。我们晚上八点坐下来开始访谈。他告诉我,通常这个时间,是他结束十小时工作后的放松时刻——手握啤酒,无精打采地窝在扶手椅里,拿着电视遥控器随意换台。他通常在六点半或七点与妻子和两个年幼的孩子共进晚餐,再花45分钟坐在孩子们旁边,看他们玩耍。此时此刻,是他一天里第一段属于自己的时间。

我发现,他常常是独自享受放松时间。一旦孩子们入睡了,他的妻子杰茜卡——一个专攻家庭法的律师,终于也空下来了,就拾起她看了一半的法律文件继续工作。("有时候,"塞思说,"我扫一眼她书房里的文件,心想,'我们都被困在工作里了。'")客厅是他的个人恢复室,里面摆放着现代的丹麦椅,雪白的墙上挂着色彩明艳的印度挂毯,这是他结束每天高强度的工作之后"回归"的地方。在一天中,他第一次摘下眼镜,解开领带。

当我让塞思描述他的日常一天时,他说:

> 我六点半起床,走进浴室,洗澡,穿戴整齐,七点半前离开家。出家门前,我可能会见到孩子们——我说:"嗨,还好吗?"然后亲亲他们,说再见。然后,上午的工作从见客户开始。如果我们正在处理重大诉讼案件,我会和本案的其他律师碰面,与律师助理核实情况。我在办公室一直工作到六点,通常最晚六点半到家,坐下来吃晚饭。然后,在八点或八点半,我会再回办公室工作几小时。从去年起,我开始六点半回家吃晚饭,因为那时我意识到自己错过了维克托(Victor)成长的头两年。

杰茜卡,36岁,高挑苗条,常常穿着优雅的方领泡泡袖上衣和碎花长裙。她觉得到了目前的职业阶段,自己的职业女性身份已经足够确信,她可以抛弃那些——她在工作初期穿的,现在出庭时依然得穿的——"正统的"深色套装。杰茜卡幼年丧父,在得克萨斯州当餐厅服务员的母亲独自抚养她长大,她半工半读从得克萨斯大学法学院毕业。然而,她在回答我的问题时羞涩而期盼,身上几乎看不出那种一路打拼所必备的坚定果敢的痕迹。

她和塞思刚结婚时,打算平等地发展双方的法律事业。但是在多次有理有据的讨论后,杰茜卡同意以塞思的事业为先,因为"诉讼法的要求更高"。这些讨论看起来并不像是他或她的性别策略中的"举动",而是为了个人和家庭"做出最优选择"的尝试。塞思对讨论的结果感到欣喜,但是隐隐地对自己的婚姻状况感到不悦。杰茜卡对以上两方面都不太满意。

如果说埃文·霍尔特抗拒妻子要求他帮忙家务的压力,但他在"楼上—楼下"的表面故事里让步了;如果说彼得·塔纳戈瓦抗拒这种压力,但他让出了自己作为养家人的角色;而塞思·斯坦抗拒这种压力,但也没有放弃什么,除了他的妻子。

像南希·霍尔特一样,杰茜卡最初怀有一个平等主义的梦想,但已经被迫放弃。像南希一样,她维系婚姻,但与南希不同的是,她开始逐渐与丈夫疏离。

有意思的是,塞思完全没有传统男性看待"女人的活儿"的态度。如果他有时间,他会洗衣服或者缝缝补补,一点也不觉得羞耻。他在家里的所作所为,既不确认也不否定他的男性身份,因为他在家里的作为并不重要。重要的是,他的自我意识和男性身份随着他所在的法律圈子的看法而起伏。他的事业承载着他的自我和男性身份的意义,塞思的事业告诉他必须做什么。

然而,塞思看不到这种事业与男性身份之间的联系。事实上,关于"作为男人"意味着什么,他并没有太多可说。他会说:"人们就是那样,就这么回事。"他意识到的似乎都是在偶尔休假的日子,他感到多么紧张。与此同时,他的律师同行们总是说,塞思真是"勇气过人",才敢闯入早已人满为患、竞争白热化的诉讼律师界。

尽管对夫妻双方而言，塞思沉迷工作不是理想状态，但这似乎很正常、可以接受，并且对他的家庭产生了三种影响。首先，对他而言，在帝国般的事业中的一切决定了形同"殖民地"的家庭生活中的日常。第二，尽管夫妻俩都没有明说，但是塞思对工作的投入让他觉得自己比杰茜卡更应得到对方的呵护。因为他工作的时间更长，而长时间的工作似乎是男人赢得呵护的一种方式，塞思觉得他有"优先权"。第三，他的事业让他抑制了与孩子们的情感依恋，尽管他依旧深切地关心着他们。他爱孩子们，但日复一日地，他把考虑孩子需求和感受的任务都丢给了杰茜卡。他认为这些并非性别策略的结果，而是顶尖专业人士的正常态度。事实上，他的性别策略正是男性主导的职场设置的一部分。问题不仅仅是塞思的个人态度，而是律所的常态工作时长、响个不停的电话、同事间的闲聊时时提醒工作成就才是自尊的基石，以及唯有排除了家庭生活才能实现的应急工作系统。

塞思和杰茜卡结婚时，都还是法学院的学生。他们都还记得两人一起在图书馆学习备考，一个关系不错的同学跑过来问："我们仨出去吃中国菜？还是意大利菜？"结婚六年后，维克托出生了，又过两年沃尔特（Walter）也出生了。与塔纳戈瓦家一样，第一个孩子让夫妻俩疲于应付，而第二个孩子则触发了危机。

塞思人在职场身不由己，而年幼的孩子和焦虑的妻子又对他要求不断，两者之间的冲突悄然而至，难以避免。塞思认为杰茜卡必须处理好第二轮班，问题在于要防止她心生怨恨。为了减少杰茜卡的怨言，塞思不断强调自己牺牲了闲暇时间：每天工作十一个小时并非易事。对于杰茜卡来说，问题在于她如何能让塞思愿意分担第二轮班。为了提出分担第二轮班的充分理由，杰茜卡将焦点放在她在自己来之不易的事业上做出的牺牲，这绝非易事。他们在"牺牲"的观念上产生了巨大的分歧。无论塞思还是杰茜卡，都不觉得要感恩对方。

我问塞思，在维克托和沃尔特还小的时候，他可曾考虑过缩减每天十一个小时的工时。"这不是我想不想的问题，"他耐心解释说，"我做不到。我不能为了一个晚上不加班，就把工作交给一群能力不足的律师。那会破坏我的声誉！这样的工作人人想要，法律界的竞争非常激烈。"他的讲述自动地从为了家庭缩减工时的律师们，转到一位顶尖的律师朋友，某日放弃了法律事业，加入一个三流管弦乐队吹奏第二小号；还谈到另外一位出色的外科医生朋友，转型到贝弗利山庄的"减肥中心"给富人名流当整形外科医生。对于塞思来说，这些男性是在享有声誉的职业世界里引人侧目的"辍学者"，他们提醒着塞思——一个男人可以堕落到何种程度。

我一开始的问题是，他怎么看待腾出时间陪孩子，但是访谈话题却转向了声名狼藉的律师。在塞思的认知里，腾出时间陪孩子们在游乐场玩与供职于"减肥中心"似乎并无二样。这两种行为都损害了一个男人的职业声誉，因此也败坏了这个男人自身的名声。塞思说他所认识的好律师都没有为了陪伴自己年幼的孩子而缩减工时：没有一个人。

他解释说：

我想摆脱当律师的焦虑。很久之前杰茜卡建议我们俩都可以进入公法领域。或者我们可以去旅行，做我们喜欢的事情。如果我能摆脱当律师的焦虑，可以有许多其他的机会。但是我必须做我现在的事情。当案件非常棘手时，我必须成为那个让他们求助的人。这是一种神经质般的动力。

在他的法律同行中，"神经质，进取心十足，A 型人格"以及不太快乐几乎成了一种风潮。律师同事间悄悄交换心得，如何抗拒妻子要求他们多花时间在家里。塞思告诉我，他的一个医生朋友建议："向她保证你周日会带孩子们去动物园。"另一个说："我搪塞妻子的办法是承诺春天和她一起度四天假。"我能够想象这些律师的妻子们——现在杰茜卡也是其中的一员——从舞台两侧发出呐喊，就像古希腊悲剧里的合唱队，"你的孩子们只有一次童年！一次童年，一次童年……"在塞思的律师兄弟会中，这些事业型男人有时开玩笑地说起休假的幻想，却从不正经讨论这件事。他们谈到休假，就像在说戒掉咖啡，或是学会了法语。令人好奇的是，塞思在关于漫长一日的讲述中，没有提到任何关于孩子的话题。

孩子们还如此年幼，为什么塞思如此毫不纠结地投入高强度的工作？或许可以从他的童年经历中找到线索。他成长于 20 世纪 50 年代纽约的一个工人阶级的犹太家庭，他的家庭和所在的社区都高度追求成就。他形容自己的姐姐和妹妹是"家庭主妇，从小没被教育要发展事业"。他描述母亲是家庭主妇，父亲是俄裔犹太人，充满热忱地投身于一项又一项事业。他解释说，

"有很长一段时间,每天晚上他会回家吃晚饭,然后又去开会了。他担任形形色色的主席——参与俄国战争救济,将食品和衣物供给俄国人。后来,他成为杰出的犹太复国运动的支持者。他每天晚上都出去。"

杰茜卡:如果你想要那样

即便塞思的童年经历让他准备好成为一名积极的父亲(事实并非如此),即便他的法律同行们鼓励他成为一名积极的父亲(他们也并没有那么做),最终也许还是婚姻的不幸将他赶出孩子们的生活。

塞思想把超长工作时间看成是自己为家庭做出的牺牲。有一天,他感到自己特别地不被认可,他向杰茜卡发火了:"我不是在开游艇,我不是在打网球,我也不是在科罗拉多河里玩漂流。我不是在环球旅行。我是在拼了命地工作。"而杰茜卡只是冷冷地听着。

从一开始,杰茜卡就准备好了要维持工作和家庭之间的平衡。她认真考虑的都是能让她兼顾家庭的法律实务领域,这样她排除了公司法。但她不想像自己守寡的母亲那样,独自苦苦支撑抚育孩子。当她在事业上做出了妥协时,她希望塞思也能有所让步。

他们的第一个孩子维克托出生后,杰茜卡采用了被很多女性视为理想"解决方案"的两种方法:她缩减了自己的工作时间,还雇了一个全职保姆。五年后,当我遇到她时,她在晚餐聚会上谈笑风生，畅聊自己"家庭和工作两全其美"——超萌的老二三岁，老大五岁，还有热爱的工作。她上午九点把维克托送到幼儿园，然后去上班。中午接他吃午饭，随后把他带回家留给保姆卡梅莉塔（Carmelita），她回去工作到下午五点。然而，她在描述自己的日常生活时有些强颜欢笑，对此，塞思率先做出了解释：

> 杰茜卡对我非常失望，因为我没能在养育孩子方面参与更多，而且我也没有和她平分家务。她说我把养孩子的任务全扔给了她。她的事业受到了影响。她说自己削减的工作时间是我的两倍。她抱怨说，我不像其他她认识的或想象出来的男人那样，花时间和孩子们在一起，因为他们想要这么做，也认识到这么做的重要性。另一方面，她理解我所处的位置。所以她忍着不发火，直到忍无可忍，然后她就冲我发泄。

杰茜卡不需要塞思帮她做家务，卡梅莉塔打扫房间，甚至在周一清洗周末用过的脏盘子。杰茜卡也不需要塞思日常照顾孩子们，卡梅莉塔也承担了这些活儿。但是杰茜卡特别希望塞思能与孩子们增进情感上的融合。尽管他无法待在家里，但她希望他有在家的意愿。

19世纪，渔夫和海员的妻子们适应丈夫因出海而缺席家庭生活；20世纪，销售员的妻子们适应丈夫因不停出差而缺席家庭生活，而杰茜卡并没有像那些妻子一样适应塞思在家庭中的缺席。她一直期待着塞思缩减工作时间，并引导孩子们心怀此愿。塞思有时在晚饭后返回办公室，而杰茜卡一直想让他感受到，在他回去工作的这段时间里，他错过了很多。在某种意义上，她的表现仿佛是她在和一个幽灵共同养育孩子。

感恩的匮乏

斯坦夫妇关于各自家庭责任的不同看法，导致他们希望获得对方感激的方式大相径庭。塞思想让杰茜卡认同他的进取心，并从中获益——他的高薪，他们在社区里的地位，他也想让杰茜卡大方地接受这个事实——他缺席家庭生活是不可避免的。事实上，作为同行，杰茜卡的确能够理解塞思的工作压力。但他似乎不想待在家里，而且他一直都不在家。对杰茜卡来说，她想让塞思感激自己在事业上做出了牺牲，全心全意照顾孩子们。她现在每周工作 25 小时，其中有偿的工作时间是 15 小时，但她一直积极筹划开展一项更大的家庭法实务，也许还会就此写一本书。

塞思忽视了这种牺牲——事实上，这是一种牺牲吗？一周工作 25 个小时不好吗？一天结束后，他也感到疲惫不堪，不太能注意到他不在的时候发生了什么。像彼得·塔纳戈瓦那样的男性，可能没有承担太多的第二轮班，但他对妻子的付出投去感激的目光。塞思太累了，他注意不到。

在"什么值得被感激"这个问题上，夫妻之间存在着巨大分歧，这引发了彼此间的怨恨。如同塞思所说，"我们俩都感到吃亏了。"比如,杰茜卡最近抱怨说,她错过一个在华盛顿特区举办的家庭法会议,因为塞思不能照看孩子们。另一次,塞思全身心扑在一个诉讼案件上,无暇和朋友们去玩帆船。杰茜卡不觉得这对塞思很艰难,她觉得他是"偷偷跑去干更多的工作"。

很多事情都是以小见大。塞思买给杰茜卡的生日礼物就是印证。塞思解释说:"我给杰茜卡买了这条金项链作为生日礼物,因为我知道她喜欢金项链。但是她认为我买的不是她真正想要的那款项链,所以她很生气。而我也很生气,她并不体谅我费尽周折去给她买礼物。我们都很气愤。"真正的冲突是什么——是塞思利用午休时间买到的圆环金链,而杰茜卡早就看上的是椭圆金链?是他在事业上收获太多,而她所得太少?还是他太疏离家庭,而她却被困在家里?

呵护的困境

斯坦夫妇对礼物的误解,导致了感恩不足,而感恩不足造成彼此间缺乏关心的表达,尤其是杰茜卡对塞思。他们都愈发感受到彼此间的疏离。当我问塞思,他期待从杰茜卡身上得到的,但并未得到的是什么,他的回答令我吃惊,嘴里不时冒出下等阶层的说法:

呵护。她对我关心不够。不过这一开始就说好的,我不会为此痛苦。但当我真正回想的时候,我想到的是:

我没老婆关心我。我有时会感到沮丧，渴望回家的时候，有人坐那儿等着为我服务，让我舒爽。但杰茜卡跟我一样，需要别人给她捏肩捶背。不，她才不理会我的男沙猪（MCP）*的需求——在这样的社会里长大，我忍不住有这样的需求。我就是社会的牺牲品——所以我可以有那些需求，而且我并不内疚。我只是不能说出这些需求！

为何他突然冒出了不合规范的用语？他是在开玩笑吗？聊以自嘲？或者，他也许在传递一种感受，他因为有那些需求有所不妥。他觉得杰茜卡可能会因他坚持自己对感激的认定以及对男人味的观点而指责他，塞思用了一个简称来总结杰茜卡可能的指责——男沙猪。

塞思不时幻想着自己拥有那种"对的"妻子——没有事业心的杰茜卡。当我在访谈后半段问他，可曾希望杰茜卡不工作，他脱口而出："是的！"我接着问他，是否为此感到愧疚？"不！"他需要杰茜卡这样的人，他愿意也能够向她致以深深的感激，以他的标准。

与此同时，斯坦夫妇彼此都觉得自己不被感激，并且为此气愤：塞思对工作的无条件服从，让他没有多余的情感能量去关心孩子们，这激怒了杰茜卡。杰茜卡收回了自己对塞思的呵护，这也让塞思愤愤不平。如今，他们因为气愤而互相回避。塞思越少在家，双方就越少需要直面彼此的愤懑。

---

* 指男性沙文主义猪。——译者注

轻披母亲的外衣

杰茜卡最终接受了塞思长时间的工作,更加真心诚意地默许了这个想法——塞思是其职业和神经质人格的无助俘虏。这就是她的封面故事。但同时,她还做出了另一个情感举动——远离婚姻和家庭。与我访谈过的一些女性不同,她没有从母亲角色跳到工作狂。但是她也没有全心拥抱母亲角色;相反地,她轻轻地披上了这一身份。她给沃尔特购买新出的教育游戏,陪伴维克托上钢琴课。但是她的态度透出一种淡然,她不谈论孩子们,而当说起不在孩子们身边的那些时刻,显得兴致勃勃。这些兴致勃勃暗示了她把"不那么走心"当作"解决方案"。

如果说塞思无意识的举动是将自己的身心都从孩子们身上移走,杰茜卡的举动则是让自己身体在场,而在心理上多少置身事外。她表面上适应了他的策略,但在心里限制了自己的情感付出——对孩子们给予一些呵护,几乎不去关心塞思,然后把剩余的关爱留给她自己"单独的"生活。

找人帮忙

这需要做出一些安排。杰茜卡在找帮佣方面有过惨痛经历。起初她雇了一名保姆,她是看孩子的好手,但拒绝做其他任何事,比如收拾玩具或者偶尔清洗早餐后的碗盘。于是杰茜卡又雇了一名负责打扫卫生的家务保姆。但这两人开始吵架,分别给在上班的杰茜卡打电话抱怨对方。一开始,杰茜卡试着调解两人的矛盾,但最终还是解雇了家务保姆。然后,她又雇用了一名能力出众但有些被大材小用的家务保姆,家务保姆三个月后辞了工。现在她雇用了来自萨尔瓦多的卡梅莉塔,她也是两个孩子的母亲,做两份工养家,寄钱给家里年迈的父母。卡梅莉塔安排自己16岁的女儿菲利帕(Filipa)上午到斯坦家替自己一会儿,以便她去做另一份工。

因为卡梅莉塔和菲利帕都不会开车,杰茜卡雇她高中时期的老同学马莎(Martha)做"额外的司机"。马莎采购,带维克托去上课,帮杰茜卡打字和记账。杰茜卡又雇了一名园丁。此外,她还雇了另一位"帮手"比尔(Bill),一名19岁的当地大专学生,作为"替补父亲"。他和5岁的维克托玩球,还做一些通常"爸爸会做的事情"。杰茜卡觉得这对维克托很有必要,因为"塞思的缺位对维克托的伤害最大"。比尔是个乐观开朗又通情达理的小伙子,他有一个同样开朗明理的女朋友,有时候会来过夜。塞思在走廊被比尔的杠铃绊倒,而比尔女朋友的毛衫有时候会出现在厨房的桌上。维克托意识到比尔是"买来的父亲",他选择把他当成"自己的哥哥,他能跟着我们到处跑"。每周六的下午,杰茜卡写支票付账给卡梅莉塔和菲利帕、马莎、比尔、园丁,还有其他的临时帮手,比如水暖工、树木修剪工和税务会计。

当我说她看来得到了很多的帮助,杰茜卡回答说:"如果你想兼顾孩子和事业,我想不出其他方法了,除非你住在外国,有一堆人照顾你。"

在很多方面,她拥有的用人数量,堪比战前住在印度的英国殖民官员的妻子,但她还是错过了些什么。她平淡无奇地解释道:

> 我觉得自己还是不够用心去找到一个好保姆，好的保姆会在孩子们回家后陪他们聊天；提醒他们把各种家长回执从学校带回来；会记得他们的生日聚会，还有为他们报名参加实地考察活动，以免他们错过——就像维克托今天早晨的情况。我回家才发现他没有报名实地考察活动。我以为我的保姆会处理这类事情，但她并没有。

杰茜卡雇来了许多分身来扮演一位尽心的中产阶层母亲，但是雇不到她的灵魂——为子女做规划、不断地叮咛嘱咐，这必须是母亲本尊。她也无法雇人来呵护自己。

杰茜卡现在完全放弃塞思了。事实上，在我第一次访谈她的三年之后，我再次问她如何看待塞思几乎不在家的状况。她颇有自信地回答："在一定程度上，这样对我来说也不错，因为塞思对我要求不多。我不需要为他做什么，他负责照顾自己。其他的丈夫也许为孩子做得更多，但他们对妻子的要求也会更多。"当我问她想从丈夫身上得到什么，她面露诧异地说："我想从他身上得到什么？我认为他应该让我去做自己想做的事，让我去纽约、华盛顿，参加会议。"

一种情感缺位的家庭政治开始生根发芽。杰茜卡剥去了她的需要，收回了她对塞思的要求。塞思应该让她"做她想做的事"。而相应地，她也付出得很少：对孩子们的照料"刚刚够"，对塞思的照顾则微乎其微。她沮丧地说："去年，我在家的时间开始越来越少。我仍然负责采购，然后告诉卡梅莉塔晚餐做什么，但是如果我外出参加会议或去别处，我便不留心这些事了。

就必须由塞思来做了。"杰茜卡还给自己创造了一个培养兴趣和享受闲暇的独立世界,她在其中滋养自己:

> 我试着去做些不会让自己反感的事情,那便是每周五去西雅图。周四晚上,我在哄睡孩子们之后,就去搭乘飞机。周五,我有空逛街,去图书馆,见一位精神科医生,我很喜欢那位医生,我们以前住在西雅图的时候,我就经常去见他。周五晚上我就回家了。我在这儿担心孩子们和工作,但是去西雅图的时候我真正有属于自己的时间。还有,和那个精神科医生聊天真的很开心。和他在一起,我可以异想天开,也能够回归自我,我很享受那个过程。此外,我还和老朋友共进午餐。那是我完美的一天。

用这样的"完美的一天"来补偿一周余下的时间,杰茜卡不再因为塞思的缺位感到压抑。毕竟,比尔带着维克托去上钢琴课,菲利帕在和沃尔特玩捉迷藏。过去,当她和塞思之间出现问题时,她便不遗余力地去分析、试图解决。现在,她退出了这项"工作",撤离到了拥有"完美日子"的另一个世界里了。

你不能耽误孩子

杰茜卡早期策略的某些痕迹依然残存。尽管她表达的时候常常犹豫不决,仿佛是在想要透过浓雾把一切看清,但当她谈到孩子们对塞思的感情时，这团迷雾突然消散了：两个孩子都觉得自己和父亲相处的时间远远不够。在这方面，斯坦家的孩子和邻居家的孩子有所不同，邻居家的父亲也经常不在家，但是他们的母亲为他们做了心理准备。与他的母亲很相似，维克托慢慢形成了一种默默克制的怨恨。沃尔特对父亲缺席的反应是让自己陷入躁动。当叫他上床睡觉时，他会突然大喊："我得收拾我的积木！"或是："我得把画儿画完！"再或是："我要喝牛奶！"他会狂躁地跑着去做一件又一件事。杰茜卡努力把他拖拽到床上，他就拼命挣扎。杰茜卡说起这件事，仿佛局面完全失控了，她说："他不会听我的话去睡觉，但他会听塞思的话。"因此，沃尔特获准熬到塞思回家哄他睡觉。

现在，当塞思回到家，等待他的是沃尔特胡闹的狂躁和维克托漠然的无视。当杰茜卡冷冷地撤到自己的书房，对于塞思来说，家变得更像是一个让他在结束工作后孤独休息的地方。

苦苦维系

"我曾经认为，我们俩是非常聪明、迷人、受人喜爱的一对儿，"在我对塞思的访谈结束之际，他轻声说，"但是过去三年来，我们的关系变得很紧张。当我每天工作 11 个小时，我就知道自己变得无趣了。当杰茜卡失望透顶，和她相处也是糟透了。"

但是，在他们看来，他们至少有性生活，这把他们维系在一起。塞思和杰茜卡都抱怨过缺少"性趣"，但是他们认为主因是过度劳累。带着一种并不全是伤感的语气，杰茜卡缓缓说道:"无论我多么生气,我从来没想过要拒绝性生活。我想我们俩都意识到了,如果没有性,就没有婚姻了。这段婚姻里出错的已经够多了。如果我不和他做爱,他会去找其他人,我丝毫不会惊讶。我估计他会那样做,而我会搬回西雅图。"

斯坦夫妇的婚姻出现了严重的问题。问题是塞思太过关注自我价值而无法呵护杰茜卡,而杰茜卡又过于害怕亲密关系?如果是这样,无论工作和家庭的压力是如何相互冲突,无论两人的性别观念是否不同,斯坦夫妇都会遇到麻烦。但是塞思关心他的客户和他生病的父亲(在长达一年里,他在每个工作日都为父亲准备一顿无盐午餐)。而杰茜卡能够与她的精神科医生和朋友们发展亲近关系。

或许,这段婚姻遭遇了不同民族传统之间的冲突。塞思·斯坦来自一个关系紧密、情感强烈的第一代俄裔犹太家庭。杰茜卡来自一个更为冷静、拘谨的瑞典中西部家庭,她的父母很像伍迪·艾伦(Woody Allen)电影《安妮·霍尔》(*Annie Hall*)里的主演戴安娜·基顿(Diane Keaton)的父母。保罗(Paul)和雷切尔·考恩(Rachel Cowan)在《福祸相生》(*Mixed Blessings*)一书中指出,犹太男人娶非犹太妻子,常常是在寻找一个不像自己母亲那样爱指手画脚和控制欲强的女人,非犹太女性则在丈夫身上寻找她们沉着冷静的父亲所缺乏的温暖、热情和对向上流动的热衷。考恩夫妇还指出,到了中年时期,妻子会发现丈夫充斥着未能妥善表达的需求,而丈夫可能发现妻子太过冷漠。也许这正发生在斯坦夫妇身上。然而我发现,在工作狂丈夫和事业心强的妻子之间经常存在这种情况,尽管他们有着各种不同的民族和宗教背景。

第三种解释——性别策略的冲突——也许会告诉我们更多。在第二轮班的方面,杰茜卡并不是一名超级妈妈;她尽可能地将第二轮班外包出去,还缩减自己的工作,以便承担余下的家务。塞思不同于埃文·霍尔特,他没有承担"楼下的任务";他也不像彼得·塔纳戈瓦那样,对妻子的家庭角色给予热情的支持。塞思的圈子里是各种商业和专业领域的顶尖男性,他们进入异性婚姻,但女人和孩子都不是他们的基本需求。在某种意义上,杰茜卡觉得塞思跟她的父亲一样,已经"死了"。

塞思支持妻子拥有事业的想法,但全然拥抱自己事业带来的重负。他告诉自己"应该"为杰茜卡的事业做出调整,但他怎么做得到?他应该和孩子们有更多互动,但他怎么做得到?在回家的路上,他脑海中浮现出"应该做的事",而"做不到的事"则支配了他的每一天。

谈及塞思参与家庭生活的程度,他期待在家里获得,在工作中付出。杰茜卡想让塞思在家里和工作中都同样付出。与其他夫妻不同的是他们与自身性别观念相关的早期动机,以及在这些动机基础上建立的——主要是外向的——举动。如果说塞思起初在办公室加班到很晚,是为了获得成功,而他后来留在办公室则是为了逃避家庭冲突,因为这里的迷思是他是一个"进取心十足的 A 型男人"。杰茜卡假借平衡母亲角色和事业,收回了一些对孩子的爱,将他们失望的矛头指向塞思,而且几乎完全收回了对塞思的情感。

值得一问的是,为何塞思和杰茜卡在结婚前没有觉察这些

"举动"的潜在冲突？当杰茜卡遇到塞思的时候，她还是法学院一年级的学生，被塞思成功者的形象所吸引。他外形俊朗，脚踏实地，热情专注，前途不可限量。杰茜卡看起来也很成功，塞思欣赏她的优雅、美丽，略带克制，正是他梦寐以求的。

从表面上看，塞思很快就适应了杰茜卡的事业前景：

> 当我们还是学生的时候，就以下问题达成了清晰的约定，关于杰茜卡的未来发展以及她为何在某个周末不和我出去约会。因为她的考试更重要。杰茜卡这辈子都会是一名职业女性，这毫无疑问。你知道的，有些读法学院的女生会退出十年去生儿育女。但杰茜卡不是这种人。工作是她生活的全部。她对打一下午网球毫无兴趣，去他的网球，她宁愿工作。

然而，这样的杰茜卡并不是塞思想象中的妻子。他有一个隐秘的想法：杰茜卡没有真的想成为职业女性。他可能认为，一位受过教育的女性致力于追求事业，就像一位迷人的女性坚守自己的贞操——如果男人举措得当，她就会作罢。处女说着："不行，不行，不行……好吧。"事业型女性再三表示，"我把自己的事业看得很重，"但最终承认，"说真的，家庭是第一位的。"

杰茜卡忽视了一些早期迹象，即塞思会更看重他自己的事业。杰茜卡没指望塞思会改变主意，但是她期盼的情形则潜藏矛盾：他们将主要依靠塞思的工资生活，但他也会和自己一样参与家里的事。

如果我们在霍尔特夫妇、塔纳戈瓦夫妇和斯坦夫妇身上看到了三组关于双薪夫妻间张力的素描,每一幅画都代表着一种不同的迷思以及潜在的矛盾。霍尔特夫妇的家庭迷思歪曲了妻子南希承担第二轮班的事实。塔纳戈瓦夫妇的家庭迷思歪曲了妻子承担第二轮班的原因(彼得对此没那么大的兴趣)。斯坦夫妇的家庭迷思同样歪曲了事实。官方说法是塞思不在家;但是从非官方的角度来看,杰茜卡也不在。

这三位女性都感受到了她们的婚姻期待与婚姻现实之间的矛盾。对于她们三位来说,这种矛盾在第一个孩子出生后加剧了,并随着第二个孩子的出生转变成危机。在上述三个案例中,这些女性最终都承担了第二轮班中的必要部分。

但在每对夫妻的案例中,感恩的表达不尽相同。在霍尔特家,埃文和南希都充分欣赏对方的其他品质,以此弥补不愉快的家庭劳动分工。除了尼娜的高薪问题,塔纳戈瓦夫妇双方也愿意给予对方同等的赞赏。但是斯坦家的婚姻张力几乎完全抑制了他们相互交换赞许和感激。缺失这些后,他们给予对方的爱意越来越少,彼此在生活中渐行渐远。我发现最紧张的婚姻组合一般是,夫妻双方都更关注事业而非家庭,并对家庭角色各执一词。没有其他类型的婚姻是如此缺乏感恩、对于感恩的标准如此争论不休,而婚姻的脉动又是如此孱弱迟缓。

第九章

动荡的婚姻和她爱的工作：贾德森夫妇

雷·贾德森是身形瘦削的 29 岁黑人男性。1982 年，他的职业是早班叉车司机，一年能挣 3 万美元。他每天在加州克罗克特市（Crockett）——离旧金山两个小时船程的港湾小城，装卸一袋袋的水泥。在他城郊不大的家中，他放松地坐在书房的一把大椅子上，身后的墙上挂着他的吉他。就像我访谈过的其他人一样，我觉得能够从一个人的坐姿和座位看出点儿什么。雷坐在书房，我们在那儿访谈不会被打扰。他已经换下了工服，穿着蓝色丝绸衬衫和休闲裤，也许是为了访谈特意穿得正式些。结婚六年来，雷和妻子安妮塔带着两个孩子生活在一间廉价住宅区的小房子里。10 岁的鲁比（Ruby）是安妮塔和前夫生的女儿；2 岁的埃里克（Eric）是他们的儿子，聪明又调皮。他们的第三个孩子也即将出生。雷喜欢谈论人们的行为动机，工地的同事们打趣地叫他"精神病学家"（shrink-man）。他很期待这次访谈，并透露说，这也许将帮助他理解自己风雨飘摇的婚姻。

沙发两侧的边几上摆满了家庭照片、杂志和小摆设。客厅墙上张贴着摇滚歌手吉米·亨德里克斯（Jimi Hendrix）的专辑封面海报，是雷刚刚钉上去的，但遭到了安妮塔的反对，去留悬而未决。电视小声地开着——仿佛加了点背景色，就像富丽堂皇的客厅总不乏热带鱼缸和壁炉。

如果说斯坦一家是典型的中上层白领双薪夫妻，贾德森一家则为我们讲述了纯粹的蓝领夫妻的故事。社会阶层越低，婚姻就越不稳定，不过每个社会阶层的离婚率都在上升。正如我在贾德森夫妇的婚姻中发现的那样，众多的夫妻可能都生活在一种潜藏的动态中——一边努力维系婚姻生活，仿佛一切安好，另一边"以防万一"随时准备离开。

雷的时薪是 13.5 美元。安妮塔在一家财务代理公司全职工作，负责把地址标签输入计算机，时薪 8 美元。在 20 世纪 80 年代，这是典型的美国男性和女性劳工之间的工资差距，但对于雷来说，却意义重大。安妮塔是个矮小敦实的女人，访谈时穿着牛仔裤和亮绿色的 T 恤衫，面露友好而略带紧张的微笑。她点了一支烟，慢慢吐出烟圈，说："雷不是反对女权主义的人。但是他一定会让你知道'我是家里的男主人'。自我对他非常重要。身为丈夫和男人，他必须得到尊重。他常说，'我付房子的钱（按揭）。我每天都拼命工作。'而我总是回他说：'我的工作也很辛苦，你是知道的。'"

当雷谈到"身为男人"时，话题很快就围绕着金钱展开；当他谈到钱的时候，话题常常转移到他是"一家之主"，家里的老大。比起埃文·霍尔特、彼得·塔纳戈瓦和塞思·斯坦那些收入更高的男性，雷更把钱看作男性身份的通行证，而回到家里，这就是享受闲暇的通行证。

雷喜欢在户外用便携式烧烤架烤牛排。他乐意的话就陪埃里克玩儿——据他说是"大多数晚上一个小时左右"。如果他"有时间"，还干些别的，比如修理卫生间的淋浴喷头。这就是他承担的第二轮班份额，并非没有争议。

在雷看来，金钱、男性身份与闲暇之间的联系是不稳定的，因为雷的身份认同与不可预测的市场波动紧密相连。只要雷所在的驳船公司托运的袋装水泥保持高价位，他的公司、他的工作，以及他的男性身份就很安全。但如果水泥价格急剧下降，就不仅会威胁他的工作，还会威胁他的男性身份。鉴于美国黑人的历史，将金钱等同于男性身份具有双重危险。雷已经格外幸运了，他拥有一份稳定的、有工会支持的工作，每年收入3万美元。现在，他将自己与所爱之人的关系，系于经济体系中的一个微小缺口。他供职的公司能够兴隆多久？多久后就会实现自动化或向海外转移？

这样一种金钱与性别身份认同之间的关系却毫不适用于安妮塔。她没有把女性身份建立在收入上。这不是因为她赚钱少，而是因为尽管她家族里的大部分女性都一直工作，但是在金钱与女性身份之间并没有等同起来。金钱能够给予她更多的权力，但无法让她变得更有"女人味"。她不能像雷一样，将金钱转换成家务豁免权，这是因为她的收入没有雷多，也是因为她的薪水不具有社会文化所赋予的分量。她在社会文化意义上"更穷",因为她是一个女人。

或许雷的童年经历让他领悟了赚钱能力的多重含义。首先,他的父亲从来没有一份稳定工作,在家里也没有权威。在雷两岁时,父亲离开了,把他扔给母亲照顾;在他4岁时,母亲搬走了,把他留给姨妈照顾。雷的姨妈善良但严厉,虔诚信仰宗教,她同时抚养雷和自己七个子女中最小的两个。与姨妈一起生活的十五年,他都不太能见到母亲。雷不记得自己的父亲,觉得已经坦然接受父亲的离开。但母亲离开后,他记得自己思念良久。如果说某种性别观念背后的情感驱动植根于童年时期,也许这种失去母亲的经历提供了一条线索去理解他为何坚持认为第一轮班是他的当务之急,第二轮班是他妻子的优先选择。重要的人会离开,除非你找到强有力的方式将她留在身边。也许专注于拥有安妮塔所需要的——工资,他就能够拥有足够的力量防止安妮塔离开。雷说,安妮塔的一惊一乍和活力劲儿让他想到自己的母亲,而她的母性又让他想起自己的姨妈。雷是"过渡型"男人,不过与其他这类男性不同的是,他公开用金钱来支撑他在家里的主张,而早期经历中的情感缺失也为此推波助澜。

安妮塔的策略——热爱工作是出于自我防卫

我访谈安妮塔的时候,她正站在厨房的操作台边,切着胡萝卜、土豆、萝卜和肉,打算做一大锅炖菜,够吃上几顿。她不时停下来管一下埃里克,或者快快地吸一口烟。她似乎想谈的是她和雷之间不稳定的婚姻，以及她最近查出的胃溃疡（她没有告诉雷有关胃溃疡的事，害怕他会强迫她辞职）。

安妮塔的童年和雷一样艰辛，这对她后来形成的对女性身份的理解至关重要。她的父亲是北卡罗来纳州的农场主，22岁时因脊髓灰质炎致残；当时他才结婚两年，而脊髓灰质炎疫苗在他得病四年后才被广泛使用。与丈夫生育了三个女儿后，安妮塔的母亲怀上了第四个孩子，和一个在农场帮工的男人——多年之后，她才怀着极大的痛苦向安妮塔坦白。安妮塔的父亲发现了妻子第四次怀孕的真相，怒不可遏，命令安妮塔的母亲带着孩子们离开。安妮塔回忆说："我父亲没有搬出那所房子，他说他要待在那里等死。他觉得自己一无是处，最后他饿死了自己。"

安妮塔的母亲独自抚养四个孩子，她一早一晚做两份帮佣的工作。七年之后，她与带着六个孩子的建筑工人再婚了，婚后继续做帮佣。在安妮塔的初婚当晚，她想起了母亲的忠告："你现在是一个女人了，你得想想你自己、你的工作。你要一直有自己的银行账户。男人在你身边的时候，你不知道他什么时候会突然起身离开，而你就会被四五个孩子困住。"这就是安妮塔的警示故事。安妮塔觉得母亲的生活经历，使她对男人，甚至对孩子都变得冷酷：

> 我母亲过得那么艰难，没有男人在身边，这对我来说真的太惨了。每次我靠近母亲，我总是觉得她要斥责我。她真的很强硬，非常严格，这影响了我的为人处世。我能

够处理一些日常的事情——整理屋子、做饭、履行母亲的职责——这些都还好。让我难以适应的是,有个男人在身边,我还必须和他分享我的感受。我和我丈夫现在的情况就是这样。

安妮塔19岁时与一名新奥尔良的音乐家结婚了,一年后生了女儿鲁比。她的丈夫白天工作,每周有四个晚上和周末都去吹奏长号,而安妮塔则待在家里照看孩子。安妮塔感到自己既依赖他,又被他忽视,于是她返回职场成为一名秘书,这一方面是为了赚钱,另一方面也是为了有人陪伴。接下来,安妮塔的丈夫没有和她商量,就为了回音乐学校读书,辞掉了白天的工作。这击中了她的痛处。丈夫不征求她的意见、不提前通知她、不支持她,她感觉自己就像被抛弃了。她迅速做出了回应:自己带着孩子离开了。

五个月后,她回到了丈夫身边,但还是没能过下去,就像她说的,"我无法原谅他这么不负责任"。她起诉离婚,经过漫长的诉讼赢得了鲁比的监护权。直到那时,她才和前夫真正讨论究竟是哪里出了问题。安妮塔跟我这么描述,她前夫说:"我不知道原来是音乐把我们分开了。"她回答说:"不,真的不是。只是因为你雄心勃勃,而我不能为你排忧解难。我当时太年轻,我想让你一直在我身边。"她向我解释说:"就是这样,我需要他的时候,他却不在。他或许是个不错的男人和父亲,我不得而知。你知道,他是第一个和我在一起的男人,他填补了我的空虚。"

离异四年后,安妮塔遇到了雷。雷和她说话的方式深深打动了她。他好像理解她为什么很难信任一个男人。她说:"雷告诉我,他觉得我很强硬,但我也有敏感的地方。有时候我告诉他,'没有你,我也能做到',但在内心深处,有一种难以抑制的感受,我确实需要他。雷帮我了解到那种感受。"

雷和安妮塔以自己的方式,努力地治愈彼此。雷在个人伤痛的背后,看到了一段漫长的种族历史。他说:"从奴隶制开始,黑人男性总是难以和他们的女人保持长期关系。人们说:'黑人男性撒了种就走人。'我不想让这种事发生在自己身上!绝对不行!"但是,雷和安妮塔很难在日常生活中实践他们的洞见。有时他们因为互不信任而彼此退缩;有时他们吵架,雷喝多了之后,就互相动手。安妮塔的母亲,现在五十出头,就住在他们家隔壁。雷和安妮塔吵架时,她站在安妮塔的一边,给她和孩子们提供一个避难所,抵御男性的不可靠。

母亲和自己的生活经历,激发了安妮塔对工作的某种矛盾感受。一方面,她想在经济上自食其力:毕竟,男人总是可以离你而去。此外,她在一群工作挣钱的女性身边长大——她的母亲,她的祖母和外祖母,她的大多数姨妈和所有的表姐妹——她们都工作。成为一名女人就要去工作。这是传统,也许不适用于白人中产阶层女性,但对于安妮塔和她认识的人都无一例外。但与此同时,她的这种实用主义有时掩盖了一种内心的渴望——被雷照顾。

她似乎半认真、半开玩笑地谈到自己想做家庭主妇的愿望。"待在家里"一方面体现了她对雷的信任,另一方面也是从工作和家庭的双重负担中解脱出来。她还把待在家里与中产阶层联系起来。她说如果她待在家里，她想让她的家有个样子，"一个满墙家电的时髦厨房"。与卡门·德拉科特所希望的不同，安妮塔不想对丈夫唯命是从；她想休假，享受一个悠长假期，尝试过过好的生活。如果那样意味着依靠雷，如果依靠雷意味着自己要服从他；好吧，这可能就是得偿所愿需要付出的代价。问题是，她到底有多想。疲惫不堪时，她很想；不太劳累时，她就不想。而且，安妮塔谈论起待在家里，就跟塞思·斯坦谈论缩减工作时间如出一辙，都是一种幻想。

与此同时，官方真相是安妮塔想要一份有偿工作，这种渴望使她既希望也需要雷分担第二轮班。有一次我同时访谈夫妇俩，我让雷和安妮塔分别描述家务分工，历史旧账又引发了争吵。安妮塔抱怨雷不帮她。雷立即反驳说，如果安妮塔愿意辞去工作，她就不需要别人帮忙了；问题的关键在于，安妮塔不知道如何让自己不工作。他正在给予安妮塔他自己无法享受的自由——不工作的自由。他说，作为回报，安妮塔应该给予他不做家务的自由，除了周末打理院子和修修补补。

雷没有声称他相对更高的收入免去了自己承担第二轮班的责任。他争辩说，他的工作和安妮塔的工作具有根本不同的意义。他说："我不介意她一会儿辞职一会儿工作，只要她愿意就可以。我不在乎她是否不再回去工作。但是我从来不会让自己这样做，因为是我的工作维系着我们一家。"

在雷看来，他在以男人的方式工作：为了赚钱养家。无论他喜欢或厌恶自己的工作，他都必须恪尽职守。他想让安妮塔表现得更像女人,她不是非得工作,她可以让他去做。无论安妮塔实际的工作量是多少,雷都希望,她不那么想要工作,不那么喜欢工作。他向她提供了一个机会,让她无须那么在意工作。

那么她为什么拒绝接受呢?安妮塔捍卫了自己热爱工作的权利,以及让雷在家里帮忙的权利。她说自己喜欢工作。"我宁愿一个月花 200 美元找人帮我照看孩子,好让自己去忙工作。"她说整天待在家里让她觉得无聊。

> 我喜欢工作,因为它让我获得认可。我想给别人留下一个好印象。仅此而已。我的工作对我们部门很重要。我的工作内容由我一人负责,其他人不了解客户服务。他们解雇了一些员工,所以我不得不承担更多工作,于是我的工作比以前更重要了。我对自己的工作感觉良好。我工作是因为我想工作。我觉得雷完全不考虑这些。我出去工作,然后回家做饭。但无论我是否工作,雷期待的都是饭来张口!

雷感到困惑。"我不理解为什么她觉得她的工作缺她不可。我认为自己的工作很有价值。她的工作也并非没有价值,但我的工作为全家提供了收入保障。所以,为什么她觉得工作缺她不可,让她不能抽身呢?"

"你从来没在办公室里工作过!"安妮塔厉声说,"如果你找到一份真正喜欢的工作,那你就会全心全意投入其中。"雷反驳说:"我看不出一群在办公室的女人和我们这行的男人有什么区别。你的工作中有什么是我的工作里没有的?"安妮塔的工作具有一种中产阶层的外表，对此雷也承认，但那仍然"只是一份办事员的工作"。他的工作压力更大，她的工作压力较小。他在室外工作，她在屋里办公。他干脏活儿，她工作体面。他穿着随意，她正经着装。她端坐桌前阅读打字，而他整天操控叉车，吊起一袋袋沉重的水泥。他觉得自己的工作更辛苦。

安妮塔转向我，解释说：

> 雷总是说："你的工作不辛苦。你坐在桌子后面，然后就打卡下班回家了。"他看到自己的工作需要付出体力，每天坐在车上驾驶。他看到自己满身尘土，就觉得自己干的是世界上最辛苦的工作。但是他不考虑我干的。我每天工作24个小时！我回到家还要干活儿。除此之外，还有孩子们要管！这些他都看不见。

鉴于他们之间的分歧，我比较了两人的工作日安排。雷讲述了他的日常一天：

> 在工作日，我五点半就要起床。起来后，我有时熨一下上班穿的衣服，听听广播里的福音音乐。我不吃早饭。正常情况下，我会在房子里晃一会儿，然后开上卡车，六点半或六点四十之前到工作的地方。然后我们往货运车厢里装货，大概到九点休息一小会儿。接下来，我们继续工作一直到十一点半，午休到十二点半。午休时，我和伙计们通常走到公园里，喝个半醉或坐在一起聊天。然后我们

回去接着工作,在一点半到两点之间收工。我回到家,从盒子里拿一瓶啤酒,然后开始胡乱弹吉他,或者躺下睡一会儿,直到安妮塔带着孩子们回来。这时我就要起床了。如果天气好,我就到院子里干点活儿——我喜欢花。或者我可能会拿出一块肉放到烧烤架上烤。通常在我弄完的时候,安妮塔也做好了[其他的饭菜],然后我们就会一起边看电视边吃晚饭了。之后我上楼再弹一会儿吉他,或者捣鼓键盘,那就差不多到孩子们睡觉的时间了,于是我们会一起做祷告。

安妮塔在描述她的日常一天时,没有太多细节:

我大概六点半起床,然后把两个孩子叫起来。我给儿子穿上衣服,我女儿自己穿衣服。他们吃早饭的时候我自己也穿戴完毕。我差不多七点一刻出门,先送埃里克,然后是鲁比。我工作七个半小时,然后回家。我先去趟杂货店、回家、做饭,然后喂孩子们吃饭。我看会儿电视,大约九点半或十点睡觉。天天如此。

在工作中,雷可以自行掌控货运装载的节奏,而安妮塔则较难掌控单据的流程。雷的工头儿并不严格控制自己的工人。事实上,他允许了一种游戏精神:雷和同事们戴着牛仔帽和老板插科打诨,以此来弱化他的指令。但安妮塔离开座位超过20分钟,她的主管就会来质问。如此看来,他们的工作日体现了不同的监管风格,这种差别存在于大多数"男性的"和"女性的"工作岗位。例如,罗伯特·卡拉塞克(Robert Karasek)在1972年的研究中发现,男性和女性所报告的工作量要求大致相当。然而,与男性相比,女性更有可能面对更高的工作表现要求,也更无力掌控工作的节奏。电话接线员和服务员通常要比抄表员或电话修理工更难控制自己的工作节奏。正因如此,卡拉塞克的结论是,女性的工作压力更大。此外,像安妮塔这样从事服务业的女性,事实上罹患与压力相关的冠心病的可能性,超过了通常认为的高危群体——男性高管。①

除此之外,在各自的工作日中,雷比安妮塔拥有更多闲暇。毕竟他可以和兄弟们花一个小时"喝个半醉",而安妮塔却不能。社会学家J. P. 鲁滨逊(J. P. Robinson)发现,一般来说,在每个工作日,职场男性享受的闲暇时间比职场女性多半个小时。②

但对雷来说,重要的是他肩负的养家职责的分量。雷论证说,一个家庭不需要两个人都那样拼命工作。一个就够了,那就是他。

安妮塔没有退让,就像霍尔特夫妇、塔纳戈瓦夫妇和斯坦夫妇一样,关于第二轮班的争执始终困扰着他们。南希缩减了工作时间,塔纳戈瓦夫妇和斯坦夫妇雇了保姆。作为一种可能的解决方案,雷让10岁的继女鲁比参与家务。雷说,鲁比能够洗碗和使用吸尘器,她已经不小了,这是一种很好的训练。他还说自己小时候,帮助姨妈做了很多家务。

但是鲁比已经觉得自己在家庭图腾柱上地位较低,她把这项任务解读成自己不受重视的一种标志。她拒绝洗碗和吸尘,反而提议去花园除草——也许和雷一起？雷把回应安妮塔要求雷分担家务时的逻辑同样用到了鲁比身上，他对鲁比说："我已经养了你，肯定不会再来伺候你。"鲁比向隔壁的外祖母寻求支持，外祖母斥责雷：为什么鲁比不能给花坛除草，非要打扫房间？岳母施加的压力，加之安妮塔这些日子愈发频繁地往隔壁跑，让雷感到家里的女人们在合伙对付他。

雷与安妮塔及孩子们日渐疏远，他开始酗酒，酗酒引发了多次大吵。安妮塔和孩子们搬到了隔壁的外祖母家。现在雷不得不面对他一直以来最害怕的事情：安妮塔可能要离开他了。事实上，在接下来的几年里，雷和安妮塔不断地分分合合。我最后一次听说的情况是，他们分开了。

为什么不分担第二轮班？雷给出的官方理由是，他提供了大部分的家庭收入，对待自己的工作更认真，工作更辛苦。第一个说法属实，第二个很难判断，第三个完全失实。但是他的官方理由似乎也符合某种私人计划：削弱安妮塔对工作的渴望，增强安妮塔对他的依赖，努力减少安妮塔离开他的可能性。

对安妮塔来说，酗酒和吵架让她觉得没有安全感。她为了自己工作的价值与雷不断抗争。她的工作虽非丰功伟业，但是她紧紧抓住不放。因为她的母亲提醒过她："你得想想你自己、你的工作。"在内心深处，安妮塔对自己和雷的结合没有把握。她觉得，如果婚姻持续下去，她的工作会使雷"尊重她"。赚钱让雷"忙个不停"，这反过来改善了他们的婚姻。但是如果婚姻难以为继，她就比现在更需要拥有自己的工作。

在性别观念方面，贾德森夫妇并不匹配。雷是过渡型；安妮塔在传统型和平等主义之间摇摆——只知道自己不想像过渡型女性那样承担工作和家庭两方面的责任。这种冲突让他们在交换婚姻馈赠时陷入了麻烦。安妮塔给雷的"馈赠"是她贡献给家庭的工资。雷感觉到她可能准备离开，所以他拒绝接受。从雷的角度来说，他赠予安妮塔的是工作与否的选择权。安妮塔不喜欢家里家外的双重工作，而待在家里让她觉得有危机感，她质疑这个选择权。他们表面的迷思——而不是他们私下认为的——就是第二轮班的问题不过是因为安妮塔有"太多事情要做"，所以吵着要雷参与。虽说不假，但并非全然如此。第二轮班的问题与安妮塔的两班工作各自的意义关联密切。

安妮塔的工作为她带来了一定的经济独立，如果婚姻关系恶化，这就是必需。这是一份保险：她工作是出于自我防卫。在他们结婚初期，安妮塔试着信任雷，努力避免离婚。她不可能公开承认自己想要工作只是"以防万一"。

然而离婚的可能性一直存在于他们的婚姻生活中。在这一点上，安妮塔的困境可能会提醒越来越多的女性。作为一名黑人女性，安妮塔无法回溯到将婚姻作为女性经济保障路径的悠久传统，因为大多数黑人男性长期被排除在高薪工作之外。至少一百多年前，美国白人女性的经历大不相同，因为她们只要嫁人，都可以比自己工作更有效地提升自己的阶层地位。但是现在，越来越多的工人阶层和中产阶层的白人女性也开始面临黑人女性长期以来的处境：现在她们也无法像过去那样依赖婚姻。

在过去的一个世纪里，婚姻为女性及其子女提供的经济基础变得越来越没有保障。半数的婚姻以离婚告终，尽管短期内离婚率出现下降，专家们预期，长期离婚率仍将保持在当前的高位。此外，在离婚后，大多数男性收入上升，而大多数女性收入陡降。三分之一的离异女性没有再婚。剩下三分之二的再婚女性中，许多人再次离婚。对大部分女性而言，摇摇欲坠的婚姻渲染了缺乏经济保障的前景，对不少女性而言，这意味着绝对的贫困。

根据美国劳动统计局的数据，女性的收入是男性工资中位数的83%。35—44岁的女性，比同龄男性每周少挣200美元，不过在过去的十年，她们的收入增长了12%，而男性只增长了1.2%。2008年，在美国最大几个城市中尚未生育的年轻人中，女性的收入事实上超过了男性8%。③

然而，琼·威廉姆斯所说的"母职高墙"依然高耸。与职场父亲相比，职场母亲的收入少27%。这一部分是因为她们从事更能兼顾家庭的工作，工作时间更短，请假更多，也不太情愿为了高薪工作而让全家搬迁。④此外，女性的工作方式也不太一样。2008年全球金融危机之时，男性的工作受到重创，使得妻子们的工作对家庭财政而言愈发重要。对像安妮塔这样的女性而言，工作还有别的意义。安妮塔过着婚姻生活，但她暗自想象离婚的情形。她扛住了雷让她辞职的压力，因为她害怕以后陷入既失业、又离婚的穷困潦倒的窘境。不过，他们都公开表示想拥有"天长地久"的婚姻。于是，她隐藏了自己去工作的现实动机，转而声称去工作是因为"热爱工作"，因为"需要保持忙碌的状态"，因为"同事们需要她坐镇办公室"。随着离婚日益普遍，越来越多的女性对未来没有把握，她们看起来结了婚，却以"没结婚的心态"来思量工作和家庭。

第十章
"他"和"她"的分担:阿尔斯顿夫妇

周日早晨七点四十五,我开着车缓慢爬坡。这是一条新铺的柏油路,道路两旁立着新树和一排排两层的小楼,蜿蜒在这座俯瞰旧金山湾的小山坡上。这里散发着新兴住宅开发区的气息;道路旁的灌木都被修剪得如出一辙。街道大多叫作"星空路"(starview)、"远眺路"(overlook)、"海湾路"(bayside)。尽管出入的车辆大多来自这里的住户,但每隔半个街区就竖着"(限速)每小时10英里"的交通标示牌,仿佛只有正式的告示才可信。每隔六栋房子就有一大片公共活动区域,上面爬满了常春藤,各家的信箱簇拥在一个小小的公共信箱顶盖之下。这是开发商试图营造的社区感。

此时此刻,空荡荡的人行道上散布着周日的报纸。白天的其他时间,我也只在这里看到过几个工人——有一个华裔的园丁修整花园,一个墨西哥裔的杂务工修理照明灯,两个白人工人把大卷的地毯从卡车里搬到一个住户家里。后来,卡萝·阿尔斯顿（Carol Alston）告诉我，这里有一半房子里住的是退休的老人，另一半住的是双薪家庭。"老人们和年轻人没有太多可聊的，而双薪夫妻们太忙了，也顾不上和邻居交朋友。这里本可以是个邻里友好的社区，真是可惜了。"

格雷格·阿尔斯顿（Greg Alston）给我开了门。他37岁，沙色头发，戴着金边眼镜，有点孩子气。他穿着一条旧牛仔裤配一件T恤。门边还有三岁的达里尔（Daryl），正咧开嘴冲我笑，露出甜甜的酒窝。格雷格光着脚，手里拎着鞋，告诉我说："卡萝还睡着。贝弗利（Beverly，他们家三个月大的小女儿）快要醒了。"我在客厅里坐好，又一次化身为"家里的宠物狗"，静静聆听家人们一个个起床。格雷格七点一刻起床，儿子达里尔七点半，现在是八点，小女儿贝弗利醒了。有那么一段时间，楼下只有格雷格和达里尔。格雷格嘱咐达里尔系鞋带，达里尔却在讨论蝙蝠狗、蜘蛛蝙蝠、海王和水宝贝这些动画人物之间的细微差别。不一会儿，卡萝也穿好了衣服，喊我的名字；我帮她一起铺好了床。她给贝弗利喂了奶，然后把她放在摇椅里。秋千就在餐桌边，挂在两根杆子之间，在机械轴承的作用下自动地轻轻晃动。卡萝一边收拾餐桌，一边跟我讲起，周六他们带着朋友家的一个两岁的孩子一起去海洋世界，这个熊孩子朝贝弗利扔了一辆玩具车。说着，她开始用山核桃和苹果做煎饼，准备早餐。此时，格雷格在楼下修理一张坏了的充水床垫。两个人各自照看着一个孩子。

卡萝35岁，穿着运动服和球鞋，剪着短短的头发，没化妆，戴着小小的耳钉。她的脸上有种令人愉悦的干练的表情，笑声充满了感染力。她和格雷格结婚 11 年，婚姻极为美满。

卡萝没有像尼娜·塔纳戈瓦一样，试图"两手抓"，将家庭生活与快节奏的、供职商界的职业需求有机结合。三年前，她辞掉了被她称为"真正的"工作——系统分析师，成为一名自由职业者，每周提供 25 小时的付费咨询。从懂事起，她就一直憧憬有自己的事业。成年之后，她的事业也一直发展得不错。她说她总是把家里的活儿五五分。"我不知道是不是该叫自己女权主义者，"她告诉我，仿佛"女权主义"这个术语对她来说很遥远，"但事实的确是，格雷格和我总是平分家务，毋庸多说，一直持续到我开始兼职工作。"

从一开始，格雷格就希望卡萝工作。事实上，他告诉我，卡萝不再全职工作后，他感到有点"沮丧"，因为他怀念她的收入。在他们结婚的 11 年里，有 7 年卡萝赚的跟做牙医的他一样多。事实上，卡萝现在做兼职也几乎和格雷格的全职收入不相上下。格雷格说："她赚的越多，我们就越能早点退休。"

在过去的三年里，自从有了达里尔，卡萝的策略就是减少工作的时间和情感投入，承担大部分的第二轮班。然而，她说，从明年的 11 月开始，他们就要开始重新平分家务了。届时，他们将实现结婚以来一直的梦想——逃离拥挤的交通和内城校园里的暴力及毒品，搬到一个名叫"小溪"（Little Creek）的山中小镇上。在那儿，格雷格也会从事一份兼职工作。阿尔斯顿夫妇都喜欢划船和露营；在小溪镇，他们可以享受户外运动，如卢梭主义者那般远离现代生活，打造一个性别平等的范本。他们足够幸运，能够负担得起这样的生活。简言之，他们的财务状况和观念层次让他们能够真正地平分家里的活儿。

除了分担家里的活儿,格雷格和卡萝也分享家里的生活。如果房子会说话,那么阿尔斯顿的家将滔滔不绝于夫妻间的亲密无间和孩子无与伦比的重要性。他们的家装修成田园风格,舒适质朴,即便关上所有的门,格雷格在厨房里还能看到在餐厅或客厅里的卡萝。壁炉架上挂着一幅画,画着一个小孩在梦中朝月亮吹气,仿佛在吹一个气球。在它下面是一些瓷制的字母摆设,一个德国啤酒杯,还有兄弟姐妹们的婚礼照片。屋子里到处都是孩子的痕迹:被客厅椅子包围着的婴儿床,壁龛里的小摇篮,贴在冰箱上的达里尔的照片,还有一个用来挂他的蝙蝠侠披风的小挂钩。在楼上,卡萝书桌的墙上挂着她的大学毕业证书、注册会计师资格证和州理事会颁发的会计师资格证;在这些证书旁边的是格雷格的相关证书、一张达里尔的照片和一张夫妻俩激流漂流的照片。车库里还挂着两条自制的"舞者"橡皮艇。("这是和几个划船的朋友一起做的,"卡萝介绍说,"那天一个姑娘和我一起做了肉卷,然后我们一整天都在上漆。")达里尔的房间也是一个家庭作品。卡萝打印了一张"星星表"挂在达里尔的门上;在"刷牙"这一项,达里尔得到了一个星星,在"收拾衣服"这一项他得到了三个,在"放好报纸""拿贝弗利的尿布包""自己脱衣服"这三项里一个星星也没有。格雷格亲自设计了达里尔的核桃木小床和梯子,还搭好了玩具电动车的轨道。卡萝买了一个大象灯,大象两耳之间有一顶大大的派对帽,屁股上还有一顶彩色的无檐圆帽。一切看上去如此和谐。

唯有一处带着一丝伤感：在走廊里挂着一个玻璃镜框，内有四对夫妻的婚礼请柬，这是阿尔斯顿夫妇最好的朋友。请柬中间有一张 20 美元的钞票。这里记录了一段充满活力、奇思妙想的时光，透露出赌一把的念头。卡萝解释说："我们打了一个赌，最后结婚的那一对儿要给其他人 20 美元。"说完，她沉默了一会儿。"蒂姆（Tim）和简（Jane），右上角的这一对，已经离婚了，而吉姆（Jim）和艾米丽（Emily），左下角的这两个也出问题了。"搬到小溪镇当然可以帮助阿尔斯顿夫妇解决交通拥堵的问题，但或许，他们也希望搬家能够让他们远离时下婚姻的张力。

夫妻俩都会经常为对方做些事情。如果是卡萝抱着贝弗利，她可能就会问格雷格："你能给猫喂点猫粮吗？"当格雷格在卧室里钉东西时，如果电话响了，他会对卡萝说："你能接下电话吗？"这些活儿，比如接电话或和邻居聊聊天，两人都会去做，不分彼此。

他们也以相似的方式来处理晚餐时常见的小插曲。只要他俩在餐桌上单独聊几句，达里尔总能找到机会插话进来。比如，格雷格对卡萝说："迈克尔（Michael）还没有签合同呢。"达里尔就会插话说："是我们学校的迈克尔吗？"卡萝就会回答说："不是的，是另一个爸爸妈妈认识的迈克尔。"在餐桌上，两人应付达里尔问题的次数也不分伯仲。

只要格雷格在家，他忙家务事的时间和卡萝不相上下；而且他尽量多待在家里。到了周末，不管做什么，他们都投入一样长的时间在家里忙活。在总体上，格雷格投入第二轮班的时间要比埃文·霍尔特、弗兰克·德拉科特、彼得·塔纳戈瓦、罗伯特·迈尔森都多。卡萝和格雷格都觉得这样的安排运转得不错。

然而，在一些方面，他们也并不是完全平分。小女儿贝弗利出生后，卡萝缩减了工作时间，调整了工作理念，但格雷格告诉我他并没有发生太多改变。如果真正的平分意味着在每日或每周的家庭任务上都平分，那么，他们也没有真正做到平分。无论卡萝是全职工作还是兼职，她都要负责那些日常的家务，例如做饭、购物和洗衣服，除此之外还有那些不算日常的琐事，比如给孩子们买衣服、记着家人的生日、照顾花花草草、拍家庭照片。格雷格的家务清单里大部分是一些非日常的事务：修理家具电器、付账单和维修家里的两辆车。

卡萝不像尼娜·塔纳戈瓦一样是一个超级妈妈，不像卡门一样通过"装傻扮弱"来被动地协商家庭分工，也不像南希一样安排一个"周一你做饭，周二我做饭"的日程表来进行"分担对决"。但是逐渐地，卡萝采取了一些另外的策略。首先，当外面的工作要求增加时，她在家里的劳动就减少了。卡萝解释说："当我全职工作的时候，我们都有很丰盛的工作午餐，达里尔也在日托所吃了，所以我就不做饭了。"其次，卡萝减少了工作时间，再次，她时不时地与格雷格重新协商两个人的分工。这就是卡萝的三个策略。而格雷格还有第四个策略。他拉平比分的方法似乎就是在卡萝做饭、打扫房间和照顾孩子的时候，格雷格就鼓捣他的木工活儿，只要卡萝不停下来，他就一直鼓捣。这样一来，他跟卡萝在家里花的时间"一样多"，但只在他的活计上。这并非个人爱好，就像埃文·霍尔特搞的那一套"楼下"的项目，格雷格常常征求卡萝的意见，按照她建议的顺序来做，或者商量他要做东西的颜色、尺寸和形状。格雷格做的对夫妻俩都有好处，只是这些事并非日常的家务，也没有减轻卡萝的压力。

周日"平等时间"的背后

和卡萝相比，格雷格照顾孩子的时间更少，而料理房子的时间更多。他好比是家里的杂务工。他用专业木匠的眼光来审视家里的壁炉台，他考虑着如何修缮他们在小溪镇的房子里的化粪池。卡萝是注意到孩子裤子上有破洞的那个人。一次，格雷格搬出了吸尘器，他开玩笑地说："卡萝只是一个女人。她已经很久没有用过吸尘器了，她得回炉重学了。男人更擅长处理这些。"事实上，一天中他干的 80% 的家务活儿都在性别界限的男性一边。

同样地，和孩子们在一起时，卡萝比格雷格更以孩子为中心。比如，在一天里，他们有时会停下来和我聊上几句。这种时候达里尔一般都在，他会插嘴想要加入对话（他很喜欢对着我的录音机说话）或者引起父母的注意。卡萝会给他一点时间。（"是的，达里尔，我觉得超人比蝙蝠侠飞得更高，你觉得呢？"）但格雷格就会告诉儿子，"爸爸要跟阿莉讲话呢"或"如果你再这么嚷嚷，你就得回自己的房间"，要不然就是"找你妈去"。

卡萝母乳喂养贝弗利似乎是一种天然优势，能让她和孩子建立一种紧密的纽带。在母亲母乳喂养婴儿时，一些父亲会轻晃着哄孩子、给孩子拍嗝、换衣服，力所能及地做各种事情，直到参与抚育的男性劣势消失的那一刻——孩子开始喝奶瓶了。另一些男人则会回避小婴儿，关注家里的大孩子（如果他们有的话），直到婴儿断奶。格雷格采取了一个中间路径。他把注意力放在达里尔身上。是他天天帮达里尔穿上睡衣，在厕所里进行（达里尔超爱的）"尿尿比赛"，帮他盖好被子。

格雷格会在卡萝需要他的时候照顾贝弗利。但他像抱一个橄榄球那样抱着女儿；女儿哭了，他有时候会把她抛起再接住，结果她哭得更厉害。现在，格雷格抱起女儿时，有一半的时间女儿安静无事，另一半时间则闹腾不已。对此，家里的解释是"贝弗利不喜欢男的"。就像卡萝笃定地告诉我："男人抱她，她就会哭闹，除了她爷爷。"但是抱过贝弗利的男人，除了格雷格就是她爷爷了。

这是因为三个月大的贝弗利本性如此吗？还是格雷格作为男人"天生"不擅长抱孩子？我正思考着，发生了一段小插曲：卡萝在做饭，贝弗利穿着粉色的连衣裙和小靴子坐在摇椅里。过了一会儿，贝弗利开始哭闹。格雷格把她从摇椅中抱出来，但她还是哭。他抱着她坐在餐桌旁，想要读一本牙医杂志。她开始号啕大哭了。格雷格大喊道："妈妈，快来！"然后又一次跟我解释说："贝弗利不喜欢男的。"我回想起我以前哄儿子的一个方法，抱着他前后踱步，一边上下轻晃（我们管这个叫"骆驼步"）。我问格雷格可否让我试试，然后演示了一遍，贝弗利果然不哭了。格雷格说:"哦,我知道这个,确实管用。但是我不想站起来。你看,卡萝每周二晚上都要去教课,一整晚都是我管贝弗利,我不想让她习惯了这样。"为了减轻卡萝的压力,格雷格"无论如何"都会照顾贝弗利。但不管有多无意识,他看起来不愿意多花些力气用三个月的女儿喜欢的方式对待她。

父母可以通过特定的说话方式与孩子建立联结。卡萝会说:"今天,你穿了你的灰裤子"或"你想把苹果切开吗?"。她的声音里传递出一种殷切的亲近感,她用了一种"首席家长的声音"(primary parent voice)。这种首席家长的声音,以及她的举动——随时欢迎孩子坐到她腿上、不时转头留意孩子的位置,让孩子感到很安全。格雷格会间歇地如此表现,而卡萝则一直这样。

周二晚上,卡萝去一个商学院给学生上课。我听到车库的门合上了,格雷格在厨房里刷洗比萨烤盘。不一会儿,达里尔跑到厨房里,两个人一起跑去看电视。动画片放完了,格雷格的注意力被一部讲述探险队攀登珠穆朗玛峰的纪录片吸引了,达里尔开始拿着小汽车编起故事来。他讲了一个长长的故事,一只青蛙开着车去"很远很远的地方"。电视里探险队快要登顶了,到了最激动人心的时刻。探险队的随队医生正劝阻一个探险队员登顶,因为他的肺支撑不了了。格雷格一只耳朵听着儿子的故事,一边用自己的方式跟儿子讲解牦牛和雪洞,想把儿子的注意力也吸引到节目上来,但无济于事。达里尔拿出了一堆卡片说:"爸爸,我们来玩儿牌吧。""我不会玩儿。"格雷格回答说。"你可以看说明书啊!"达里尔建议道。"不,"格雷格说,"等你妈妈回来吧,妈妈知道怎么玩儿。"

在卡萝的忙碌季,她每天外出工作的时间要比格雷格长。卡萝说:"好多个晚上,我回到家发现达里尔晚餐吃的是爆米花。"我问:"是不是他把爆米花当作给达里尔的奖励呢?"卡萝大笑着说:"不是,他只是懒。"

格雷格是一个很好的帮手,但他不是首席家长。他和达里尔的互动很多时候都采用这样的形式——激起儿子的恐惧,然后再调侃一下。比如说,有一天晚上,达里尔把他的餐后甜点都浸到了牛奶里,举着沾满牛奶的双手,等着人把他从儿童餐椅里抱出来。格雷格开玩笑似的用布擦了擦他的手,然后把儿子从餐椅里抱出来,头朝下地抱住他。"我要把你放到洗碗机里好好洗一下。""不!""就要!就要把你关在里面洗个干净。"儿子摸不清楚爸爸是不是开玩笑,半害怕地"啊"了一声。直到达里尔持续大叫,非常害怕了,格雷格才把他放下来,结束了他的玩笑。还有一次,格雷格在用钳子修水床。他把钳子伸到达里尔眼前说:"这是用来拔眼睫毛的。""不是!""就是!"直到达里尔抢过钳子,凑到爸爸眼前时,格雷格才说:"这样危险。"

格雷格经常和达里尔开的玩笑,有一些相对安全。比如,"爸爸要揪下达里尔的鼻子然后吃掉",或者"我要把你鼻子扔进垃圾桶"。但另一些就有点不那么靠谱了:"哎哟,你踢我。信不信我也要踢你?"然后就会激起达里尔的激烈反抗,和爸爸扭打在一起,而爸爸就会严肃地解释说,只是"开个玩笑"。所有的这些并非有意设计,也许是为了"磨炼"达里尔,让他对恐惧免疫，更像个勇敢的小男子汉。

刚认识不久，卡萝就曾提醒过我，"有人觉得格雷格有种令人不安的幽默感"。我和格雷格单独聊天时，他也主动地提道："有时候，卡萝不理解我的幽默。达里尔也是。但我就是这样的。"在我研究过的家庭里，格雷格这样的"幽默"只是在程度上不太常见；与母亲们相比，父亲们都倾向于开这些"磨炼"人的玩笑。

有些父亲不太情愿在孩子哭时回应他们，他们有一套不同的思维定式。比如一个在家办公的父亲，他的书房对着客厅——那里正是育儿保姆照看他九个月大的儿子的地方。我问他，孩子的哭声会不会干扰他的工作，他说："不会，我其实希望他摔摔跟头，磕磕撞撞，受点小伤。我不希望他一直生活在安全模式里。"他的妻子同样也是在家工作，我们访谈结束后，丈夫问了她同样的问题，她毫不迟疑地回答："我受不了他哭。"

许多父母似乎都会进入一种循环，在这循环里，父亲传承了他儿时接受的"勇士训练"，知道妻子会满足孩子基本的一些需求，比如温暖和亲密。正因知道她在那里兜底，所以自己就不需要改变。与此同时，因为父亲们对待孩子比较"糙"，母亲们就不放心把孩子留给他们照顾，于是就这样循环往复了。与大部分父亲相比，格雷格更热衷进行这种勇士训练，而这种循环却几乎被他们对家务的整体安排给遮蔽了，毕竟他们看起来"平分"了第二轮班。

作为首席家长，必须与孩子之间打造一种持续的、牢固的、充满信任的依恋关系。对于年纪还小的孩子来说，定期"磨炼"

的戏码恐怕并不是一个称职的首席家长所为。不过，格雷格开得起这些"玩笑"，这是因为卡萝会带着温暖、主动的声音和关切的眼神出现，从而中和掉这些玩笑的影响。

讽刺的是，格雷格对自己的教育方式很自信，反倒是卡萝觉得自己做得还不够好。格雷格通常拿自己和他的父亲相比，后者更不善表达，但卡萝却在拿自己和保姆相比，她觉得保姆更有耐心和母性。他们都不会拿对方来比较。

"我是一个 MBA！"

卡萝和格雷格所采取的主要策略就是卡萝辞去了她的全职工作，而这给她带来了严重的后果。她解释说："达里尔出生后，我在家待了六个月，我发现赚钱对我的自尊心有多么重要。没了工作我真觉得自己低人一等。上午，我去超市买东西，觉得自己怎么又胖又笨（当时她还没有减掉孕期增加的体重）。我想走过去对着货架中间的人们说：'我是一个 MBA！'我不想被人当作一个愚蠢的家庭主妇。"

就像在城市里居住多年的农民回到曾被他不无留恋地抛在身后的故土，卡萝对在超市里购物的家庭主妇有一种混杂着轻蔑、嫉妒和同情的情绪。她沉思着说道："我知道不要去评判别人。而之前，当我看到一个带孩子的女人，我会想：'她在做什么？为什么她不做些有创造力的事情呢？'我觉得其中还有点嫉妒。假如你白天走进商店里，到处都是三十多岁的女人在购物。我想说，她们都是打哪儿来的钱呢？我禁不住想，是不是有什么更容易赚钱的办法。"

过了一阵,卡萝对那些不外出工作的女性产生了一种亲近感:

> 我不知道我是不是在找借口,好让没工作时自我感觉好点儿,还是我认识到了最深层的真相。我改变了自己的认知。我曾怀念工作中那些最迷人的部分——在外面边吃午餐边谈大生意,谈论那些"真正重要的"东西。直到过去的这几年,我开始意识到,那种生活是多么肤浅。从长远来看,最重要的是达里尔、贝弗利和格雷格,还有我的朋友们——有些朋友倒是工作中结交的。这些才是我放在心里,将来还会带进坟墓的东西。
>
> 我现在的自我认同不一样了。我不认为我必须要有个工作。对于格雷格来说也是的,他也不是必须要有个工作的。

在这个过程中,格雷格的生活日常和观点并没有多大的改变。

在性别策略的背后

卡萝希望格雷格能够少开点"钳子是拔眼睫毛用的"和"你敢打我?"这样的玩笑。她还希望格雷格给达里尔的晚餐不只是拿爆米花应付。简言之,卡萝希望格雷格能更像一个首席家长。但她并没有施压让他改变。他能够在周六的早晨和达里尔一起起床,还能够尽力地承担第二轮班,这都让她感激不已。

卡萝和格雷格呈现出某种悖论。他们都信奉平分家务和育儿，这是悖论的一面；而另一面，在为家庭生活所付出的心力上，卡萝承担了更核心的部分。悖论的每一面都提出了一个问题。首先，为什么他们信奉平分？毕竟，德拉科特家、塔纳戈瓦家乃至本研究中 40% 的女性和四分之三的男性都不主张平分。

在卡萝身上藏匿着一段重要的经历，或许促使她有着强烈的欲望成为一个事业独立的女性，并相应地采取了这样一种家务平分的观念以应对 20 世纪 80 年代后期的职场生涯。卡萝把母亲当作反面教材。她的母亲是一个海军军官的妻子，独自抚养两个年幼的孩子，丈夫每半年才回来一次。卡萝回忆道："我记得她整天穿着睡衣叹气。我妹妹说妈妈自杀过。这段我不记得了。但她确实想要离开我们。妹妹和我那时有点顽皮，不肯上床睡觉。妈妈说：'好吧，我走了。'然后她就走出了家门。我还记得我对妹妹说：'别担心，我知道怎么煮汤喝。'"

一直到二十几岁，卡萝都很少考虑婚姻和孩子。格雷格为了和她在一起义无反顾地拒绝了去另一个城市工作的大好机会，从而赢得了她的芳心。（许多婚姻幸福的女性都会描述丈夫在关系初期做出的一些自我牺牲的举动，这让她们确信自己遇到了真命天子。）"我是一个很有主见的人，"卡萝说，"我想要找一个永远不会让我失望的男人。""永远不让我失望"可能有一部分指的就是格雷格持续参与家务。

对格雷格来说，他希望卡萝工作，同时分担第二轮班。卡萝推测这是因为格雷格的母亲从他 5 岁开始就一直全职工作，"我感谢梅格（格雷格的母亲）给他树立了一个独立女性的榜样。"格雷格 5 岁时，他的父亲从部队复员了，之后考取了教师资格，在一所中学里教数学和木工。格雷格每天放学回家总能见到他。他的母亲在一个公司里做秘书，常常要加班才能让家里收支平衡。他的父亲分担了第二轮班。

这个悖论的另一面是，尽管他们有平分家务的现代信念，卡萝和格雷格却以传统的方式实施这种信念。事实上，一些传统型的男人，如彼得·塔纳戈瓦，比格雷格更能"像母亲一样"照顾孩子。这又是为什么呢？格雷格评价说：

> 我爸爸不怎么和我发生肢体接触。他可能是害怕。而且我爸爸非常安静，就像我一样。他不怎么表达他自己。我从不拥抱我爸爸，我反思过这个事儿。大概 6 个月前，他来这儿，我偶然地拥抱了他。我很高兴我这么做了。他评价说，我有好多年没有抱过他了。他之前常常跟我格斗，但是我 14 岁时把他打败了，我们就没再打过了。在那之后我们就没什么肢体接触了。我不知道是他的原因，还是我的原因，反正再也不格斗了。

也许格雷格抱女儿的奇怪方式，以及他和儿子开的带有攻击性的玩笑，都表达出一种对亲密行为的恐惧。也许格雷格的玩笑就是用言语进行的拳击比赛。但是时间带来了改变。

格雷格每天晚上都会在达里尔脸上亲了又亲，在和他厮打玩闹的时候不时地拥抱他。格雷格感觉与父亲相比，自己与儿子的肢体亲密程度高了许多。

格雷格没有像一些男人那样成为孩子的首席家长，卡萝也没有像一些女人那样急切而坚定地促使丈夫成为首席家长。部分的原因似乎是卡萝发现自己喜欢照顾孩子。毕竟，她在30岁之前都几乎没有考虑过孩子。儿子几个月大的时候，她每天交给育儿保姆照顾10个小时。（即便是现在，她也在恳求格雷格的妈妈以后能搬去小溪镇以便帮助他们"带孩子"。）跟一些女人不同，在第二个孩子出生前，她并没有那种成为孩子最主要抚育者的强烈意识。现在，抚育孩子变得更为重要了，也许是因为她从中找到了一种自我修复的方法。

为人母对卡萝的重要意义或许印证了南希·乔多萝（Nancy Chodorow）在《母职的再生产》（*The Reproduction of Mothering*）一书中所阐述的理论。乔多萝指出，女性做母亲的欲望要比男性做父亲的欲望更强烈。这是因为在童年时期，无论男孩女孩大多由母亲抚养长大。从社会的角度而言，并非必须如此；在孩子出生后，父亲可以和母亲一样照顾好孩子。然而，只要抚育孩子的主要是女性，男孩和女孩就会形成不同的"性别人格"，从而改变他们日后的心理动机和能力。男孩和女孩都首先和母亲形成一体感。当女孩长大后，她们试图通过自己成为母亲来重演早先的一体感。而男孩长大后，他们试着找一个"像母亲"的女人来重演早先的一体感。女孩和男孩通过不同的方式来重演早先的一体感，这是因为女孩和母亲一样同为女性，比男孩更容易认同母亲。根据乔多萝的理论，由于母亲是儿童最初的依恋对象，男孩和女孩在"性别人格"的另一方面也有所不同。女孩比男孩更有同理心，更善于了解别人的感受，与此同时，她们不容易像男孩一样在自己和他人之间保持清晰的界限。

乔多萝的理论解释了男性和女性的亲职动机形成的家庭根源。到了三十几岁，母亲身份对卡萝而言成为更核心的自我认同，要比父亲身份对格雷格而言重要得多。这也许是原因之一。

然而，按照乔多萝的理论，所有的女性都如出一辙。她的理论没有解释，为什么有些女性，比如艾德丽安·舍曼（Adrienne Sherman）从未有过想成为首席家长的内心冲动，而卡门·德拉科特却一直有这样的强烈冲动，而卡萝却在三十多岁时才逐渐有所感觉。卡萝不像南希·霍尔特那样殷切地要求丈夫参与家务事，但她也肯定不像安·迈尔森那样"呵护"丈夫免受抚育孩子的辛劳，她也不会像卡门那样，希望丈夫以一个发号施令的角色出现在家里。很明显，因为其他原因，女人们的心理动机千差万别。

在乔多萝的理论中，男性也都差不多。所以我们不知道为什么埃文·霍尔特和塞思·斯坦对当爸爸如此不感冒，而阿特·温菲尔德和迈克尔·舍曼却兴致勃勃乐在其中。显然，还有其他的原因——个人早期与父母关系的性质，以及更宽泛的社会文化传递的关于男性身份和女性身份的信息。在乔多萝的理论中加入性别策略的概念可以进一步解释男性之间以及女性之间的巨大差异。

为了了解阿尔斯顿夫妇为何在为人父母的方式上与其他夫妻不同，我们需要考虑其他类型的心理动机——卡萝希望有别于母亲的欲望，与母亲分离，转而与格雷格融合。很有可能的是，对卡萝来说，无论好坏，母亲是一个比父亲更重要的角色。卡萝批评她的母亲，她不喜欢她。但她更多地谈论起母亲，带着强烈的情绪，远甚于谈论父亲。所以，在这个意义上，卡萝符合乔多萝的理论。但由于这段融为一体的经历对卡萝来说是成问题的，她在成年后耗费了大量的精力来回避母亲身份。如今她努力地尝试，但对卡萝来说，要成为一个有别于自己母亲的妈妈并不容易；它令人害怕。格雷格的任何支持都助了一臂之力；也许这就是为什么卡萝想要格雷格在家与她并肩作战，并且信奉平分亲职。

她心甘情愿地分担了赚钱的责任，她也不太在意物质条件，如此一来，格雷格不必操心挣钱养家。她对格雷格在家里所做的一切都表示感激，就这样，她鼓励着他参与更多。不管是否有意识，卡萝采取了一种策略将格雷格拉到身边来支持她成为一个有别于自己母亲的妈妈。

为了理解卡萝和格雷格，我们还需要一个乔多萝的理论里缺失的解释：文化。卡萝的妈妈没有给她提供一个母职的好榜样，但即便是孩提时代，卡萝就对"寻常的"妈妈是什么样的有所认识；在家外的世界里，有一种关于母亲的文化，而她就在这样的文化中长大。在格雷格的童年，有不少时间父亲是他的首席家长——他是乔多萝理论的一个例外，但这个首席家长只会以拳击手的姿态拥抱儿子。这种做父亲的方式显然和格雷格父亲关于男性身份的观念息息相关。

20世纪80年代的文化转型和机遇使得卡萝和格雷格能过上一种新的生活，在意识形态和经济形态上都远离了父权制，但那个古老的、顽固的社会体系，还是对他们造成了影响。总体而言，女性的处境比男性更为不利，所以卡萝对格雷格有更多的感激之情。他们之间的爱慕之情是相互的，但感激之情则主要从卡萝流向格雷格。尽管卡萝多年来比格雷格赚得多，而且在家里承担了最棘手的活儿，格雷格并没有主动提到他为此感激卡萝。

卡萝列过一长串自己在大学遇到的"糟糕男朋友"，她给一个男朋友洗衣服，给另一个做周末大餐。和这些潜在的结婚对象相比，格雷格简直太棒了。格雷格从没给任何一个女朋友洗过衣服，对他来说可选的姑娘并不少。卡萝还表示："天哪，那些单亲妈妈，她们的前夫既不探望孩子，也不付抚养费，我不知道她们怎么应付得来。我完全做不到。成为单亲妈妈是你能碰到的最糟糕的事，仅次于得癌症。"格雷格永远不会离开，卡萝也对此感恩。而格雷格没有这种被抛弃的恐惧困扰，正如他轻描淡写地表示"这也许可能发生在我身上"。他不会把自己想象成一个单亲爸爸。男性分担家庭责任的总体供给要远远低于女性的需求。通过这个在外部社会中存在的事实，父权制令在阿尔斯顿夫妇婚姻内部的天平倾斜了。它唤起了卡萝对格雷格额外的感激。

而这额外的感激也使她无法再向格雷格提出更多的要求；相对而言他已经做了那么多。在卡萝的"心愿清单"上，格雷格分担首席家长的职责大概排在第四五位，在期盼格雷格身体健康、忠诚、精神良好、能够提供帮助的愿望之后。格雷格也有个"心愿清单"，两人很多愿望相似。然而，鉴于女性总体上更糟的处境,卡萝生发出额外的感激之情和负债之感,这使她难以像格雷格那样逐条实现自己的心愿。在这一点上,卡萝和格雷格跟我研究中遇到的几乎每一对夫妻都很相似。格雷格确实与众不同,鉴于这样的男人如此稀少,卡萝对他抱有感恩也是"对的"。她拥有的选择更少。尽管他们感到彼此平等,但第二轮班的负担还是主要落在了卡萝的身上。正是一个在他们稳定而幸福的婚姻之外的社会体系——对两性间不平等的更大的社会支持,间接地维持着"他"和"她"之间不平等的家务分配。

第十一章

没时间在一起：利文斯顿夫妇

康斯薇拉（Consuela）打开一道门缝，上下打量了我一番，然后让我进了门。她把我领到了利文斯顿家的二楼。这是一栋维多利亚式的房子，老旧而亲切。二楼的家庭活动室（family room）里摆放着几把软垫椅、若干家庭照片，还有一只关在大笼子里的、兴奋的鹦鹉。房间中间铺着一条毯子，堆满了玩具，两岁半的卡里（Cary）正坐在毯子上画怪兽。

录像机放着奇幻歌舞片《欢乐满人间》*，已经放了一整天。方才，片中在银行家班克斯家工作的保姆玛丽·波平斯宣布晚饭开始，主人全家都一本正经地在餐桌旁坐好。我坐下身，一边和卡里一起画画，一边和钟点保姆康斯薇拉聊天。这时，芭芭拉·利文斯顿（Barbara Livingston）下班回到家。她让卡里

---

* 译者按：《欢乐满人间》（*Mary Poppins*）是由美国迪士尼影业公司出品的奇幻歌舞片，该片根据英国同名小说改编，讲述了化身为保姆的仙女玛丽来到人间帮助两位小朋友重新获得生活的乐趣，并让他们的父母重享天伦之乐的故事。

亲亲她，然后换上了牛仔裤。半个小时后，约翰·利文斯顿也到家了，卡里跑过去抱住他，然后两人坐下来聊天。不一会儿，他起身开车送康斯薇拉回家，问妻子说："我要带点什么外卖回来吗？"

《欢乐满人间》里的保姆玛丽·波平斯如此自由，"前途无量"——至少在象征意义上，但康斯薇拉不一样。芭芭拉告诉我，22岁的康斯薇拉有一个7岁的孩子，和外祖母一起远在萨尔多瓦。她和丈夫以及另外两个工人合住在一个两居室公寓里，她的丈夫在一家斗牛士餐厅（toreador restaurant）做服务员。作为非法移民，康斯薇拉非常害怕移民局，"她从来不带卡里去公园，因为担心移民局会盯上她"。利文斯顿夫妇也跟《欢乐满人间》里的班克斯夫妇不一样，芭芭拉刚工作了10小时回到家，而约翰正在街角的熟食店里买外卖。身在美国的康斯薇拉与利文斯顿一家在生活上天差地别，堪比一百年前生活在英国的玛丽·波平斯与班克斯一家。可以说，前者的差别更大。社会阶层的差别似乎一直存在，但对于康斯薇拉和芭芭拉来说，她们都经历了两性关系的变迁，但在这里我将讲述的是芭芭拉的故事。

当我走进芭芭拉家的时候，我注意到一个半空的花格架上有一株三叶梅，漂亮的深红色叶子，无精打采地向外探着头。家里有一个窗子已经裂了，油漆也脱落了。芭芭拉说："我们一直没时间打理这座房子。"后来我意识到，这座房子有点像他们的婚姻，在长长的修葺列表上，列在最后。这段时间，他们找了一个装修工商议重铺厨房的地板。餐桌上堆着几盏跟灯罩分了家的台灯、一摞摞的书，和一大堆桌布床单。只有卡里的房间看起来还像样。约翰和芭芭拉自己亲手涂的油漆，绿色的墙上镶嵌着画着彩色爱心图案的腰线，和卡里枕套上装饰的爱心刚好配套。在卡里的床后面挂着许多帽子，旁边是小丑木偶。除了这间房，他们自己的卧室还有客厅都急需打理。利文斯顿夫妇平时每天都要工作10小时，周六得干一大堆的杂事，许多事情只能等有时间再做，但卡里的事情不能等，卡里的房间也不能耽误。

34岁的芭芭拉是一个充满活力的年轻女性，有着温柔的棕色眼睛和深色短发。我在的那个晚上，她的电话响了8次，每次她都友好地应答。她在戴利城分别管理着一家大型的健身俱乐部和一家美容院。约翰37岁，又高又瘦，沙色头发，眼角的皱纹透出一股淡定的幽默感，正是这种幽默感帮他撑过了工作和家庭生活中的艰难时刻。他在一家塑料批发公司的结算部门工作。

在访谈中，两人不约而同地从描述艰苦的童年时光开始。芭芭拉出生在威斯康星一个信奉天主教的工人阶级家庭。她和一群叽叽喳喳的姐妹一起长大，父亲是个酒鬼，而强悍的母亲在她15岁的时候就去世了。约翰给我讲述了他沉默寡言的父亲，有人来了他就躲到家里的空房间里。自约翰记事起，妈妈就在餐厅做服务员，周末还要去卖冰淇淋补贴家用。"想起来的全都是他们批评我的情形，"约翰说，"这让我也成了一个安静的人。"对多数夫妻来说，婚姻是一个在情感上彼此治愈和修复的机会，但对利文斯顿夫妇来说，从婚姻里获得治愈更是至关重要。他们已经结婚9年了。

在策略上，芭芭拉是一个超级妈妈，而约翰也一定程度上算得上一个超级爸爸。芭芭拉早七点四十五分离开家，下午五点半回来。在最近的这四个月，她异常忙碌，"吃过晚饭后回办公室继续工作两三个小时，周六还得加班十个小时"。让芭芭拉成为超级妈妈的并不是她超长的工作时间，而是每天下班后，她还能够全心全意陪卡里四个小时。她让保姆带着卡里睡上两个半小时的午觉，这样孩子晚上就能跟父母一起玩儿到九点半、十点（芭芭拉描述的），或十点、十一点（约翰描述的）。此外，根据约翰的解释，"卡里到了周末就不睡觉，她缺的觉都在周中的下午补回来了"。最近，卡里夜里总是醒个两三次，通常都是芭芭拉起来"把她弄回床上"。这意味着，芭芭拉每晚睡七小时，中间还会被弄醒。对此，芭芭拉笑着解释说："有些人一晚上睡五个小时就够了，我不行。"

芭芭拉和约翰对半平分家务和照看孩子，这个结果倒不是芭芭拉斗争得来的。约翰承担了一半的第二轮班，但跟格雷格·阿尔斯顿一样，他的分担是在时间上，并不是在责任上。康斯薇拉帮忙做一些打扫卫生的工作，但芭芭拉是这个家的操持者也是孩子的首席家长。约翰提到，"周末的时候，主要是芭芭拉在照看卡里。如果她想让我照看孩子，我可以，但是她从来不要求"。有一天晚饭的时候，约翰把椅子往卡里的小桌挪了挪，卡里正好从小桌上滑下来，椅子压到了她的脚趾，她大哭起来。约翰把她抱起来放到腿上，紧紧地抱着她，温柔地安抚她，跟她解释刚才发生的事情。芭芭拉立即站起来把卡里从父亲的怀抱里接过来，用同样的方式哄她。约翰只得将卡里交出去。

和许多夫妻一样，芭芭拉和约翰尽量缩减家务劳动。在做饭方面，约翰表示，"大约 40% 的时间都是点外卖、在外面吃，或者干脆不吃了"。他们减少了衣物的购买，芭芭拉说："除了给买卡里东西，我们都不怎么购物了，我们啥也不需要。"他们也不去遛狗了，他们九个月大的德国牧羊犬黛西（Daisy）只能在小小的后院里跑来跑去。因为顾不上黛西，他俩都感到内疚，正在考虑要不要把它送给人。他们也不写信了。（"五年前，6月的某一天，我们在汽车置物箱里发现了前一年准备的圣诞卡片。我们忘了把它们寄走。之后我们就再也没寄过了圣诞卡片。"）

约翰告诉我，芭芭拉的工作"和我的工作一样重要"，芭芭拉对此表示同意。和这对夫妻在一起的时候，我发现两人都没什么闲暇，但家庭的责任还是主要落在芭芭拉身上。她决定需要做什么然后吩咐约翰干些活儿，而约翰总是很体贴地配合。约翰和芭芭拉一样，在家务事上经常"随时待命"，对卡里高度关注，也具备做首席家长的全面技能。尽管如此，芭芭拉想要自己与女儿的关系是更"首要"的。需要的时候，都是她，而不是约翰，请亲职假待在家里，这似乎成了一个双方都默许的模式。

他们觉得问题不是出在对家务劳动的分配上，而是家务、卡里和事业从他们的婚姻里偷走了大量的时间。芭芭拉叹了一口气说："我不记得上一次我俩单独出门是什么时候了。"而且，她发现自己很难谈论这段婚姻。

这天，芭芭拉语气轻松地讲了快两个小时，她父亲再婚了，娶了一个不错的女人，但是现在他们住在拖车里，整天看电视，喝酒喝得厉害。她还聊起工作和抚养卡里过程中的日常安排。之后她提到她和约翰在"接受婚姻咨询……",突然泪崩,她停顿了一会儿,然后用温柔的声音继续道,"因为我们都觉得我们的婚姻出了些问题。"

一切从孩子出生开始

在访谈中,夫妻之间常常会有一些特定的方式显露出彼此之间的联系。他们会同时叹一口气或做一个手势。(那天晚上,当约翰用微波炉加热牧羊犬黛西的肉骨头时,芭芭拉和约翰不约而同地大笑起来。)当我单独访谈夫妻一方时,他或她总是会不由自主、滔滔不绝地谈论起对方。这是因为,当被问及他们对工作或孩子的感受时,他们的回答会自然而然地反映出与伴侣之间的纽带。当他们回答家务清单上的问题时(比如,"谁洗碗、谁铺床"等等),答案通常都是"都做……都做……都做"。夫妻俩描绘的生活不同,但却反映出他们相似的体验,以及对对方的体验感同身受。芭芭拉和约翰就是这样的。不论他们之间有多少问题,我都能感觉到,他们深爱彼此。

我问他们是否愿意谈一谈婚姻中出现的问题。他们都说愿意,或许这对他们的婚姻有帮助。那么他们的问题是什么呢?问题不在孩子身上。他们都非常中意这个生机勃勃、聪明可爱、一头卷发的女儿,还想再要一个像她一样的孩子。出于不同的原因,他们都对现在的工作不甚满意,但这也只是一份工作罢了。他们从来不会为了钱闹别扭,也都不是大手大脚的人。(约翰说:"芭芭拉会在商店里给我打电话,问我她可不可以买件上衣。我总是跟她说,当然了,没问题。你不用问我。")许多常见的矛盾源头在他们家里都不存在。

他们觉得问题一部分出在他们在一起的时间太少了。他俩都有一副热心肠,总是打开家门接待有需要的亲戚和朋友。芭芭拉怀孕的时候,她的父亲和他们在一起住了6个月。在这6个月里,父亲慢慢地长胖了些,还戒了酒。之后不久,他们又邀请了芭芭拉的一个智障的表兄来家里住。一周里总有两三个晚上,他们会邀请朋友或外地的同事来家里吃饭。

除了这些无穷无尽的乐善好施之外,他们还把关爱堆积在卡里身上,这也有效地阻碍了夫妻俩的彼此交流。芭芭拉解释道:"有一段时间,我们养成了一个坏习惯。我俩其中一个会陪卡里入睡然后自己也睡着了,而醒着的这个再把睡得半梦半醒的那个拖回到自己床上去。我们现在尝试着让卡里早点睡,这样我们就能有点时间在一起了。但这个过程很慢,而且很可怕,因为我们已经离对方很远了。"

他们都承认采取了一种回避的模式,但回避的是什么?芭芭拉说:"我会说些尖锐的话,而他就会回避。我们担心不知道该跟对方说什么,担心我们不得不面对一些事情。我感觉他向我隐藏着一些东西。但他并没有,他就是那样。而我也很受伤,我也用一个越来越厚的壳包住自己。我不知道如何让自己快乐了,我只是知道不对劲儿。"

我问约翰:"你和芭芭拉在交流和亲密感方面存在的问题,你觉得在多大程度上与你们是双薪家庭有关?"约翰回答说:

可能全部都是源于此。问题是从卡里出生开始的。卡里出生之后我们的性生活就大打折扣了,主要是我。很长一段时间里几乎为零。也许是我嫉妒卡里吧,因为在她出生之前的六年里,我是芭芭拉最重要的人。也许我太依赖她了,当她不得不把一部分时间分给卡里时,问题就出现了。

卡里四个月大的时候,芭芭拉回去全职工作,康斯薇拉每天上午八点十五到晚上六点来家里照顾孩子。那段日子,约翰能有些时间和卡里待在一起,但并不是一种他所喜欢的放松的状态。而芭芭拉的工作压力也在逐步增加。约翰说:

> 我不知道我是不是对此心存怨恨。在芭芭拉特别忙的那几个月里,她每天都工作到很晚才回家。我回到家之后,整个晚上就陪着卡里,这也不是不可以。但我怨恨芭芭拉总是不在,因为我也想要几分钟属于自己的时间。我也觉得她不在家,卡里有种被亏欠的感觉。而且我也想要芭芭拉多花点时间陪我。然后,我想我就回避了。我不想要抱怨,不想让她因为长时间工作而感到内疚。
>
> 有时候当我生气的时候我就不说话。而当我不说话的时候,她就特别抓狂。就这样,我们就不交流了。

曾经,约翰觉得芭芭拉就是那个他要找的人,芭芭拉能够用一种他父母所不具备的方式和他交流,他为此依赖她。当卡里出生了,芭芭拉专注于孩子。而约翰专注于芭芭拉,他感到被排斥了,又受伤又生气。

与此同时,约翰内心深处又觉得这些情绪是"不对"的:他想让自己对卡里的父爱如同芭芭拉的母爱那般深厚。但是也许是因为芭芭拉无意识地挤走了他,抑或是因为他还没有找到当父亲的感觉,反正事与愿违。表面上,夫妻俩认为"我们在育儿方面是平等参与的"。但事实上,他们内心的感觉并非如此。约翰认同妻子的工作和自己的工作一样重要,所以他为自己想要抱怨芭芭拉工作时间太长而愧疚,反而从不抱怨。在这种内心冲突面前,他选择了回避,开始花更多时间在工作上:

> 卡里出生后的头一年,我每周工作60到70个小时。如果我在7点之前走出办公室,就会看到好多臭脸。我真的在产品推广上投入了很多心血。在第一年,他们会说"你是最棒的员工""不要让我们失望"之类的。我没有安全感,我想要取悦他们。但我也感觉到内心的愤怒在积聚,我本可以花更多时间陪陪卡里的。
>
> 我的两个老板都是混蛋(jerks),工作狂律师。我不是一个律师,在他们眼里,不是律师就一文不值。当我们的塑料产品的市场份额下滑时,他们就完全对我失去了兴趣。后来,我辞职了,他们雇了两个人来接替我的工作。
>
> 两个老板的孩子都跟卡里差不多大。他们的妻子都是兼职工作。有一个是陶艺师,另一个卖直销的玫琳凯化妆品。每天晚上7点之后,两个妻子就开始往我们办公室打电话。其中有个家伙因为妻子生了一个女儿而不是儿子,

就一蹶不振了好几个月。多混蛋!

最后,约翰辞了职并很快找到了新工作,但这一次工作环境仍然不轻松。他说:"公司里有三个副总裁,没有一个信任我,因为我不是日本人。我会收到东京的老板气急败坏的电传,问'这个在哪儿?''那个哪儿去了?'然后我在洛杉矶的老板就和我的下属议论东京老板对我的这些抱怨。"

感到在家里被抛弃,在工作上被责备,约翰开始遭受焦虑的攻击。他描述说:

> 第一次发作时我在公司。我正要离开办公室去吃午饭,突然一阵眩晕袭来,我晕了过去。醒来时我躺在地板上,我以为自己心脏病发作了。从那以后将近一年里,几乎每天都会发生。早晨一醒来,在我起床、淋浴和换衣服的时候,我就开始出现换气过度的症状。有时候,因为换气过度,要坐下来休息一个小时才能走出家门。最近有几个月没有出现这个症状。但就在昨天早晨,我在这儿坐了20分钟,准备出门,突然感到焦虑来袭。我开始颤抖,不能呼吸。我心里说,"不行,我不能开车了。"

医生给他开了赞安诺来控制焦虑,但约翰发现自己逐渐地依赖上药物了:"这些药确实能够控制我的焦虑,但它们是镇静剂,让我丧失了对性的兴趣。我过去差不多一天吃两粒。我很想摆脱药物;每次我打电话去续药的时候,我都希望医生说不用再续了。我现在还在吃,但不像之前那么频繁了。"

约翰极度渴望找到一种非药物性的治疗焦虑的方法,他去了一家生物反馈治疗机构。那里的指导老师告诉他,他正在经历"男性更年期"。约翰感到怀疑:"我不觉得是这么回事。我觉得我的焦虑更多地跟我的家庭生活和工作有关。后来我就没有再去了。"

在他的一生中,约翰从未如此需要有人交流,而有人交流也从未如此之难。芭芭拉竭尽全力照顾卡里、完成工作;除此之外,她也感觉自己被困在夫妻之间沉重的沉默之中。

在18世纪,像约翰和芭芭拉一样的年轻夫妻可能会面对玉米收成不好、谷仓着火、孩子肠绞痛这样的难题。其中一个也有可能患上"神经失调",当时认为是由饮食和潮湿天气引起的。夫妻俩也许都会觉得彼此难以沟通,也许也都感到孤独。但他们不会想到离婚。

生活在20世纪晚期,利文斯顿夫妇要求婚姻能带来更高标准的人类幸福。按照现代标准,缺乏交流或性生活,这段婚姻就没有存在的必要。当芭芭拉和约翰考虑寻求婚姻咨询时,离婚的念头萦绕在两人的心头。

咨询师建议他们让芭芭拉智障的表哥从家里搬走、把卡里每天睡觉的时间提前、约翰戒掉赞安诺、两个人都要给婚姻留出更多时间。但时间从哪儿来呢?从第一轮班里来,还是从第二轮班?约翰是这样想的:

> 我认为芭芭拉应该考虑一下兼职工作,或者——对,

辞掉工作。我知道她喜欢工作。我不知道她是不是想待在家里。也许我让她辞职,给她增加了太多的负担。我愿意待在家里。不是非要她在家,而是我们俩中的一个要在家多陪伴卡里。我觉得从心底里芭芭拉也希望不用那么辛苦地工作。但她不会承认的。我猜我们不知道她到底想要什么。

我问他:"你愿意辞去工作?"他回答:

是的。这似乎对我来说有点不自然。但如果芭芭拉想要全职工作,而且我们在经济上能够应付得来,我可以辞掉工作和卡里待在家。如果我们再要一个孩子,那我就和两个孩子待在家。可能需要花上一段时间去适应,但我做得到。我想我还需要有一些兴趣爱好,做点兼职工作,就算钱少得可怜,也能给家里做点经济贡献。

约翰说,他想要芭芭拉辞职是为了卡里。但其实是他,而不是卡里,感到被剥夺。

我问芭芭拉她是不是愿意辞职在家陪卡里。她看上去有点迷茫。"我不知道。我失去感觉了。"当她说起工作的理由时,她提到了诸如"想要能够花20美元和朋友们一起吃午餐,而不是花3美元在快餐店买个三明治。"这个工作本身,她解释道,有点无聊。然后,对自己的答案不太满意,她又一次表示:"我搞不清楚自己的感觉。"

芭芭拉和约翰的家庭迷思是:芭芭拉是一个忙碌的职场母

亲，所以她没时间停下来跟约翰说话。咨询师已经开始引导他们去发现，芭芭拉忙个不停也成为一种回避与约翰发生冲突的方式。现在，她不敢停下来。

一天晚上，厨房里发生的一段插曲，让我突然意识到她对冲突的恐惧。约翰在做一种自制配方的美味烤鸡。芭芭拉坐在桌子旁，用西班牙语教卡里认身体部位。（哪儿是你的手？哪儿是你的头？哪儿是你的眼睛？）康斯薇拉说西班牙语，不怎么会英语，芭芭拉试着建立一些语言的连贯性。他们还邀请了安（Ann）——一个从堪萨斯过来出差的熟人——来家里吃晚饭。安是一个爱狗胜过爱孩子的人，两周前刚刚离婚。而此时，牧羊犬黛西被圈在狗窝里，安静地用卡里的旧娃娃磨着牙。看到卡里用长绳把椅子和垃圾桶绑在一起，安的脸上露出礼节性的微笑，而她的目光则不时投向狗窝的门。我是家里的另一个客人，此时正在和卡里说话。

芭芭拉问我读没读过《如何做更好的父母》这本书，我说我没读过。即便她和约翰没什么时间，芭芭拉也渴望他俩能学习如何成为最好的父母。尤其是，她注意到她更常扮"白脸"，而约翰更常扮"红脸"。在为人父母上他们已经做得很不错了；也许，芭芭拉觉得有信心"百尺竿头更进一步"，她对约翰说："你会想要读一下这本书的，它真的很好。我们需要在保持一致性上再下点功夫。"约翰将信将疑。芭芭拉又对另一本约翰喜欢的育儿书评论了一番。约翰回应说："那本还不错啊。"芭芭拉进一步敦促他去读《如何做更好的父母》。在工作中倍感压力，而在自己觉得做得不错的育儿方面似乎又被指责不够达标，约翰冲她发了火:"他们有没有课程教如何做个泼妇?"屋子里陷入漫长难熬的沉默。"我不是那个意思,"约翰轻声说,"真的不是那个意思。"芭芭拉回答说:"嘲讽里见真知。"他们找不到办法化解伤害,以及有两个客人在场的尴尬。与他们的意愿背道而驰,婚姻机器甩出那些让人后悔却无法收回的语句。后来,卡里又和客人表演了一个新的绳子游戏,把我们大家全都逗乐了,大家终于风平浪静地吃完了晚餐。

晚餐的最后,我得知芭芭拉的老板已经把美容院搬到斯托克顿,这样她每天又多了两个小时的通勤时间。然而,说到这个消息时,芭芭拉出人意料的轻松。她说:"所以,要花很多时间在路上开车了。"约翰意味深长地补充说:"我们得听听咨询师怎么说。"

两个月之后,他们又一次邀请我去吃晚餐。我带了甜点,约翰开了门,迎面就说:"什么都没变。两天前我们家有 12 个人共进晚餐。芭芭拉从纽约来的 3 个朋友还在家里住了一晚。"一个要搬去圣何塞的朋友在报纸上刊登找房子的广告,留的是他们家里的电话,所以电话从早到晚响个不停。我问他们,做这些事是否感到勉强。"不,"约翰说,"我们很愿意。"他们对别人以诚相待,他们乐于交际,他们爱热闹,这一切都继续着,约翰觉得可能一直都会继续下去。"卡里长大后,我希望她也能邀请朋友过来。"

尽管约翰说"什么都没变",有些事情已经悄然改变了。他们没有给彼此创造更多的独处时间,但是他们开始不再那么害怕这个事实了。我注意到,房子看起来比之前收拾得更利落舒服了。约翰破天荒地提出想要不带卡里，和芭芭拉两个人去度假。芭芭拉也改了主意，决定继续养着牧羊犬。虽然大部分的时间，牧羊犬黛西仍然被关在后院或地下室里——如同他们的婚姻一样，被搁在一边。但是现在他们想要留下黛西，允许它在厨房和卡里欢蹦乱跳嬉闹一会儿，敦促它平静下来后再回自己的地盘。

芭芭拉说出了自己的感觉，作为第二轮班工作的主要操持者和卡里的首席家长，有时她觉得自己就像是约翰的妈妈。婚姻咨询师给约翰布置了一个作业，让他试着更多把自己当作芭芭拉的父亲那样去感觉和行事。约翰的父亲在去世之前，从来没有把手放在约翰的肩上，也没有和约翰聊过自己的想法。约翰的妈妈也不善言谈，因此，约翰很难从童年记忆里汲取经验完成这个任务。但他兴奋而满怀希望地描述着自己体味做芭芭拉父亲的一种经历，尝试一下是非常有趣的。如果芭芭拉希望如此，他愿意竭尽所能。这是咨询师留给他们的"作业"，有那么一点尴尬，但是芭芭拉已经看起来高兴多了。

不同于芭芭拉祖母的年代，芭芭拉和约翰所生活的时代，对婚姻的要求和期望大大提升，但对婚姻的支持却急剧下降。对于现代婚姻危机的长期解决方案，最起码的一点，就是减少要求的同时增加支持。与此同时，我也问芭芭拉，对于年轻夫妻们，她有什么建议。作为一个曾在婚姻破裂边缘折返的过来人，她动情地说："找一个好的婚姻咨询师，好好努力。"

第十二章
分担对决与顺应天性：新好男人的成长之路

在我研究的双薪家庭中，八成的男性都有一个共同点——他们没有平分家务和子女照料，就像前面讲过的埃文·霍尔特、彼得·塔纳戈瓦、塞思·斯坦和雷·贾德森。这给他们的妻子带来了额外的劳动，也经常引起婚姻关系的紧张。在这一章里我要讲述两个不同的故事，男主人公认同平分家务，也像"首席家长"那样照顾孩子。虽然他们各有各的开始契机与实现途径，但对婚姻和孩子的影响却是一样的。

迈克尔·舍曼

迈克尔的父亲是第一代移民，12岁开始工作，一步一步奋斗成为新泽西废金属行业的领军者。迈克尔是家中独子，承载了父亲所有的希望。读迈克尔的成绩报告是家中大事，而两个姐姐的成绩报告却无人问津。从学前班到高中，他总是得第一名。记忆中,他考了好成绩,父亲会把他放在大腿上,一边抖着腿,一边跟那些一脸羡慕的老男人炫耀,而在那些没有成绩单的日子里,父亲就对他失去了兴趣。

他的成长过程中陪伴他的是他的母亲、两个姐姐和一个女佣。当他18岁去上大学的时候,他的爸爸经历了一次严重的精神崩溃,之后再未恢复。经历过在"被仰慕"和"被忽略"两端间轮换的童年,迈克尔早早发誓,绝不要像父亲那样对待自己的孩子。但他告诉我,他最初所期待的自己与艾德丽安(Adrienne)的婚姻就跟父母的婚姻一样:他将在工作上表现出色,她来照顾好家庭。

他希望她受过良好的教育,用他父母圈子里流行的话说,做一个"出色的妈妈"。但和他自己的妈妈不同,她"也可以工作"。当迈克尔和艾德丽安谈恋爱的时候,他就说得很清楚:"如果你想工作没有问题,但我的事业要放在首位。"当时迈克尔正计划在微生物学领域大展宏图。

艾德丽安的父母是老来得女。作为独生女,她也是在宠爱中长大的。在小时候,爸爸都会在晚饭后领着她离开餐厅的杯盘狼藉,到客厅一起读百科全书。她是一个极具天赋的学生,也想拥有"一些"事业,也许是成为一个人类学家。之前的男朋友都对她的计划表达了客气的赏识,但迈克尔似乎是真心地对此感兴趣。他的观念要比她更传统一些,但比她遇到的其他男人更灵活。她同意把他的事业放在首位。他也同意她应该去追求一些事业。于是他们结婚了。

三年后,迈克尔完成了博士学业,申请了几个博士后的职位,百发百中,他最终选择了杜克大学。艾德丽安放弃了她在纽约大学的学业,也申请了杜克大学和其他两所大学的人类学博士项目,但都没有成功。她只能以迈克尔的妻子和被拒的博士候选人的身份来到杜克大学。在纽约,她已经读了两年的研究生,在学院是一个出色的学生,备受赏识;她的导师邀请她共进午餐,一起讨论她的研究;她也有关系亲近的朋友和同事。现在她每天独自一人坐在图书馆里茫然地盯着一摞摞冰冷的书,感到自己是如此不幸,几乎一个字也读不进去。

这样过了几个月,艾德丽安内心绷不住了。那天傍晚5点,迈克尔从他"真实的"博士后的工作岗位下班回到家。艾德丽安也从图书馆里动身,离开了"不真实的"——一个试图努力读进去书的未来学者的——工作岗位,在差不多时间到家。5点05分,迈克尔坐在沙发上像往常一样看报纸,等着艾德丽安做好晚饭,艾德丽安在愤怒和眼泪中爆发了。为什么你的工作日给了你休息的特权?我的工作日不算吗?这个世界无视她的职业规划已经够糟糕了,难道他也要忽视吗?她乐意跟随他一起来到杜克,这没什么问题。但她极度需要他支持自己已经支离破碎的职业规划,而分担第二轮班就是支持的一种表现。

迈克尔有点蒙了。当初他们在一起时不就已经达成共识了吗——他的事业优先。为什么突然来这样一场风暴?这不公平。他猜想,也许艾德丽安还在为杜克大学的拒信而难过,没缓过劲儿呢,过段时间就好了。但风暴没有结束,艾德丽安依旧痛苦而坚决。如果迈克尔不能像对待自己的事业一样重视她的职业抱负,如果他不能通过分担第二轮班来表达这种重视,她说她就要离开。迈克尔拒绝了,她走了。

艾德丽安到底怎么了?毕竟,她嫁给迈克尔的时候,真诚地认同两人达成共识的"婚姻条款"。仅仅在一年之前,她身边环绕着相互支持的同事们,计划着颇有前景的事业,她从没有想过会离开迈克尔。她也未尝完全不喜欢做家庭主妇和女主人;我们的第一次访谈在她旧金山的家中,在访谈前,她用自己做的坚果面包招待我,配着调得软硬适度的黄油,和用新鲜研磨的咖啡豆煮成的咖啡。她打扮得非常漂亮,梳着时尚的发型。看起来她并没有拒女性气质或家庭领域于千里之外。

然而,在艾德丽安离开迈克尔的那个晚上,她无法忍受待在家里做个主妇这样的想法。作为爸爸的宝贝女儿和一个满怀憧憬的未来学者,她一直表现出色。当她独自坐在图书馆的时候,感到如此的孤单和不被接纳,只能怅然若失地盯着书本,这些都促使她加倍希望表现出色。她迫切地需要迈克尔支持她,否则她宁愿不和他在一起。

艾德丽安走后,迈克尔开始停下来思考他的选择。他能感受到,艾德丽安给他的爱和理解远胜于任何一个女人;尽管她变得不可理喻,他还爱着她。两个月后的一个清晨,他醒来做出一个重要决定:他可以没有人伺候,他可以事业不那么优先,只要艾德丽安回来。他打电话给她,说自己愿意分担第二轮班,艾德丽安很快就回来了。从小到大被万般宠爱的迈克尔之前从没做过家务,但现在在他们生活的小公寓里他承担了一半。艾德丽安感到幸福多了,迈克尔也是。现在,在新的"婚姻条款"下,艾德丽安又可以充满勇气地坐在图书馆里了。

艾德丽安想要迈克尔分享一半的家务，不仅仅是因为这对她而言更公平，还是因为，她希望平等对迈克尔而言同样重要。事实上，迈克尔分担第二轮班是因为他爱艾德丽安，并深知这对她来说多么重要。至少，这是迈克尔起初的想法。

第二年，艾德丽安再次申请了杜克大学的人类学博士学位，这一次她申请到了。在她第一学年结束的时候，迈克尔本着真心支持的精神，做出了另一个"自我牺牲"：尽管他已经结束了在杜克大学的博士后工作，他又在那里多待了一年，这样艾德丽安就可以完成论文的数据收集工作。这期间她还首次申请了教学工作。一天，她的妈妈打电话给她，想从过来人的角度给她一些建议。她对艾德丽安说："亲爱的，你有那么多事情要做，我希望你不要得到这份工作。"艾德丽安哭了起来。迈克尔接起电话，气愤地对岳母说："你说希望艾德丽安不要得到这份工作这话是什么意思？她想要这份工作！"

在艾德丽安完成了她的论文调研后，迈克尔从所有的工作机会中选择了一个最好的，艾德丽安又一次跟随着迈克尔离开。奇迹中的奇迹，艾德丽安也在附近的城市找到了一个极好的工作。她不乏幽默地说起，当时人类学系公告板上钉着一张简报，上面列着所有求职者和他们得到的职位：她的名字是第一个。"起初，我被看作是随便找个工作的随行妻子，现在他们看到了那张公告板上的名单，突然觉得我才是抢手货，是迈克尔跟着我！"这种命运的转换看来似乎很滑稽。

在他们婚姻的第六年，彼时那段痛苦的对决已经过去了三年，艾德丽安的教职也步入第二年，他们决定要一个孩子了。

艾德丽安怀上孩子后，迈克尔骄傲地称之为"我们怀孕了"。在生产前的两个月，艾德丽安在家里客厅的沙发上给学生们上讨论课，而迈克尔包揽了做饭、购物和家庭规划。双胞胎儿子出生后，迈克尔每天准时回家，赶在五点半给孩子喂奶。他回忆说："在家给孩子喂那顿奶，对我来说非常重要。"艾德丽安发现同时喂两个孩子不是件容易的事，常常一个还没吃饱，另一个就饿得哇哇大哭。六周之后，他们开始换成用奶瓶喂，艾德丽安喂一个，迈克尔喂另外一个。

双胞胎慢慢长大，变成了一对淘气包。他们一个会爬到另一个的背上，试着爬上烟囱；还会合伙推开院子大门冲到大街上，咯咯地坏笑着。还有一次，他们轮流把对方按到装满汽油的桶里。如果说最初迈克尔是因为艾德丽安上演对决而不得不"妥协"分担第二轮班，现在他已经乐在其中了。他反思道："我让自己吃了一惊。我想不到自己有那么多抚育的感受，我曾经是对此多么不屑一顾。"他感到非常自豪："我敢说在我认识的人里面，我是最好的爸爸。我很惊讶自己居然这么有耐心，又这么没耐心。"两个双胞胎也投入地回应着他的陪伴，拉着他一起做游戏；过马路的时候一个接着一个地拉着爸爸的手。每天早晨两个人轮流一个呼唤爸爸，另一个呼唤妈妈。迈克尔有时向学校请假。有些时候，他需要出差到外地做学术报告，而艾德丽安对此也没有意见。

然而，艾德丽安工作上的压力越来越大。这是她在人类学系工作的第四年，要和六名工作非常努力的男性助理教授竞争终身教职，竞争异常残酷。今年发表了多少文章？还有多少篇在进展中?"大部头"的书什么时候能出版?系主任总是喜欢在年轻人中间渲染"拿到终身教职有多难",并为此得意扬扬。他承认,艾德丽安在指导学生的研究中花费的精力要比那些男同事多得多,但他也提醒她,"你当然也知道",教学情况在终身教职评定中无关紧要。

双胞胎3岁的时候,艾德丽安每周有45个小时在外工作,在孩子们睡着之后还要工作一整晚。即便如此,她仍然落后于那些有太太照顾家庭的男同事。艾德丽安解释说:

> 我意识到除非我的文章能发表,否则我的中期考核就麻烦了。所以那个秋天,工作日我奔波在教学和各种委员会的工作中,周末我也疯狂加班。我连着工作了五个周末,但我再也不会那么干了,那简直是一场灾难。孩子们的表现退了一大步。每次他们和我分开都很难过,因为那段时间迈克尔也去外地开会了。一开始我试着在家里的书房工作,但那太难了。然后我决定还是去办公室吧,一到在那儿我就大吃一惊。一个同事说:"什么风把你吹来了?"另一个同事说:"在这儿四年我们都没见过你呢。"正是这些家伙曾对我说:"你丈夫真是个贤内助。"——这样的话四年来我至少听了15遍。在走廊里遇到他们,他们也总是说:"双胞胎怎么样?"

刚好在这段时间,舍曼家照看孩子的育儿保姆出现抑郁情绪,开始酗酒,直至有一天彻底消失了。迈克尔可以尽力完成他的份额,但是已经到了极限。这么多年来,他第一次冲艾德丽安大吼道:"我很高兴你能有自己的事业,但是我觉得你不该有这样的事业。总得有个上限。"

她知道他说得对。艾德丽安请求将终身教职的评审延期,但评审委员会主席没有同意("如果我给你办了延期,我不得不给所有的人办延期。")她觉得自己进了死胡同,甚至想到了辞职。她忍不住胡思乱想,也许可以重新拾起雕刻的爱好,和儿童心理治疗结合起来,做一份不用费力往上爬的工作。一个竞争对手曾经对她说过一句话——之前被她抛在脑后,而此时却不时回响在耳边——"你真的觉得对你的孩子们来说,你像一个妈妈吗?还是你家的保姆更像他们的妈妈?这对你来说一定不好过。"但她理解,他实际的意思是,"这对孩子们来说,一定不好过。"

虽然委员会主席不同意,艾德丽安还是向系里一位资深的教授提交了评审延期的申请,并做了申诉。也许是出于同情,也许是出于对他们自己的妻子的愧疚,教员们批准了她的延期申请。她要求换成半职的职位,在迈克尔的支持下,积极争取。经过一年多的努力——开会,信件沟通,与院长、同事和其他院系的女性主义者长谈,艾德丽安终于获得了全校第五个终身教职岗半职职位。

迈克尔虽然曾经因为艾德丽安冷落了孩子而对她大吼,但他也宽慰她不必陷入母亲的自责,阻止她放弃自己的事业。他坚守在那里。如果说因为对方上演对决要求分担家务,让他惊恐不安地踏上了通向平等主义的不寻常之路,那么现在,他正在探索,当自己不再是"别人家的孩子",如何成长为一个父亲和丈夫。迈克尔的工资比艾德丽安高,这种工资差距在一些家庭是凸显的尖锐问题,但在舍曼家的访谈中,没有人主动提起,被我问及时,他们也没有太多可说。谁的工作都没有排在首位,都退居次席。

迈克尔没有和艾德丽安对抗,他们都在奋力对抗事业的重压。无论有没有双胞胎,他们身处的职业世界都在飞速旋转;同事们写书、得奖、升职。他们都热爱自己的工作,而调整自己的事业心需要自律。艾德丽安现在还成了校园里少数的女教授群体的一分子:急匆匆地从一个会议赶到另一个("我们委员会里都是男性,急需一个女性代表,您可以……?"),回应学生们无穷无尽的要求——学生希望从"在意他们"的教师那里得到关注,只有到了深夜才能坐下,泡上一杯浓茶来进行"真正"的工作——写作。这些女教授中有一些当了妈妈,但大多数都还没有孩子。每个人都超负荷工作,其中一些人还营造出一种工作狂的亚文化,又让她们每个人都倍感压力。

如果说舍曼家也有一种"家庭迷思",这种迷思或许是:迈克尔的转变无须太多牺牲。双胞胎带来的惊喜不断,他感受到了无穷无尽的乐趣,简直不想让他们这么快长大。与此同时,对迈克尔来说——这个从小到大永远考第一的孩子,舍曼家族的传人,在周围的人都在加速前进之时,他却在自己学术生涯里倒踩踏板,这并不容易。抑制自己的事业发展是一种牺牲,改变自己的男性身份观念也是一种牺牲。这些牺牲是很多男人没有做出的——比如之前章节里提到的埃文·霍尔特、彼得·塔纳戈瓦、塞思·斯坦。这使得迈克尔在艾德丽安这样的女性眼中，显得稀有而珍贵。在当今的亲密关系市场里，他的市场价值肯定是要高于她的。但他们并不在"婚姻市场"上，因为他们无法想象没有彼此的生活；这为艾德丽安提供了庇护，摆脱不利的市场现实。而她也对迈克尔的牺牲不胜感激。如果说他们的家庭迷思里尚存一丁点儿张力的话，那就是，艾德丽安获得了"公平的"第二轮班，她到底应该为此对迈克尔有多大的感激。

同时，两个人都放弃了可能取得的辉煌的事业成就，转而争取一份受人尊重的、能够好好照顾家庭的事业。在一些同事看来，艾德丽安的半职安排让她显得很不专业，像个业余选手。而对于左邻右舍的家庭主妇来说，这个背公文包打领结的女人，她们既不认同，又感到威胁。而迈克尔更成了一个异类——在一个需要长时间工作的行业里缩短工作时间，还不定期地请假去陪孩子。在精神上，两个人都与住在纽约州北部的亲戚们背道而驰，那些持有传统观念的亲戚一直写信来表达他们的困惑；他们也与迈克尔的许多男同事不相为谋，这些同事结婚次数更多，但似乎完成了更多的工作。无论是在家庭的旧世界，还是在职业的新世界，他们俩都有点格格不入。但他们两人珠联璧合，并肩对抗外面的社会潮流。

我和舍曼夫妇最后一次见面时，他们轮流大笑着给我讲了一个故事。前一年夏天，他们去迈克尔的父母家里，迈克尔吃完饭就开始收拾餐桌上的盘子。迈克尔的母亲（现在非常赞同他们的安排）对他的父亲说："你看看迈克尔是怎么收拾的，为什么你就从来不干点儿这样的事呢？"迈克尔的父亲严肃地回应说:"艾德丽安在把迈克尔变成一个同性恋。""哦,雅各布,"妈妈大声喊道,"别荒唐了!"艾德丽安和迈克尔带着不可思议的笑看着迈克尔的母亲开启了她的分担家务之旅。

阿特·温菲尔德:顺应天性

35岁的阿特·温菲尔德是一名实验室助理。他高中毕业,对妇女运动只有最粗略的了解。他的妻子也不像艾德丽安那样要求他在家里多做家务。但是阿特天生喜欢孩子,和他5岁的养子亚当在一起的时候总是热情洋溢。阿特不是那种引人注目的新好男人;他是一个温和的、容易相处的黑人,一个隐藏在普通人外表下的新好男人。

在妻子的敦促下,他每周有两个晚上到夜校上课,学习实验室技术。妻子希望这些课程能够激发他的工作兴趣。但在每天开车上下班的路上,他很快就把工作抛诸脑后,脑海中浮现的都是他去日托中心接孩子时,孩子脸上露出的灿烂笑容。阿特解释说:"每天我只有三个半小时属于我儿子,所以和他在一起的分分秒秒对我来说都很重要。"有时候,他到日托中心接儿子,会再逗留半个小时,看看孩子的秘密藏身处,爬爬树,或组织一场接力赛。在他从实验室休假的几个月里,他逗留的时间会更长。

毫无疑问,温菲尔德家需要两份工作才能糊口,所以必须送亚当去日托中心。阿特对此心情复杂:"那里(日托中心)有亚当最好的朋友,最铁的哥儿们。但是有时候他仍然会厌倦待在那里。对一个5岁的孩子来说，要在家外边待8个小时，真的挺不容易的。所以有时我会请一天假，把他从日托中心接出来，陪他一天。"

到了周末，哪儿有亚当，哪里就有阿特———一起骑自行车，去喜欢的叔叔家里做客，捡石头。亲戚朋友们都管他们叫"双胞胎"。谈到自己与儿子的关系，阿特如沐春风，他也反思道："我们的关系很好，都很喜欢对方。有时候我会想，我有没有做得过头了。不过我觉得父子纽带很容易就建立起来了。"

和女儿比起来，有些父亲更容易和儿子相处，但对阿特来说好像不是。他和自己的白人妻子茱莉亚正在尝试生个自己的孩子。我问他要是生个女儿有何感觉，他回答说：

> 我非常想要一个小女儿。真的。我觉得小女孩非常珍贵。我希望拥有父女关系，如果我有了女儿，我猜我不会是那种传统的父亲。我会像养个男孩一样把她养得生龙活虎，不管是运动还是对于生活的看法。我的妻子是个坚强的女人，我想要我的女儿也像她一样。女孩们都非常聪明！学东西一般都比男孩子快，这点很明显。而且，有个妹妹，亚当也会感到很特别。

别人家的孩子，亚当也很喜欢，孩子们也会成群结队地来找他。温菲尔德家住在东奥克兰的一个简陋的社区，十几岁的小混混们会过来串门，找亚当聊天，显摆他们的斗牛犬。如果社区里出了什么乱子，他们还会过来保护温菲尔德家。阿特记

得,有一个备受困扰的少年就经常出现在他们家门口:

> 对我来说,和他交朋友也是一个挑战,我了解他的需要。他的妈妈独自抚养五个孩子,他需要一些关注。我们一起努力。他经常过来,好像重新变成了一个孩子。他的成绩慢慢变好了,现在他已经是个优等生了。他知道我是真的非常看重我和他之间的关系,而并不是我试图证明我可以攻克难题,把他塑造成一个非凡的个体。他本身就是一个非常好的孩子,他一直都是。他现在已经18岁了,我们的联系仍然很紧密。

阿特的妻子茱莉亚认为自己则缺乏与孩子相处的这种天赋:

> 我爱我的儿子,但我不擅长跟孩子打交道,没法像阿特那样。我就是那种不知道如何看出孩子有多大的人。我会问:"你几岁了呀?"然后他们会说:"女士,你为什么要知道我几岁呢?"但是阿特就知道如何跟孩子打交道。在工作了一整天之后,我做不到像阿特那样在日托中心和那些小孩子聊天,夸奖他们的涂鸦,对我来说太难了。

阿特关注孩子。对于料理家务,他的想法很简单,"平摊,很公平"。如他所说:

> 我必须得承认,跟大多数男人一样,有一段时间我真

的没法让自己参与到一大堆家务之中。那也是慢慢调整的，因为我们都觉得自己是家里的主子［笑］——有些事情不该我们来做。并且，我有点固执，那样并不对。不管怎么样，茱莉亚的工作跟我一样辛苦，也许比我还辛苦。她理应有我来分担家务。所以，大概十个月前开始，那时茱莉亚不得不在办公室里加班，我就做了一半的家务。

阿特洗衣服，清理地板和整理后院，平时一半的时间他做饭。茱莉亚30岁，是一个丰满的、好脾气的女人。她非常感激阿特的帮助，但她也希望阿特能够更热爱他的工作。作为一个法律秘书，她要比阿特在工作上更投入，这让她感到有点焦虑。她并不在意赚钱多少，她觉得现在他们俩赚得已经够用了。她想让丈夫更注重自己的事业更多是因为——喜欢自己的工作总是好的，尤其是对于男人来说。

对阿特来说，每年两万五千美元的收入已经相当不错了，一个男人生活的中心应该是他的家庭。茱莉亚在他身上寄予的厚望让他感到惊讶。这是不是意味着在他身上有什么问题？是不是他看起来不够称职？他曾私下里跟我解释，认为茱莉亚的焦虑也许源于她想取悦她的哥哥。她的哥哥是一个传统的男人，一直不赞成她嫁给一个黑人，也对他们住在东奥克兰表示不满。阿特也曾私下里给自己的母亲打电话讨论这件事。最终，尽管阿特无甚热情，他还是同意茱莉亚帮他打印简历，申请实验室技术的夜校课程。

我问阿特，为什么他觉得和儿子的关系这么温暖、放松和强大。他从童年记忆开始讲起。他的母亲靠着在日托中心做厨师的收入,独自抚养他和哥哥。用他的话说,"我可以给你讲一长篇的黑色传奇——肮脏的小公寓,和哥哥还有妈妈挤在一张床上,半夜里发现老鼠在身边跳来跳去。"他的父亲会时不时在公寓里出现,和母亲大吵一架之后又消失了。"我觉得是我父亲让我明白自己不想成为什么样的男人。"阿特说,"他是我的亲生父亲,从我出生到9岁,我就只有这样一个父亲。在我成长过程中,我们之间并没有什么父子之情。我的母亲很强大,所以我也没有意识到我缺失了一个父亲。"

阿特9岁时,他的母亲再婚了,嫁给了一个码头搬运工。这个男人强壮、温柔而善良,自己没有孩子。他上夜班,所以白天在家,等着阿特放学后飞奔进家门。逐渐地,阿特开始信任和爱这个男人,这成为他生命中发生的最重要的事。

> 当他和我妈妈结婚时,他就明白把自己融进这个家庭需要时间。我能回想起他在费心让自己融入。他得先了解我们。我是一个敏感的孩子,也是最小的,得有人让我明白,妈妈不会离开我们,他的到来会把我们家变得更好。他是一个温柔的男人,是一个好男人。

讲起继父时,阿特饱含柔情:

> 我不会叫他继父,他就是我的父亲。他做到了一个父亲所能做的一切。我爱他,和亲生儿子没有什么分别。因

为他是一个好人，一个温柔的人，一个正直的人。我们总是在一起。无论何时我需要什么，我的父亲都会在那儿帮助我。他不会直接给我什么东西，但他让我懂得必须为我所要的东西去努力。他真的教了我如何去爱……从他身上，我也学会了我要如何对待我自己的孩子。我也想要建立同样的亲子关系，我想要亚当知道我真的很在意他。

阿特去阿肯色州祖母的农场度假，那是"和父亲在一起"的假期。当他讲到这些的时候眼睛慢慢地湿润了，仿佛他依旧难以相信继父竟如此爱他。他说："我不愿意总是这样说，但事实就是，他是一个非常温暖的男人。"

阿特有一个作为"反面教材"的生父，和一个成为"个人榜样"的继父——他所获得的这份双重遗产或许激发了他和孩子相处的天赋。在和养子的关系里，他或许正在巩固在少年时代获得的伟大胜利。

父亲身份的第三阶段

迈克尔和阿特不会像格雷格·阿尔斯顿那样跟儿子开"拿镊子夹眼睛"的玩笑，也不会在一旁干等着9个月大的孩子摔倒后自己哭完。他俩有自己的为父之道。迈克尔和阿特殊途同归，找到了合适自己的方式。迈克尔节节后退，先分担家务，再转到照顾孩子；阿特则步步推进，从他对亚当的感情起步，之后默默地将公平原则推广到家务分配上。平分家务和育儿对两人的意义也有细微的差别。对于迈克尔来说，这是一种"对艾德丽安公平"的方式；而对于阿特来说，这是一种"做亚当最好的爸爸"的方式。结果也有所不同：迈克尔对双胞胎儿子的投入和妻子一样多，都是孩子的"首席家长"，而阿特对儿子的投入看起来比妻子更多一些。

少年时期的经历在他们身上铸就了某种动因，促使他们想要成为"新好男人"。他们都在以女性为主的家庭环境里长大，都曾反抗过"差劲"的父亲，并且都没有长成他们想象中典型直男的样子。阿特在十几岁时就特别擅长和小孩子相处，这在那个年龄段的东奥克兰少年人中实属罕见。迈克尔始终觉得自己跟"一般的男孩子"不一样。他不排斥男孩们做的事，跟学校里其他的男孩也相处融洽。但是他并不觉得在男性世界里有他最感兴趣的事或人。事实上，迈克尔并非超越了传统男性的身份认同，而是他从来就没有生成过。无论是高中上体育课，还是后来在军队接受短训，大部分时间他都觉得自己是在扮演男性角色。这就好像他从小就说外语，他能够不带明显口音地流利地讲出来，但这并不是他自己的语言。就像他所说的："我一直是那个在橄榄球场边上晃荡的人。"不同的动因激活了理解男性身份的特定方式，对迈克尔和阿特来说正是如此。所以，当历史的大门徐徐打开，当新的文化照亮前程，当双薪家庭的需求疾声呼唤，他们愿意步入其中。

在美国，父亲身份的历史大致可分为三个不同阶段，每个阶段都回应着经济变迁。在最初的农耕时期，父亲训练和管教儿子使其能够劳作。他们常常让儿子在农场里工作，而妻子们负责把女儿养大（对于黑人来说，这个阶段从奴隶制废除之后开始）。到了 19 世纪早期，随着经济生活和职业训练从家里转移到家外，父亲们将养育孩子的责任更多地留给了妻子。根据历史学家约翰·纳什（John Nash）的研究，在这两个阶段，父亲通常都是疏离而严厉的。直到 20 世纪早期，越来越多的女性开始走出家门，不再局限于婚前的短期工作，而是在学校、工厂、办公室建立起自我身份认同时，社会文化里出现了"父亲是友善的"这样的观念。在 20 世纪 50 年代初，时尚杂志开始刊登一些文章，标题诸如"父亲也是家长"，或者"现在是父亲回归家庭的时候了"。如今，美国处在经济发展的第三阶段，但父亲身份还仍处于第二阶段。

像迈克尔和阿特这样的男性已经率先迈进了父亲身份的第三阶段，但他们的行为只是个人的探索。他们是新父亲世界里的代表。在全国性、公开挑战流行男性身份观念的社会运动缺席的情况下，他们只能独自行动。只有当其他的迈克尔和阿特站出来，当一大批男性变成他们，我们才能终结身边这场痛苦的停滞的革命。

第十三章

掩饰之下：策略与张力

我所描述的这十组婚姻中，第二轮班成为一个论坛，每个人交流讨论对性别与婚姻的想法和感受。埃文·霍尔特做晚餐，南希·霍尔特就觉得他是在说"我爱你"。罗伯特·迈尔森下厨房，安则经常觉得愧疚，觉得自己没能保护丈夫重要的事业免受家务的拖累。弗兰克·德拉科特制作意面罗勒酱，这意味着卡门"不会做"。彼得·塔纳戈瓦动手烤鸡，这表示他正在"帮助尼娜"。雷·贾德森烤肋排，在安妮塔看来是他喜欢做，而不是为了帮她。当塞思和杰茜卡吃着保姆做的饭，杰茜卡盘算着自己的工资支付了保姆的费用，塞思的工资用于买菜。个人赋予第二轮班的意义千差万别，但是对大多数人来说，这些意义要么是"我被人照顾"，要么是"我照顾别人"。

某些个人意义倾向于传统的照料理想，其他则倾向于性别平等的照料理想。事实上，这两类理想之间的分裂似乎并不仅仅在于社会阶层之间，也存在于婚姻中的伴侣之间，以及每个人心底的不同声音之间。蓝领趋向于传统理想，白领趋向于平等理想。男性趋向于传统理想，女性趋向于平等理想。安·迈尔森在二者间反反复复。大多数婚姻要么被这两种理想折磨，要么在二者间达成妥协。在此意义上，这种分裂贯穿了我研究的每一段婚姻。

诚然，我看到了社会阶层的重大差异。一般来说，周六上午，多数夫妻跟德拉科特夫妇和贾德森夫妇一样，在洗衣晾晒；而像斯坦夫妇和迈尔森夫妇那样给帮佣开支票的只是少数。双薪家庭的问题在工人阶层中更加棘手，但在中上阶层中同样存在，只不过表现形式不同。加剧蓝领夫妻婚姻张力的原因包括，缺钱购买他们所需要的服务、经济不稳定、乏善可陈的日托服务，以及夫妻双方工作中的不体面和无聊感。而让中上阶层感到压力倍增的因素则是雇用保姆的不稳定性，以及来自职场的无数要求——而夫妻双方都对此心甘情愿、笃信不疑。但是两种性别理想之间的角力，自上而下地遍布了阶层阶梯。

无论一对夫妻向往哪种婚姻理想，上两个轮班的张力对男性和女性造成的影响几乎相当。每年额外劳动一个月的女性受到的影响是显而易见的——形容憔悴、体弱多病、情感疲惫。但是，本研究的一个重要发现是，这种张力无疑也波及了男性。如果男性分担第二轮班，张力就直接作用于他们。如果不分担，张力则通过妻子对他们产生影响。迈克尔·舍曼付出了同等的情感责任和时间去完成家里的活儿。他不得不重新界定自己的职业抱负，对抗父母对他的高期待，淡出同事间的竞争。

埃文·霍尔特和塞思·斯坦都没有做出类似的调整，但是他们也付出了高昂的代价——在埃文·霍尔特身上，是充斥着怨恨的性生活和与儿子乔伊的关系；而塞思，则是妻儿与他分道扬镳。

性别意识形态、情感规则和情感应对

当我开始这项研究时，我曾天真地设想，一个人的性别观念将会是认知和情感"一体"的。我设想，性别观念将影响他们想要如何分配第二轮班。在相信五五开的夫妇会更多地平分第二轮班，认同三七开的夫妇会较少平分。但是我惊奇地发现了各种断裂。彼得·塔纳戈瓦"百分之百"地支持妻子的事业，但是触及妻子除草或者十几岁的女儿自己开车上学这样的想法时，他会变得脸红脖子粗。像埃文·霍尔特一样，许多男性对妻子的事业赞不绝口。他们指出是妻子想要工作。工作让她们更具魅力，也让夫妻间有更多的共同语言。但是，当涉及男性在家庭事务中的角色时，根本原则就发生了改变。罗伯特·迈尔森的原则似乎是，"如果妻子要求"，丈夫应当分担家务。对彼得·塔纳戈瓦来说，如果妻子做得更多，丈夫也应该参与一些。①

更为重要的是，个人对自己所认同的男性角色和婚姻角色的表述与他们对此的感受之间存在着矛盾。一些人"表面上"是平等型，但"底子里"是传统型，比如塞思·斯坦；还有一些人是表面上的传统型，底子里的平等型，比如弗兰克·德拉科特。

有时候，因早期的警示故事而生成的深切感受，强化了个人表面的性别意识形态。例如，卡门·德拉科特害怕自己会像母亲那样，遭遇单身母亲的种种挣扎；这种恐惧使她更加坚信，女人应当通过服从男人而寻求他们的保护。而南希·霍尔特害怕自己会像母亲那样，变成逆来顺受的"受气包"，她将强烈的情感注入自己的信念——埃文应该分担一半的家务。雷·贾德森早年与母亲分离的经历，以及他当前对失去妻子的恐惧，强化了他的想法，即男人需要让女人依赖他，这样她才不会离开。

对其他人来说，隐蔽的感受看似颠覆了他们表面的性别意识形态。比如，安·迈尔森讲述自己像假小子一样长大，她相信女孩子"与男孩子一样优秀"。作为进取心十足、直到32岁才想要孩子的事业女性，安觉得自己和丈夫罗伯特有着相似的需求和渴望。但是出于某些原因，工作中的角色让她感到并不真实，而家庭角色却很真实。这种深层的感受没有强化她表面上的态度，但催生了她极为矛盾的"反反复复"综合征。

类似的情况也发生在约翰·利文斯顿身上。从表面上看，约翰一直与妻子平分养家和持家角色。但是，当女儿卡里出生后，他觉得芭芭拉的注意力从自己身上抽离了，让他感到被抛弃、很依赖她又很生气。在芭芭拉回归职场后，他对她的工作感到怨恨。然而，他又为自己怨恨妻子工作感到愧疚。就这样，他的性别意识形态建立起一种明确的情感规则——妻子工作会让你感觉良好。但是，这种情感规则和他的真实感受——芭芭拉太忙了，让他很生气——发生了碰撞。每当生气时，约翰习惯的做法就是回避。他的回避和芭芭拉由此而生的苦恼，交织上升成一种冲突——一种通过他们"过于劳碌"而被回避了的冲突。

在卡里出生后的第一年,约翰将情感从芭芭拉身上抽离了;在照顾卡里的问题上,他把自己排在芭芭拉之后,拥护这样一种观念——"有人"需要更多地照顾卡里。在工作允许的情况下,他不抗拒分担第二轮班;他分担第二轮班,但却抗拒原谅芭芭拉在情感上的抽离。约翰通过细微的方式将他的想法(他的性别意识形态)、他的感受(对芭芭拉的抽离感到沮丧)、他的行为(延长工作时间和减少经营婚姻的时间)关联在一起——这所有想法、感受和行动的混合——共同构成了他的"性别策略"。夫妻间性别策略的相互作用,决定了他们实际上如何分配第二轮班。

我的每一名受访者,以各种各样的方式,形成了自己的性别策略。表面的性别意识形态与深层的感受,在一些人身上发生强烈冲突,而在另一些人身上则相对统一。对一些人来讲,情感规则是"我们应该想要分担第二轮班","我们不应该为不得不分担而生气,也不应该对分担后可能带来的各种损失感到生气"(例如,舍曼一家)。对另一些人来讲,情感规则是对不得不分担而感到羞愧(例如,德拉科特一家)。不过,男人或女人想做什么,通常并不能完全解释他们做了什么。因为,你一步我一步,方成舞蹈。

女性的策略:直接法

大多数想要平分家务的女性,通常有两种办法做到。要么她们嫁给本就打算分担家务的男人，要么她们婚后努力地改变丈夫。在做母亲之前，艾德丽安·舍曼走了一步险棋，她对丈夫说："不分担，就离婚。"她上演了"分担家务的对决"并一举获胜。乔伊出生后，南希·霍尔特发动了一场严重的婚姻危机，不过在对决之前退下阵来。这两位女性都是直接对抗自己的丈夫，带来了巨大的家庭"动乱"。其他女性发起了一系列小事端。在卡萝·阿尔斯顿怀孕八个月时，她的丈夫仍然整天忙工作。卡萝回忆起，有一天丈夫下班回家后，她让他坐在前面的楼梯上，对他说："如果你没有在情感上准备好和我一起抚养孩子，我不会要这个孩子。"尽管并不是真的打算放弃孩子，但她表明了一个重要的立场。其他女性晓之以理、动之以情地游说和谈判，让丈夫参与进来。

我访谈的半数以上的职场母亲都尝试以某种方式改变家庭中的角色。这种努力在女性中如此常见的原因之一是，她们承受着传统性别观念和现代环境之间的矛盾。如果她们不承担改变习惯做法这项额外的工作，她们就要每年额外劳动一个月。如果女性身处的社会文化预设了积极的父亲角色，那么她们就不需要制定个人策略来推动这些改变。

转变角色的间接方式

女性也尝试着间接改变婚姻角色。这是传统职场母亲的首要策略，她们迫切需要家庭内部的支援，但她们无法直接要求丈夫来分担，因为这与她们的理念相悖。面临这样的两难处境，卡门·德拉科特在煮饭、付账单和做针线活儿的时候"佯装无助"。有些女性，像尼娜·塔纳戈瓦，她们用身体的不适半下意识地传递出受困的信号。事业有成的商界精英苏珊·皮尔斯伯里（Susan Pillsbury，她说自己与丈夫"平等分担"），讲述了这样一个故事：

> 在我怀孕时，我们想给孩子起名字，但没找到合适的。我丈夫杰里（Jerry）想要孩子，但他对起名字毫无兴趣。我不想要求他有兴趣。所以，你看，他是决策分析顾问，决策分析是他的专长。我提议制定"决策标准"，比如：名可以取自某个姓氏，或者名应该与姓呼应，应该具备一定的长度……一旦我将起名字当作一个有待决策的问题，他就沉浸其中难以自拔。我总是喜欢讲这个故事。现在他也讲。

甚至那些厌恶"女人的伎俩"的妻子，有时也因为绝望而如法炮制。南希·霍尔特认为，妻子通过拒绝性生活而向丈夫谋取其他需求的做法是女性的自我贬低。但是当埃文一再拒绝分担家务后，南希的确是拒绝了性生活，而她又对此感到懊悔。

扮演超级妈妈

不同于改变角色的策略，扮演超级妈妈是职场母亲在不指望丈夫帮忙也能做到工作家庭两不误时，普遍采取的策略。大约有三分之一的母亲采用了这种策略。她们长时间待在办公室，但是让孩子晚睡，以便有时间进行亲子互动。许多超级妈妈认为这额外的一个月就是她们的活儿。其他女性希望丈夫能分担家务，但是她们不觉得自己在"婚姻银行"里有足够的道德积分支持她去劝说丈夫分担更多。

扮演超级妈妈是一种对家庭和工作之间相冲突的要求照单全收的方式。为了在情感上做好准备，许多超级妈妈发展出一种自我观念——"一刻不停、有条不紊、无往不利"，她们不需要休息，也没有个人需求。超级妈妈常常看起来不动感情，这既是实施策略的准备，也是执行策略的结果。尼娜·塔纳戈瓦自称情感"麻木"，芭芭拉·利文斯顿几次三番地说"我不知道自己的感受"。

缩减工作

努力尝试改变埃文未果，南希·霍尔特不情愿地缩减了工作时间。在生育二孩后，卡萝·阿尔斯顿一直计划着缩减工作时间，她也得偿所愿。在经历了与多个保姆不欢而散的无望之后，安·迈尔森辞职了。对一些女性来说，比如南希·霍尔特和安·迈尔森，缩减工作让她们感觉就像是溃败；对另一些女性来说，缩减工作让她们仿佛大获全胜。

女性在为缩减工作时间进行情感准备时，经常通过以下方式：疏离以工作为中心的朋友，重新交往以家庭为中心的朋友；总体而言，她们为了进入一种更为离群索居的家庭生活而寻找支持。

重振日渐萎靡的自尊心是大多数缩减工作的女性需要应对的一项重要的情感任务，对于之前位高权重的女性而言尤其如此。卡萝·阿尔斯顿离开职场去照顾第一个孩子，她感到失落、"肥胖"、"只是家庭主妇"，她想冲到超市过道大喊："我是工商管理硕士！我是工商管理硕士！"

缩减家务、婚姻、自我和孩子的需求

另一套策略包括缩减关于在家里、婚姻里、孩子或自己身上"需要做什么"的想法，以及缩减满足这些需求所要付出的努力。

对没有帮佣的家庭来说，缩减家务是显而易见且有意为之的做法，几乎无一例外。传统的职场母亲经常以"抱歉"开始她们的访谈——为家中凌乱而表达歉意，并认为家中的状况是她们个人的一个反射。如果家里一片狼藉，她们感到难堪，或者认为应该感到难堪。对她们来说，个人自尊与家的样子之间很难脱钩。

平等主义女性的做法则截然相反。她们竭力不去关注家里的环境，还骄傲地告诉我她们"随它去"的那些事。正如安妮塔·贾德森得意地大笑着说："我不是清洁墙面的那种人。"另一些人质疑铺床、吸尘、洗碗、收拾玩具甚至做饭的必要性。正如卡萝·阿尔斯顿解释说："我们午餐吃得丰盛，我正在努力节食，所以晚餐并不重要。"

总体来讲，女性比男性更在意居家环境。当她们不在意居家环境的时候，她们付诸更多的努力来让自己不在意。

我采访的每一对夫妇，在迎来第一个孩子之后，减少了彼此间的关注。大多数夫妇觉得他们仿佛在"等待"以后有更多时间共处。罗伯特·迈尔森解释说："我们没有时间享受二人世界，我们在等着女儿们长大。"但是如果婚姻是疗愈情感旧伤的主要或唯一方式，往往是时不我待，就像约翰·利文斯顿那样。

在与时间的赛跑中，父母们也经常不经意地缩减子女的需求。一方面，他们在子女的生活照料上"走捷径"。一名职场母亲评论说："孩子必须每天晚上都洗澡吗？我们隔天晚上给杰里米洗澡；另一个晚上就给他洗脸、洗手，用海绵给他擦擦。他不是也好好的嘛。"有的母亲质疑孩子每天换衣服的必要性："为什么孩子们不能一连三四天穿同一条裤子？我小时候天天都得换衣服，而我喜欢的衣服却轮不上多穿几次。"有的母亲分享了自己关于吃蔬菜的哲学："约书亚就是不吃蔬菜，所以我们就为他准备简单的食物——汤和花生酱三明治，他死不了。"有的母亲羞怯地抱怨家庭主妇们准备万圣节服装的标准："天哪，这些妈妈9月就缝好了万圣节服装！我喊着'哦，不！万圣节到了。'然后冲出去买点什么。"有的职场母亲降低了处理孩子生病的标准："詹姆斯感冒时，我照常把他送到日托中心。我没有任何后援，其他母亲的处境也和我一样。日托中心的孩子们都感冒了，所以詹姆斯被其他孩子传染了，他可能也会传染其他孩子。"

可悲的是，一些职场父母似乎在减少对子女的情感关怀。

尤其让父母们感到自愧难当的是,孩子们从自己身上得到的情感关怀尚不及自己从父母那里所获得的。一名职场母亲尝试合理化让九个月的女儿长时间待在日托中心的做法:"她需要和同龄人相处,也需要独立。"相较而言,缩减收拾房间不会产生太大的愧疚,其后果也微不足道。但是,缩减婴儿的需求却大不一样。

寻求帮助

有些夫妻能够负担雇用保姆的费用。另一些夫妻会找来母亲、配偶的母亲,或其他女性亲戚帮忙照顾孩子,尽管在很多情况下,这些女性本身也在工作。像雷·贾德森一样要求年长的孩子帮忙打扫房间或照看年幼弟妹的父母极为少见。

主要的外援无疑是育儿保姆。有时候,母亲们试图将育儿保姆视为"家庭一员",或者至少与她们建立稳固的友谊,或许下意识地想确保她们的忠诚和善意。卡萝·阿尔斯顿将六个月的孩子留给一名"绝好的保姆",保姆每天照看孩子 11 个小时;她给予了保姆极大认可:"我儿子应该喊她'妈妈',她赢得了这份殊荣。"卡萝经常邀请保姆夫妇外出就餐、郊游,并与他们互赠生日和圣诞礼物。但是,卡萝很难消除保姆的疑虑——卡萝把她当作朋友只是因为她照看着孩子。

最终,大多数女性都缩减了个人需求,放弃阅读、爱好、电视节目、访友、运动,以及独处的时间。当我问及闲暇消遣时,安·迈尔森回答说:"付账单。"当我询问一名银行文员的

"闲暇",她回答说:"在我工位电脑前的时候。"在我采访的职场母亲中,没有人像埃文·霍尔特或罗伯特·迈尔森那样保持着个人爱好。对于职场母亲来说,放弃个人闲暇是"文化"的一部分。

渐渐地,大多数女性混用了多种策略:缩减诸事、寻求外界帮助,扮演超级妈妈。妻子之间存在着一个巨大分野,一类妻子敦促丈夫分担第二轮班(比如南希·霍尔特和艾德丽安·舍曼),另一类妻子则不(比如尼娜·塔纳戈瓦和安·迈尔森)。

男性的策略

在某种程度上,男性的策略与女性的策略类似,但又不尽相同。有些男性扮演了超级爸爸,堪比超级妈妈,比如约翰·利文斯顿。在子女年幼时,有些男性缩减了对工作的情感和时间投入,比如迈克尔·舍曼和阿特·温菲尔德。很多男性更多地放弃了家庭时间,降低了对夫妻二人世界的期待值,不看电影,不约朋友,减少爱好。在这些方面,男性的策略与女性的策略大体一致。

然而,对男性来说,他们与女性的处境有着根本上的区别。在传统意义上,第二轮班的责任不会落在男性身上,而他们应该工作也不是什么"新思潮"。男性认为自己在世人眼中的价值是赚钱养家和发展事业,帮忙做家务不太会为他们加分增色,所以大多数男性并不向妻子施压要求她们为家庭付出更多。而他们的妻子则向他们施压了。夫妻间存在这种巨大的区别。本研究中，80%的男性没有平分家务，其中大部分人提到了妻子向他们施压，要求他们分担。

很多男性抗拒着。但是，妻子的施压经常唤醒他们一些深层的感受。"隐藏"在雷·贾德森反对家务分担之下的感受是他害怕如果妻子和他一起挣钱养家，他可能会失去对她的控制。彼得·塔纳戈瓦的抗拒之下隐藏的是他害怕自己在老家男人眼中丧失了男性地位。埃文·霍尔特害怕南希会对自己颐指气使，也不再关心他。

对一些男性来说，回避家里的活儿成为他们与妻子"找平衡"的一种方式。男人也许会通过减少对家里的投入来抵偿妻子"叱咤"职场或在其他方面权力"过大"（女性也在"找平衡"）。潜藏在男性抗拒分担的各种表面原因之下的，正是一个基本事实——由妻子打理家务，是一种特权。如果男人分担第二轮班，他就丧失了这种特权。

至少，大多数男性最初给出其他理由解释自己不想分担家务：他们的工作强度太大，或者工作压力更大。当这些理由讲不通的时候，拒绝分担的男性会搬出一个解释——他们没有"被教育"来做家务。

大约20%的男性表达了对分担家务的诚挚渴望，而且说到做到。一些男性流露出想要分担家务的真诚愿望，但是表示在家里妻子"接管了一切"。一名身为教师，同时也有两个孩子的女性说："我丈夫承包了所有的烘焙。如果我放手让他做，他会分担所有家务。"有些男性最初拒绝分担家务，但是后来逐渐参与其中。但是,这些男性最后的感受大都跟阿特·温菲尔德类似:"我分担家务是因为这更公平,我照顾孩子是因为我心甘情愿。"

另一些男性以各种方式抗拒。他们做事心不在焉。埃文·霍尔特忘带购物清单、烧糊米饭、找不到烤盘。这些男性在做家务,但心却不在那里;这样一方面为了能够得到妻子的认可——自己在努力配合,另一方面也为了日后不再被委以重任。这就是卡门·德拉科特装傻扮弱策略的男性版本。

很多男性等着妻子开口,迫使妻子承担"提要求"的额外任务。因为很多妻子都不愿意向丈夫提要求——感觉就像在"乞求"——这对丈夫而言却是正中下怀。尤其丈夫等着妻子开口,但被要求分担家务后,他变得恼怒或闷闷不乐,妻子往往感到气馁,不愿再提。

有些男性提供"替代性供给"。尼娜在工作中的每次变动和每次危机,彼得·塔纳戈瓦都尽力支持。他的支持是如此全面和真心实意,以至于这种支持足以构成替代性供给。

不论有意或无意,还有些男性采取了"降低需求"的策略。例如,一名有两个孩子的销售员解释说自己从不购物,因为"他没有任何需求"。他不需要将衣服送到洗衣店熨烫,因为他不介意穿着皱巴巴的衬衫。当我问到公寓里的家具是谁买的,他说是妻子买的,因为"没有家具,我也没问题"。他不需要吃多少东西,谷物麦片就能充饥。我在他的书桌上看到一本育儿书,我问他是否正在阅读;他回答说,妻子让他读一读,但他认为没有必要专门阅读这类书籍。通过降低需求,这位男士制造的巨大空白,由他妻子的"更高需求"来填补,希望看到他身着干净平整的衣衫、吃上像样的饭菜、住在装修好的房子里、了解育儿的最新知识。

许多男性称赞妻子做事井井有条。这些称赞看似真诚,但也是偷懒的办法。结合其他策略,比如脱离家务或者减少需求,对妻子承担第二轮班的方式表示赞赏,可以作为让她继续做下去的另一个小伎俩。

一名职场父亲在多大程度上分担了家务和育儿,取决于夫妻双方性别策略(以及这些策略的情感意义)之间的互动。诚然,他实际的参与也受到外部环境的左右,比如工作时长、通勤时间、失业风险,以及夫妻双方如何看待这些外部环境。

尽管许多夫妇现在信奉分担家务,但在当前的历史节点,很少人能够做到。一则新近的婚姻幽默故事就对准了承诺和兑现之间的张力。在加里·特鲁多(Gary Trudeau)的连环漫画《杜斯别里》(*Doonesbury*)中,一位"思想解放"的父亲坐在打字机前,创作一本关于自己如何育儿的书。他在键盘上敲下:"今天,我一睁眼就迎来了诸事待办的繁忙一天。乔安妮已准备好将杰弗里送到日托中心,我问她今天能不能免去我日常的家务活儿。乔安妮说:'可以,我会想办法从别的地方补上这五分钟。'"

但是,夫妻双方性别策略之间的平衡常常被婚姻感恩经济中的债务关系所打破。安·迈尔森、尼娜·塔纳戈瓦、卡萝·阿尔斯顿,以及我访谈的大多数妻子,似乎都对丈夫怀有更多的感恩;而她们的丈夫却对她们鲜有此感。女性较低的工资、居高不下的离婚率和强调女性从属地位的文化传统，共同制造了一种社会风气，让大多数女性因为丈夫分担"一些"家务而感到幸运。在文化"掩饰"——秀发飞扬的幸福女性形象——的背后，是如今双薪家庭内部依然上演的、悄然的斗争。然而，许多女性感受到，做出改变可能会为负载过度的婚姻增加另一重张力，而且她们已经"如此幸运"，所以她们小心翼翼地坚守着那些不过多改变男人的策略。

第十四章
离婚时代的婚姻矛盾

我了解的双薪家庭似乎面临三种矛盾。第一种是夫妻双方认为彼此应当承担的家庭和工作责任的观念之间的矛盾。正如霍尔特夫妇和斯坦夫妇，性别策略激烈碰撞。第二种矛盾存在于夫妻双方对老派生活——女主内、男主外——的热切渴望，与对妻子薪水的真切需要之间。比如德拉科特夫妇，双方的生活愿景及其实现途径都很一致，但不幸遭遇了理想与现实的冲突。第三种矛盾更加隐秘、无名却严峻，存在于家庭照料需求的重要性与家庭照料工作本身被贬低之间。

一前一后：冲突的夫妻

在本研究涉及的夫妻中有三分之二，双方持有相似的性别观念，他们的婚龄大多是七到十年。这三分之二的夫妻双方同属传统型、过渡型或平等型。但是，另外三分之一的夫妻在感受上有很大差异——尤其是在关于谁该承担多少家务的问题上。（需要注意的是分歧强烈的夫妻没有出现在本研究里，因为我没有与已经离异的夫妻继续访谈。）

这些婚姻冲突反映出一个更为广泛的社会矛盾——介于快速转变的妻子和缓慢转变的丈夫之间。因为经济机会和需求的变化对女性造成的影响甚于男性，女性与她们母亲之间的差异甚于男性与他们父亲之间的差异。"女性文化"的转变比"男性文化"的转变更为迅疾，"我要事业成功"的女性形象已经燎原，而"我们一起照顾孩子"的男性形象则星星点点。在承担家庭责任的问题上，男性深层感受所发生的变化，远不及在工作中形成身份认同的问题上女性感受的变化。

或许因为那些有严重分歧的夫妻已经离异，在"余下的"夫妻中，我观察到的冲突通常不是丈夫反对妻子工作，但妻子却在工作；而是丈夫乐意妻子工作同时又希望她们照顾家里，但妻子却希望在照顾家庭方面获得更多帮助。

这些妻子愿意工作，无论她们是否不得不去工作；许多经过专业训练的妻子认为自己的工作有挑战性，令人愉悦，或富有价值。但是，甚至那些从事低端服务业的女性也认为工作赋予了她们社会性、有用感和来自他人（包括她们的丈夫）的尊重。

矛盾经常显现在彼此之间的感受上，他／她没有得到认可或赞赏，对方没有表现出足够的感激。这些婚姻中的感恩交换就像"寄错的信件"，"感谢"被寄到了"错误的地址"。问题变成：对我的感谢去哪儿了？杰茜卡·斯坦以放弃全职工作作为献给塞思·斯坦的厚礼，塞思则以放弃加班作为他的馈赠。我认为，他们的问题不在于无法给予。他们的问题是，塞思想在办公室里"给予"，但杰茜卡想在家里"获得"——塞思能和小儿子玩球，陪大儿子弹钢琴，而她得以从家里脱身去工作，享受美好时光。一方给出的馈赠，却得不到另一方的认可。每一方都感到自己"吃亏"了。最终，每一方都只收到薄薄的一沓感谢信。如果以礼物交换来衡量婚姻，那么他们的婚姻早已悄然告终。

还有不计其数的其他个人牺牲——跟随配偶移居其他城市，照顾配偶生病的父母，为继子女支付大学学费，节省各类生活开支——只有在某个文化视角下，这些牺牲才有价值。雷·贾德森想赋予安妮塔"待在家里的特权"，安妮塔却无法接受。彼得·塔纳戈瓦也想授予妻子尼娜该项特权，尼娜表示感激，但感激程度不及彼得所愿。南希·霍尔特想让埃文分享她工作的好处，她的工资、参与她的职场朋友圈等，但对埃文来说这些难成犒赏。正是通过对于这些"礼物"的不同评价，时代的重要社会变革进入了婚姻的私人空间。

一旦伴侣间的矛盾形成，夫妻们面临的问题就是：如何解决？或者如果他们无法解决，那么如何处理这一没能成功解决的问题。无论是斯坦夫妇、贾德森夫妇，或者霍尔特夫妇，他们实际上都化解了关于第二轮班的矛盾。每对夫妻解决的方式有所不同——斯坦夫妇在情感上彼此分离；贾德森夫妇在身体上相互疏远；霍尔特夫妇在皆大欢喜的"楼上-楼下"解决方案的迷思护佑下，分享共同的情感生活。

其他的迷思也提供了一些途径，让夫妻们在巨大的矛盾下实现共同的情感生活。利文斯顿夫妇的迷思——"我们没有回避彼此，我们只是太忙了"——掩盖了一种可怕的想法，即他们不敢冒险去做自己号称错失的事情——花时间相处。安·迈尔森坚信一种更为私密的迷思：罗伯特分担了第二轮班。这种错误的认知并没有遮蔽夫妻间的斗争；罗伯特不认为自己目前分担了家务。安的想法掩盖的是她自己的内心斗争，一种念头是她想要罗伯特分担，另一种念头不易被承认却更为强势，即她不希望他分担。

避免冲突的动机有多少，婚姻迷思就有多少。但是，因为男性参与家务引发的夫妻冲突似乎最为普遍。夫妻们的性别策略发生冲突，但他们想要继续相亲相爱，越是这样，他们就越容易搁置分歧。越是不化解冲突，他们就越容易不自觉地寻求能够遏制这些冲突的迷思。夫妇们为他们的婚姻迷思付出的代价是婚姻的真实性，这也是他们为成长在革命停滞的时代所付出的终极代价。

"落后于时代"的矛盾

即便是介于快速转变的女性和缓慢转变的男性之间的矛盾得以解决，第二种矛盾可能依然存在。像德拉科特家的那类家庭，他们的观念已经"落后于时代"了，也就是说，他们的理想更适应于过去的经济现实。夫妻双方关于彼此应当承担的家庭责任和应当获得的认可，都有共识。在婚姻的感恩经济中，夫妻二人的"汇率"相同。他们感受到的张力，源于传统的婚姻理想和囊中羞涩的现实之间的冲突。我发现相较于中产阶层夫妇，这种模式在工人阶层夫妻中更为常见。

传统主义不意味着丈夫逃避了第二轮班。传统型男性比大多数过渡型男性承担的家务略多，这一定程度上是因为他们对自己无法独立养家而感到愧疚。有些（传统型的）丈夫也料理家务，这是因为妻子外出工作时，只有他们自己在家。传统主义没有阻止这些男性在家里帮忙，它只意味着他们不太乐意分担家务，对他们来说，做家务更多地被算作是（给妻子）帮忙。

对捍卫传统的夫妻来说，矛盾不在于第二轮班本身，而在于妻子工作这一事实。有些传统型的妻子感觉自己是被迫出去工作并痛恨于此。有些妻子认为不应当责备丈夫，但同时又坚持她们待在家里的"权利"。像卡门一样，大多数女性尝试不去抱怨。然而，在这种努力中，她们处理的是理想——两性分化以及男性当家——和生活现实之间的冲突。这些妻子想让自己看起来比实际上更加男女有别、男尊女卑。因此，卡门"装傻扮弱"的策略将弗兰克拽进了厨房，却将他的男性认同留在了厨房门口。

向传统男性看齐的女性和维持现状的传统男性

免于前两种矛盾影响的夫妻仍然可能被第三种击中——女性被占主导的男性文化价值观同化。我之前聚焦于一些男性案例，他们跨越了"性别界限"，投身那些他们的母亲曾经承担的家务。但是，一个令人不安的趋势循着相反的方向发展——女性投身办公室，表现得像她们的父亲，一心扑在事业上。男性和女性可能共同分担家务，但是他们两人都做得更少了。一种对家务、子女和婚姻的"缩减"策略，可能正在兴起，相伴而生的是缩水的、关于人的"需求"的观念。

在平分家务的夫妻之中，有些夫妻主要以工作为重，双方都扮演着"父亲"；其他一些夫妻更多地以家庭为重，双方都扮演着"母亲"。前一种夫妻平等地缩减了家庭生活，后一种夫妻平等缩减了事业发展。

家庭优先的中产阶层夫妻经常感到自己与事业中"敬业规范"格格不入，就像艾德丽安和迈克尔·舍曼夫妇那样（鼓弄机油的双胞胎的父母）。艾德丽安对抗着系主任对于理想学者的观念，迈克尔也对抗着父母的殷切期望和同事们的优先排序。二人都与各自内心的渴望做斗争——做出科学发现和撰写鸿篇巨制，他们都在努力避免成为彻底的"父亲"。

然而，其他夫妇似乎被迫接受了"一对工作狂"的状态，每一方都公平地赋予另一方加班加点的权利，甘心接受大幅缩减的家庭生活。一名37岁的女律师，丈夫也是律师，双方都试图在不同的律师事务所成为合伙人，她解释说：

> 在有孩子之前，我们可以努力工作，也能够适当休闲。我们过去经常一起外出，有时候每天晚上都去看一场电影。周末的时候，我们就去骑行。但是，当我们每周的工作时间攀升到55个小时，加上凯文出生了，我们就进入了困困

期。没有人告诉你,孩子如何彻底改变你的生活。有一段时间,我们仅仅是奔命,睡眠匮乏,没有性生活,极少聊天,为儿子凯文和肾上腺素分泌(疯狂工作)而高兴。我们只是在入睡前打个招呼。我们现在依然如此。"

对于其他夫妇来说,这样的围困期似乎是常态。例如,一名32岁的会计在结婚时认为家务事"无关紧要",他们可以在外面吃饭,请人来办派对,为孩子请个"出色的保姆"。他们平等地分享着对一切家务事的厌恶。自从"出色的保姆"照顾孩子、打扫房子、做饭收拾之后,这对夫妇就没有什么第二轮班要分担了。

这些一心扑在事业上的夫妇,相较其他夫妇而言,也较少关注孩子。他们的家里更为整洁,冰箱门上少有孩子的涂鸦之作,走廊里也鲜有玩具。起居室和餐厅的装饰往往是米色或白色,孩子玩耍的空间和其他区域有着清晰的划分。

这些夫妇分享所剩无几的家庭生活。有时候,他们的婚姻就退化成了竞争关系。一位成功的商人和他的律师妻子育有一个5岁的儿子,夫妻二人互相较劲儿谁能更拼命工作远离家务。妻子解释说:"我发现自己和工作狂如出一辙——精心营造一种我必须要加班工作的情境。你在白天浪费时间,知道自己完不成所有的工作了。那样的话,当吉姆打来电话的时候,我就可以不扯谎地告诉他,我得加班。"每一方都把留在家里或照顾孩子视作一种"失败"。谁关注得更少,谁就胜利了。直到夫妻分居的关头,妻子反观这种竞争时才心生悔意,开始真正关心起儿子。

在第一组婚姻中——像南希和埃文·霍尔特——矛盾集中于夫妻之间在如何看待丈夫的家庭角色上的冲突。在第二组婚姻中——像卡门和弗兰克·德拉科特——矛盾聚焦于找到一种可接受的方式，让男性去承担女性的活儿。在第三组婚姻中，矛盾聚焦于维系家庭所需要投入的照料和该照料工作被贬低之间的裂缝。

如果全世界的埃文都分担第二轮班，第一种矛盾就能得到解决。如果弗兰克们赚得足够多，卡门们就能够待在家里，那么第二种矛盾也能得到解决。但在这些问题之下，比如系一根鞋带、调解一场争吵、读一本故事书，存在的一个基本问题是——多少的自我应该投入其中呢？

离婚与第二轮班

在美国过去的 30 年里，更多的女性迈入职场，也有更多的女性结束了婚姻。社会学家威廉·古德（William Goode）的研究发现，在苏联、德国、瑞典和法国，职场女性的离婚率高于家庭主妇。事实上，法国职业女性的离婚率是家庭主妇的两倍，有人由此得出结论——女性的工作导致了离婚。约瑟夫·普莱克（Joseph Pleck）和格雷厄姆·斯坦斯（Graham Staines）主持的一项全国性调查发现，职场妻子比家庭主妇更有可能表示自己嫁错了人，也更有可能考虑离婚。然而，将离异归因于女性工作，仅仅是看到了女性的作为——赚钱，独立感增强，自我感觉更好,对男性期待更多①。

我的研究有一些不同的发现。因为我研究中的所有妻子都外出工作,所以她们工作的这个事实不能解释为何有些婚姻幸福而有些却不幸福。有助于婚姻幸福的是丈夫做家里的活儿的意愿。无论夫妻双方对两性的家庭角色持何种观点,分担第二轮班都改善了婚姻关系。罗纳德·凯斯勒(Ronald Kessler)和詹姆斯·麦克雷(James McRae)主持的一项针对一千余对夫妻的全国性调查也发现,如果丈夫帮忙做家务和照看孩子,职场妻子的紧张焦虑会有所减少②。

在我所描述的家庭中,一些已经濒临解体。在接受我初次访谈后两个月,安妮塔和雷·贾德森分居了。约翰和芭芭拉·利文斯顿决定去接受婚姻咨询的时候,就已经快要分居了。斯坦夫妇看起来貌合神离。除了利文斯顿夫妇,这些夫妻中的男人都回避做家务。

他们是在回避第二轮班的过程中回避了自己的妻子,还是在回避妻子的过程中回避了第二轮班?这往往很难说得清。但是,妻子们时常感到丈夫拒绝帮助做家务是缺乏体谅的表现。

一位26岁的法务秘书,嫁给了一名商务人士,有两个孩子。她说道:"帕特里克偶尔打扫卫生、倒垃圾,这就是全部。他不做饭、不洗碗,其他一概不做。我做何感想?气愤至极!如果我们的婚姻告终,一定是因为这些问题。我们可能会离婚。"一名有两个孩子的30岁的女性,从事文员工作,她对分担家务感到更加无奈:"我照顾凯文[他们的儿子]、打扫房间、付账、采购生日礼物、写圣诞卡片。我已然是个单身母亲了。"

38岁的汤姆·欧玛利（Tom O'Mally）是个工程师，他讲述了自己痛苦的婚姻，以及备受煎熬的离婚过程。在和第一任妻子的七年婚姻里，汤姆将所有的家务和照料四个儿子的任务都留给了他的妻子——一名学校的行政管理人员。他说妻子就此跟他理论，接着争吵，然后她试着列出清单。这些都没有奏效，她尝试了婚姻咨询。还是没有奏效，她离开了，汤姆第一次面对独自照料四个儿子的任务。当被问及离婚的原因时，他回答说："清单。"他解释说：

尤其是在我婚姻的最后几年里，我们列出了不得不做的家务杂活儿清单。我开始痛恨这些清单。我们把星期二、星期三、星期四安排得很正式——谁该去洗碗，谁该去洗衣服。最后，当列清单不能解决问题时，我妻子去找了婚姻咨询师。接着，我们参加了一个婚姻治疗项目，制定了一种明确分配家务的方式。我不得不说，那［分配家务的安排］对婚姻的摧毁多过拯救。

我问："所以，你做了一些家务吗？"

没有，我一样没做。我总是觉得自己被强迫做家务，这违背了我的意愿。我痛恨那该死的清单。我还记得自己大发雷霆，愤然走出家门。我从没按清单执行。

他前妻的星期二—星期三—星期四清单，让我想到了南希·霍尔特。但是他的前妻没有承担额外的家务，而是坚持到底，最后结束了婚姻。汤姆·欧玛利后来娶了一个年轻得多、受教育程度更低的妻子，她待在家里料理家务和照看孩子。他告诉第二任妻子："怎样都行，但别列清单！"

男人们抗拒分担每年额外的一个月，绝不是离婚的唯一原因，但这经常是潜藏在其他矛盾下的矛盾来源。

在一些案例中，出现了这个故事的反转版本。黛安娜·哈奇（Diane Hatch）是一名 28 岁的女销售，她讲述了一段七年的婚姻何以在孩子九个月的时候终结了。她说丈夫一贯支持她的事业，婚姻四平八稳，生儿育女被列入计划。孩子出生后，黛安娜想在家里待六个月照顾他，但是丈夫却反对，他突然担忧起——她认为是不必要的——他们的财务状况来。如她所说："我不情愿地回去上班了，我还没有准备好。"

乍看起来，黛安娜的丈夫吉姆似乎将"女人的位置在家里"的古老箴言替换成了"女人的位置在职场"的新箴言。但是，黛安娜接下来的解释给出了一些不同的认识。她说丈夫在工作上受到打击，她严厉地批评了他，又给了他重重一击。儿子出生后吉姆高度参与，想要共同承担对他的照料。也许是工作进展不顺利，他想更多地投入到父亲身份里。就在黛安娜开始将他赶出家庭角色之时，吉姆开始敦促她回归工作。让家人和朋友们感到极度震惊和错愕的是，吉姆抛下了妻子和九个月大的孩子。但是，这其中可能蕴含了缘由。一些男性想要在第二轮班里寻求身份认同。

在 1983 年的一项研究中，琼·休伯（Joan Huber）和格伦南·施皮策（Glenna Spitze）询问了 1360 名已婚男女："你有没有过和丈夫（或妻子）离婚的念头？"他们发现，有过离婚想法的妻子比例（30%）高于丈夫（22%），而且妻子们更频繁地想到离婚。个人的收入水平或对两性角色的态度对离婚念头都没有影响。但是，妻子看到丈夫承担的家务越多，她考虑离婚的可能性就越小。研究者注意到，"在五项日常琐事中任何一项，如果丈夫至少参与一半，妻子考虑离婚的可能性大约减少 3%"。③（这五项家务是准备餐食、购买食物、照料子女、日常家务和饭后收拾。）此外，研究者还发现，如果一名职场妻子认为丈夫应该分担家务，那么她考虑离婚的可能性比没有该观点的妻子高出 10%。

在另一项针对 600 对申请离婚的夫妻的研究中，乔治·莱文杰（George Levinger）发现，女性归结自己想要离婚的第二大常见原因——位列"精神暴力"之后——是"忽视家庭或子女"。女性提及这个原因的频次高于财务问题、身体虐待、酗酒或不忠。在申请离婚的中产阶层女性中，最常见的控诉理由就是男性忽视家庭或子女，几乎半数的女性都提到了。男性和女性都提到了（对方）忽视家庭和子女：39% 的女性和 26% 的男性。④

幸福婚姻的奥秘难以言说，而如今加入其中的元素之一是如何解决这每年额外的一个月。随着许多女性让出了家庭主妇的角色，家庭主妇的工作价值已经被贬低，转移给低收入的家务保姆、育儿保姆、日托工作者。就像少数族群的文化面临被主导族群吞噬的危险一样，传统家庭主妇的贡献首先被男性贬低,而如今也被更多的女性贬低了。

在一个停滞革命的时代,扭转这种贬值的方式之一是让男性分担,参与照顾孩子,这不仅仅是正义之举,而且是智慧之举。在种族隔离制度下,一个南非矿工被迫在金矿工作11个月,每年只有一个月回家(在黑人隔离区)跟家人相处,他如此说道:"我需要工作来养活家人,但是我非常想念他们,尤其是我的孩子们。我错过了把孩子们抚育成人的机会。"

第十五章
分担与不分担的男人

在本研究中,五分之一的男人和妻子一样积极参与家务。有些男人,比如格雷格·阿尔斯顿,以一种"男性"的方式分担家务,做诸如木工的活儿;另一些男人,比如阿特·温菲尔德,则以人们通常想象的"女性"的方式参与。分担第二轮班的男性的家庭生活更幸福,因此我想了解是什么条件造就了这样的男性。分担第二轮班的男性与其他男性之间有何区别?

分担家务的男性并没有比其他男性更可能拥有帮忙做家务的父亲"榜样"。他们的父母也没有在他们年少时更多地培养他们做家务。迈克尔·舍曼和塞思·斯坦的父亲都很少陪伴他们,也极少做家务。但是,迈克尔投身于对双胞胎儿子的养育中;塞思从事着强度很大的律师工作,但他在离家上班时和孩子们说再见,下班回到家跟孩子们道你好。分担家务的男人和不分担的男人的母亲是家庭主妇或职业女性的概率也差不多。

分担家务的男性的妻子们,热心地提供关于为何丈夫如此

"不同寻常"的复杂解释。例如，一位女士解释说：

> 乔纳森一直以来都高度参与孩子的照料。我认为这是由于他是成长在犹太家庭的儿子，他们一家在大屠杀中幸免于难，在第二次世界大战后移民到加拿大。他从不觉得自己是加拿大社会的一员，他总是觉得自己是个局外人。我想那也是他为什么从不接受传统性别角色的原因。他的母亲夜以继日地工作，经营一间杂货店，所以他很少能见到她。而且她也不是很喜欢孩子，他是由他的祖母抚养长大的，所以他不认为只有**母亲**能抚育孩子。

另一位妻子给出了一个不同的解释："德怀特不同寻常，参与很多家务，这是因为他的父亲在海军服役，很多时候都不在家，他的母亲独自在家照顾孩子们。我想正是因为目睹了母亲独自承担所有家事，让他想要分担，我很感激他母亲对他的培养。"

妻子们讲述的这些男人的"成长故事"经常聚焦于母亲所施予的影响。但是我能发现的唯一反复出现的主题却与儿子脱离一名疏离的、缺席的或专横的父亲有关。约翰·利文斯顿的父亲，如同他黯然描述的那样，是一个遁世的人，对儿子不闻不问。迈克尔·舍曼的父亲对待儿子在"称赞"和"遗忘"两极间转换。阿特·温菲尔德的亲生父亲彻底消失不见了。许多男性对自己的父亲有着不堪的回忆，但是最终分担育儿的男性让自己有别于父亲；视父亲为负面典型，他们发誓不会成为那样的人。参与最多的父亲——阿特·温菲尔德，那个在养子的日托班上陪孩子们玩耍的父亲；他一方面对自己的亲生父亲——一个"负面的"父亲典型——彻底"祛魅"，另一方面热情投入到与他友善的继父——一个"正面的"父亲榜样——的关系中。看起来，重要的不是父亲在多大程度上帮忙做家务，而是两方面的结合：一个男人对他父亲的认同感与他父亲的形象。

但是，许多人相信是"成长经历"——一个男人在小的时候多大程度上帮忙做家务——造成了差异。[①]埃文·霍尔特在"楼下"发展兴趣爱好，而他的妻子打理"楼上"，他说自己只是按"从小被教育"的方式行事。但还有很多从小被教育的事，诸如去教堂做礼拜、避免用信用卡，以及不发生婚前性行为，他并没有做。在这些生活领域，他是自己的主宰。然而在家里，他说自己只按母亲教过他的行事。换句话说，"成长经历"似乎是一种更为扑朔迷离的心理倾向的掩饰。

像阿特·温菲尔德和迈克尔·舍曼那样的男性似乎有两个共同特点：他们反抗缺席的或自我中心的父亲；与此同时，他们有足够的男性认同，可以很有安全感地去体恤母亲，而不必担心变得"太女性化"。

分担家务的男人更爱妻子吗？他们更体贴入微吗？诚然，平等型男性拥有更和谐的婚姻，但是我并不愿意说，像彼得·塔纳戈瓦或雷·贾德森那样的男人不如阿特·温菲尔德或迈克尔·舍曼那么爱他们的妻子，或者不如他们体贴。一位极少做家务的男士说："就在上周，我突然意识到，我妻子的生活比我的生活更有价值，因为我儿子需要她多过需要我。"分担家务的男性对妻子全心全意，不分担家务的男性亦是如此。

其他两个外部因素——他们的工作时长和收入水平——也不能解释做家务的男性和不做家务的男性之间的区别。丈夫们"全职"的工作时间通常超过妻子们。但是在我研究的家庭中，每周工作 50 小时或更长的男性分担家务的可能性，只略微少于每周工作 45、40 或 35 小时的男性。此外，每周工作 50 小时的女性所承担的子女照料和家务远超过工作时长相同的男性。其他全国性研究也显示，男性有偿工作的时间与他在家里投入的时间之间关系甚微。②

一开始，我还假定金钱的作用会凸显。我认为分担家务的男性会更需要妻子的工资收入，会更重视她的工作以及她的时间。

在 1989 年和 2006 年，美国双薪夫妻中，平均来说，妻子的收入大约是丈夫的三分之一，在我研究的家庭中这个比例也很普遍。

在 1980 年，双薪夫妻中，妻子的收入是丈夫的 32%，这跟我研究的家庭相似。时至今日，妻子的收入是丈夫的 76%。早期的婚姻反映出劳动力市场本身——飞行员娶了空姐，秘书嫁给老板，牙医与助理结婚——而如今，越来越多的夫妻职业相当。但是，大部分的夫妻依旧职业有别，通常是妻子的工作收入较低但更稳定，丈夫的工作收入更高但较不稳定。男性更多从事的行业往往更容易面临海外转移、自动化替代和经济衰退的风险，比如汽车和建筑行业。在 2010 年，全职工作女性的收入是全职工作男性的 81%。

我假定分担家务的男性不可能赚得更多。夫妻双方可能一致认为丈夫的工作优先，所以他的闲暇也优先。我假定与妻子收入差不多或更少的男性会承担更多的家务（这是价值最小的活动）。想要平分第二轮班却又嫁给了高收入男性的女性，会因为家庭对丈夫工作有更大需求而调整自己，每年额外劳动一个月。同样地，一位传统型男士与一位高收入的女士结婚，也会放下自尊参与家务。我假定金钱的作用会大于理念。

如果金钱解释了家里"谁干什么"，那将意味着无论女性在工作中付出多少努力，她挣得更少就意味着丈夫在家帮得更少。关于职业压力的研究显示，在女性密集的低端服务业，工作造成的压力高于男性经常从事的蓝领和白领工作。尽管职场母亲的工作时长不及职场父亲，但她们和男性付出了同等的努力去挣钱；很多女性的工作压力更大，而报酬更低。因此，通过用更高的工资来"购买"更多在家的闲暇，丈夫不经意地让妻子间接地为宏观的经济不平等埋单，正是这种不平等导致了她的收入更低。如果金钱是婚姻中两性关系的主导原则，那对男女来说都是憾事：对男人来说，金钱让他们在家里的角色任由市场波动的摆布；对女人来说，如果金钱在家里说了算，那对男人更有利。每年额外的一个月，成为女人在家里为家外的经济歧视埋单的间接方式。

经济逻辑的局限

在我研究的婚姻关系中，金钱很重要，但它不是分担家务的男性身后的那只强有力的"看不见的手"。③首先，从家庭概貌来看，这一点很清楚。迈克尔·舍曼的收入远高于艾德丽安，但是他的工作并不比妻子的更重要。有好些年，安·迈尔森的收入高于丈夫，但是她仍然将丈夫的工作置于首位。约翰·利文斯顿视妻子的工作和自己的一样重要，但是他的妻子担负了更多的家庭责任。

一些研究者试图找出职场父母之间的工资差距与他们的闲暇差距之间的关联，而结果令人困惑。在本研究涉及的夫妻中，这两个因素的相关性在统计上不显著。

然而，当我将所有男性分为三组：收入高于妻子的男性（大多数男性），收入与妻子相当的男性，以及收入低于妻子的男性，一条有趣的线索浮现出来。在收入高于妻子的男性中，21% 分担家务；在收入与妻子相当的男性中，30% 分担家务；但是在收入低于妻子的男性中，没有人分担家务。

如果经济的逻辑仅仅是钱袋的逻辑，那么无论是男性收入高还是女性收入高，该逻辑应该同样起作用。但是这种"钱袋的逻辑"并非如此运行。只有在男性收入与妻子相当或高于妻子时，该逻辑才会起作用。金钱常常对男人有用（使他们免于做家务），却对女性没用（并没有将她们从中解脱出来）。

另一项原则——"做平衡"的原则——似乎在起作用：如果男性在某方面失去了对女性的权力，他们会在另一方面弥补——比如，通过回避第二轮班。这样，他们可以保持对女性的主导。这些男性在家里承担多少责任似乎与更深层次的男性权力问题相关。收入远高于妻子的男性已经对他们的妻子享有权力，因为他们控制着稀缺且重要的资源。男人的身份认同在财务上受到的威胁越严重——比如，受到妻子高收入的威胁——他就更难以承受在家里干"女人的活儿"而进一步威胁自己的男性身份。

分担第二轮班的男性没有尝试在婚姻的其他领域去弥补丢失的权力,他们没有"平衡"的需求。迈克尔·舍曼已经打消了他应该比艾德丽安拥有更多权力的念头,阿特·温菲尔德戏谑地谈到男人"从小被当成小国王来培养"。但是彼得·塔纳戈瓦认为,一个男人应该拥有更多的权力;他还觉得尼娜的事业蒸蒸日上,自己为此已经放弃了很多权力。他调整自己以适应收入远不及妻子的状况,对于有这样想法的男性来说,这已经是一种巨大的牺牲。尼娜对此进行了补偿——在家里投入更多的时间。

比起男性和女性领域的文化信念,更关键的是夫妻们对于两性权力的恰当尺度的观念。"做平衡"的女性感到自己"太过强大"了。当丈夫变得易怒时,她们感觉到丈夫脆弱的男性自我,为了不想让他们气馁或沮丧,这些女性通过在家里侍候丈夫来修复他们丧失的权力。

妻子们做这种平衡出于不同的理由。一名古怪的英格兰男人是3个孩子的父亲,孩子分别是6岁、4岁和1岁。他在一所小学院的英语系获得了终身教职,日常教书,负责对学生答疑;但他舍弃了科研,尽可能少参加委员会的工作,避免和同事闲谈,并且很早就放弃了晋升。他声称自己"分担"家务和子女照料,但是他所谓的家务是修葺一间新书房,他所谓的子女照料用他的话来说:"在我修整房子的时候,孩子们表现很好,他们自己消磨时间。"他对自己的事业成就闪烁其词,似乎对于工作狂妻子的"无止境的"雄心紧张不安。妻子没有让他承担更多的家务，她也许是通过自己挑起重担来弥补她的事业心。

一位建筑师，成长于一个富裕的蒸蒸日上的黑人家庭，有三个事业有成的哥哥。他在20世纪70年代后期的经济衰退中失业，变得一蹶不振，偶尔接一些外包工作，其余时间就处于半失业的状态。他的妻子解释说："最终，我们要靠我的工资生活。但我丈夫现在处境极为困难，他是科班出身的建筑师，却找不到工作。我考虑到了这一点。"她的丈夫不做家务，只有在心情好的时候才陪儿子。"我很少做家务，"他坦言道，"不过贝弗利不抱怨，上帝保佑她。"同时，他们的生活濒临贫困；贝弗利做兼职工作，照顾他们年幼的孩子、做家务，晚上还要学习兽医学的课程。在访谈的最后，她不禁透露："有时候，我怀疑自己还能坚持多久。"

还有一些男性收入较少而且很少做家务，但并不是"做平衡"。他们回到学校攻读学位，而他们的妻子短期地给予他们金钱和时间来完成学业。丈夫为获得更重要的工作而进行培训，在道德价值上，跟他已经获得了那份工作一样重要。例如，一名丈夫脱产攻读儿科护理学位。他的妻子，一名全职的管理人员，照顾家里和9个月大的孩子。家庭的生活节奏围绕着他的考试日期。妻子解释说："我丈夫以往会用搅拌机给史蒂芬做胡萝卜泥，还会帮忙采购，给花园除草。现在，他每天晚上都要学习到十点。他的考试是第一位的，成绩得'优'对他很重要。他会学里偷闲和孩子玩儿。"她不介意做家务和照顾孩子，但当他抱怨家里乱时，她会很沮丧。她说："我提醒自己，这是暂时的,这样我能坚持下去,直到杰伊取得学位。"

我没听说过有哪位女士在攻读学位的时候,她的丈夫既工作又照顾家庭。对女人来说,攻读学位不是多么荣耀的行为。"供丈夫读书"是一种传统,但并没有一种类似的"供妻子读书"的传统。妻子可以想象,丈夫获得学位后将会供养她或者家里的状况会更好。丈夫们通常无法想象这样的情形。一位丈夫在妻子工作期间分担了一半的家务,但在妻子辞职回到学校攻读博士学位之后,他开始对分担家务深感厌恶,最终停止分担。工作能算,但攻读学位不算。有一位丈夫深感妻子的注意力和服侍被剥夺了,他冲着我的录音机半开玩笑半当真地大喊:"它不能吃。它不会跟你说话。它换不来一个假期或一辆车。我痛恨我妻子的毕业论文!"供丈夫上学的女性可能怨恨这个负担,但是她们不觉得自己有同样的权利对此抱怨。

总体而言,半失业,在工作上踌躇不前,或者正在接受培训的这类男性群体,赚不来也做不出面包。在所有的妻子中,他们的妻子是最不愉快的。然而,要么因为同情丈夫,要么因为觉得情况无法改变,只是期待有所改善,要么因为她们在维持"合适的"权力平衡,这类女性每年额外劳动了一个月。在她们低收入的丈夫看来,她们智慧、坚强,如同"磐石";与此同时,这些男性仍可乐享一种观念:即便男人不是工作中的王者,但在家里仍然享有温暖的王位。

有些女性通过其他方式积累了在她们"舒服区"之外的权力。一名女医生,嫁给了之前的一名患者——一位收入微薄的音乐家。她承担了全部的第二轮班,正如她丈夫所说:"她从来不要求。"另一位女教师有一段长期的婚外情，几乎像是另一段婚姻，这暗暗地打破了权力平衡。家庭生活照常进行，但她为自己的秘密生活做出的补偿是，在家务方面表现"突出"。

在所有这些婚姻中，金钱不是男人分担或不分担第二轮班的主要决定因素，甚至收入远高于妻子的男人并没有因为金钱而逃避家务。例如，一名大学教授是三个孩子的父亲，他解释了为何自己主动承担了一半的家务和子女照料：

> 我妻子的收入是我的三分之一。但是，身为一名公立学校的教师，她做的工作同我的一样重要。她是个天赋异禀的教师，我正好了解她在教学上的努力和我相当。所以当我们回家后，她和我一样疲惫不堪。我们平等地做家务和照顾子女。但是［带着一种愤怒的语气］，如果她找了一份保险或房地产行业的工作，她就会从事另一种工作了。她就不会做出像现在这样的贡献。我们还没有讨论过这件事，但如果是那样的话，我可能不会像现在这样拼命干家务了。她得承担家里的重任。

讽刺的是，如果妻子从事他不那么钦佩的工作但挣得更多——如果她仅仅为了金钱而工作——那他就不会分担第二轮班。

其他证据也指向了远离钱袋逻辑的方向。在1985年的一项报告中，约瑟夫·普莱克发现，在过去十年里，与家庭主妇结婚的男性在家务上增加的投入，几乎等同于那些妻子从事有偿工作的男性。④ 家庭主妇在十年前没有收入，如今也没有收入。

然而，她们的丈夫如今更多地帮助她们分担家务了。那不是金钱说了算，也不是男性"保持优势"的问题。他们占据优势，也在放弃一些优势。

这些家庭主妇的丈夫们可能会因为对男性体贴标准的提升而更多地帮忙。正如未成立工会的行业经常通过拉平未成立工会的店铺与成立工会的店铺的工资水平来避免工会；所以家庭主妇的丈夫们，可能通过在家里干得更多来无意识地回应着妇女运动的影响。一些"未加入工会的"（非女权主义者）女性可能享受了"工会"鼓动者争取来的好处。如前所述，文化转变背后的政治斗争，而非永恒不变的钱袋逻辑，似乎决定了男性在家里分担家务的程度。进一步类推，那些努力争取让自己的丈夫更多参与家务以及因此离婚的女性，就仿佛那些与公司抗争，虽然赢得胜利，但却被炒了鱿鱼的"麻烦制造者"一样。少数勇敢的抗争者为默不作声的"好工人"改善了待遇。

这并不意味着金钱与分担第二轮班无关。金钱的影响分为两个方面。首先，夫妻们确实需要考虑并规划财务需求。大多数分担家务的男性的妻子都工作，这些男性的收入不比他们的妻子高太多。无论他们的妻子挣多少，像阿特·温菲尔德这样的工人阶层男性，确实需要妻子的工资来负担生活。其次，总体经济的未来变化趋势可能会迫使更多的夫妻做"平衡"。一些专家预计，美国将日益分裂成一个高收入、训练有素的精英群体与一个不断扩大的低收入、低技能的工人群体。由于企业自动化的推行或者寻求第三世界廉价劳动力的趋势，中层的工作岗位受到挤压。在所谓的朝阳产业，即快速增长的高科技公司的员工名册上,已经反映出这种分裂。拥有大量中层岗位的公司都在所谓的夕阳产业,比如汽车制造业。经济学家鲍勃·库特纳(Bob Kuttner)举例说:"快餐行业雇用少数的行政主管以及数十万名时薪 3.5 美元的收银员和帮厨。在不同程度上,打孔员、宾馆服务员和零售业的销售员,都面临着同样受限的职业上升空间。"⑤此外,朝阳产业的工会往往面临着公司将工厂迁移海外的威胁,因此这些工会没那么努力地施压来要求更好的待遇。

中层工作岗位的减少主要打击了受工会保护的蓝领男性。除非他们能够获得培训,让他们能够去竞争高技能工作,否则这类男性将被迫在无业和低收入的服务业工作之间抉择。

因此,"不断减少的中层岗位"让许多男性身陷经济危机之中。这种危机可能导致一些男性觉得分担家务"才像话",也可能导致另一些男性,通过他们妻子的"做平衡"而干得更少。

分担的男性似乎是随机分布在阶层阶梯里,不乏迈克尔·舍曼和阿特·温菲尔德那样的男性。在工人阶层中,很多男性分担家务,但不认为自己应该分担。在中产阶层中,很多男性不分担家务,尽管他们觉得自己应该分担。在其他条件相同的情况下,妻子拥有高学位和职业生涯——具有社会学家皮埃尔·布尔迪厄(Pierre Bourdieu)所说的"文化资本"——的男性,比妻子缺乏这种资本的男性更有可能分担家务。所有这些因素都构成了职场男性家庭性别策略的社会背景的一部分。

除此之外,还有妻子的影响。几乎每个分担家务的男性,都有一个敦促——至少欢迎——他们做家务的妻子。这些女性不在情感上独占孩子,这与南希·霍尔特不同。当埃文要带乔伊去动物园共享父子时光,南希在最后一刻决定"帮助"他们相处而挤走了埃文。如果不是艾德丽安持续地邀请他"投入",一开始对照顾孩子笨拙而缺乏信心的迈克尔·舍曼很有可能会退回到"楼下"。有些事情常常很简单,就像一个母亲为了让孩子能够"看着爸爸"而采取的抱孩子的方式,暗示了她为了让丈夫分担所做的努力。艾德丽安·舍曼并不只是将双胞胎留给爸爸;她告诉孩子们爸爸可以和他们一起做的事;她培育了父子之间的纽带。她没有扮演专家的角色,她创造了空间。

因此,这类男性已经——或变得——对孩子的需求敏感。相较于其他父亲,他们也更加务实,知道妻子的局限性和孩子的真实需求。

限制父亲角色的观念

相较于不投入的父亲,投入的父亲对于何为父亲有着更为完整详尽的概念。投入的父亲谈及履行父职的频率与母亲谈及履行母职的频率相当。不投入的父亲怀有一种极其局限的使命——管教孩子或者教他体育运动。例如,当被问到什么是身为人父最重要的,一位黑人商人,也是两个孩子的父亲,说道:

> 管教。我无法忍受孩子的号叫。这让我受到干扰。我性子急,而我妻子性子缓和。我经常打孩子屁股。我从小到大一直被打屁股。每当我挨打的时候,我就想,他妈的,

好吧,我欠揍。我没有鞭打他们。我使劲儿打一下他们的屁股,然后把他们送回楼下的房间。我吓唬他们,但从来不拳打脚踢。无论是否有外人在场,我都会打孩子的屁股。

对他来说,作为管教者就是履行父亲的职责。因此,孩子们被吸引到母亲的身边。他的妻子表示如果长时间把孩子们留给丈夫她会"感到不舒服",说这话时她面无表情,令人惊讶。"如果我周六出去剪头发,回来后可能会发现他没有给孩子们做午饭;我没有过多地把孩子们留给他。"对他来说,培养"缓和的性子"并不是父职的一部分。

当我问到不投入的父亲如何定义"好母亲"和"好父亲",他们给出的"好母亲"答案翔实具体,给出的"好父亲"答案却简略含糊,有时候附加了特定的任务,比如教孩子认识车、踢足球、打棒球。

我问到一位男士:"好母亲是怎样的?"他回答说:"好母亲首先有耐心。她充满温情和关怀,能够体察孩子生理上的需求,刺激孩子智识上的成长,帮助孩子应对情感上的挑战。""一名好父亲是怎样的?"我问道。"好父亲花时间陪孩子。"另一位男士说:"好父亲在孩子身边。"

这不是说男人具有一个翔实的关于父亲角色的观念,却做不到知行合一。他们关于父亲角色的观念才开始萌芽。他们经常通过只跟自己的父亲做比较来限制这种观念,而不是像投入更多的父亲那样,与他们的母亲、姐妹,或其他父亲做比较。如同一名萨尔瓦多送货员说的,"我把我父亲给予我的一切都给予了我的孩子"。但是迈克尔·舍曼给予双胞胎的是他母亲曾给予他的。

缩减孩子需求的观念

深度参与子女照料的男性反对两种文化观念：第一种观念从男性身份的定义中移除了对子女的实际照料，第二种观念缩减了对孩子所需的照料程度的认识。对于第一种观念，投入的父亲最大的挣扎是对抗自我怀疑，即他们没有在工作中"全力以赴更进一步"。然而，即便他们克服了这种恐惧，另一种文化观念又成了拦路虎，即他们的孩子"已经长大成人""成熟了"，不太需要他们了。

正如超级妈妈的原型——包揽一切的女性——将女性的真实需求最小化，因此"超级孩子"的原型也将孩子的真实需求最小化。这样一来，以对待年长孩子的方式对待一个年幼的孩子也就无妨。不投入的父母经常不无骄傲地评价他们年幼的孩子"自立"或者"非常独立"。

我访谈了一名私立学校五年级的教师，询问她如何评价来自双薪家庭的学生的表现。她一开始说他们的表现和她班上少数来自全职母亲家庭的孩子一样好。但是随后，她转而谈起存在的问题："孩子们在很大程度上依靠自己的好处是，他们确实很早就独立了。但是我认为他们付出了代价。我能感到他们在封闭自己的感受，他们似乎在说：'这是我最后一次脆弱。'我能从他们的脸上看出来，尤其是六年级的男生。"

在 19 世纪下半叶，随着女性日益被排斥在工作场所之外，关于孩子在家庭中有什么"需求"的文化观念相应地发展，从而扩展了女性在家庭中的角色。如同芭芭拉·埃伦赖希（Barbara Ehrenreich）和戴尔德丽·英格利希（Deirdre English）在《为了她好》（For Her Own Good）一书中指出的，医生和牧师（doctors and ministers）强烈认为女性的位置在家里。孩子需要她待在家里。随着经济风向的逆转，关于女性合适的位置——以及关于孩子真实需求的观念也发生了逆转。如今，孩子日益被想象为需要时间和其他儿童相处；需要接受"独立训练"；不需要和父亲或母亲"长时间"相处，而只需要少量的"优质时间"。如同一名职场父亲评论说："孩子们需要时间和同龄伙伴一起玩。这对于他们来说是一种激励。我认为纳尔逊从他六个月开始就乐在其中了。"

如果说在 20 世纪早期，中产阶层的孩子们因母亲的过度关注，并被视为"母亲的唯一成就"而受苦；如今的孩子们可能因他们的需求被低估而受难。每个案例中我们关于孩子需求的认识，反映的是家长的需求。孩子的需求是在经济和婚姻游戏中的文化橄榄球。

一种奥威尔式（Orwellian）"超级孩子"的语言出现后，巩固了这种常态感。1985 年 9 月发表于《纽约时报》的一篇文章标题是"援助挂钥匙的孩子的新项目"（"New Programs Come to Aid of Latch-Key Children"），珍妮特·埃德（Janet Edder）引述了一名儿童照料专业人士："像其他儿童照料专业人士一样，塞利格松夫人更倾向于'自理的孩子'的说法而不是'挂钥匙的孩子'，'挂钥匙的孩子'的说法产生于大萧条时期，当时许多独自回家的孩子都在脖子上挂着钥匙。""自理的孩子"表明孩子们在被他们自己照顾着。"挂钥匙的孩子"的说法暗示了一个悲伤的、被剥夺的孩子；与此不同，"自理的孩子"的说法使人想到一个快乐的超级孩子。

1984年8月号的《变迁时代》(Changing Times)*杂志上发表的另一篇文章，标题为"当你无法在家时，教孩子该做的事"("When You Can't Be Home, Teach Your Child What to Do")。文章建议职场父母开展家庭安全检查，以避免管道爆裂、断路器爆炸，或电器火灾。父母应该告诉孩子将大门钥匙放在别人看不见的地方，对来电者隐瞒他们独自在家的事实。文章还给出了"温暖热线"——孩子独自一人时，他可以拨打该电话号码，寻求建议或仅仅只是安慰。在20世纪早期，这种建议是提供给贫困的丧偶妇女以及残疾或失业男性的在职妻子的，中产阶层对此同情地摇头。如今，中产阶层也有了"自理的孩子"。

在我访谈的有年幼子女的父母中，他们的孩子都还不能"自理"。我拜访时遇到的这些孩子，看起来都是相当快乐而且有着很强的抗逆力。但是，我访谈的父母并不认为自己履行亲职时获得了太多支持；如同安·迈尔森，许多在商界工作的父母认为他们不得不隐藏对子女的关心。许多女性文员被劝说不要给家里打电话。许多男性害怕他们因为家庭原因所做的任何

---

* 译者注：一本关于家庭财务管理的杂志，创刊名称和当前名称是 *Kiplinger's Personal Finance*，在1949—1991年间更名为 *Changing Times*。

事儿——搬到另一个城市、错过办公室聚会、放弃晋升,会被视为缺乏抱负或男子气概的标志。对于约翰·利文斯顿的同事们来说,法则是:直到你妻子打来电话时再回家。

人们常说子女重要,但对于那些把子女放在第一位的父母来说,文化氛围已经发生了微妙转变,对他们不甚友好。这不是因为父母对子女的爱有所减少,而是由于"工作文化"的扩张是以牺牲"家庭文化"为代价的。

随着母职逐渐不再是一项"私人事业",以及更多的母亲依赖低收入的专业人员的服务,女性育儿所被赋予的价值已经下降,这使得让男性接手变得更加困难。

我的妻子在操办

阿特·温菲尔德知道亚当每天下午都在日托中心等他。迈克尔·舍曼知道他的双胞胎之一会在清晨六点大喊"爸爸"。约翰·利文斯顿知道卡里依靠他来规避母亲的管教。这类男性与子女的关系足够密切,能够知晓孩子们从母亲身上的所得与缺失。

不投入的父亲们意识不到。他们想象妻子在子女照料方面比自己投入得多。例如,一名32岁的杂货铺店员称赞妻子在周末帮助女儿练习阅读——妻子抱怨他不在这件事上花时间。但是,当我访谈这位妻子时,我发现她的周末被家务、教堂礼拜和拜访亲戚完全占据了。

有时候我感觉父亲们将子女照料的责任推给妻子,而妻子再推给保姆。每个角色转移者都想要对自己的行为感到心安理得，并倾向于否认问题。正如父亲们经常称赞妻子是"出色的母亲"，母亲们也总是赞扬育儿保姆"非常出色"。即便是抱怨日托的女性，通常最后也用"很棒"来描述日托工作者。子女照料对父母来说至关重要，以致他们几乎不得不相信"日托期间一切安好"。不但照料者的角色从父母转移到了保姆，而且有时候父母们会产生孩子"得到良好照料"的幻想。

男性列举的妻子表现出色的理由——比如，她们有耐心——经常是女性列举的保姆表现出色的理由。正如不投入的父亲们常常说的，他们不想与妻子调换位置，因此妻子们也总说她们不想与日托工作者调换位置。

一位在商界工作的女士，也是一名三岁男孩的母亲，如此评价："我们的保姆真是太棒了。从早上七点一直到晚上六点她都和孩子们在一起，而且有些时候与孩子待的时间更长。我不知道她是怎样做到的。我做不到。"另一名职场母亲评论说："我无法像伊丽莎白［日托工作者］那样有耐心。我爱我的孩子，但我不是一个围着孩子转的人。"

日托工作者本身往往处于一种为难的境地。她在经济上依赖孩子的父母，所以她不想说冒犯的话，以免他们将孩子交给别人照看。而父母也没有时间聆听她的看法。做了十五年日托工作的凯瑟琳·威尔逊说道：

> 每五个父母之中，就有一个人把孩子扔下就跑。另外三个人会进来和你简单说几句。然后，最后那个人会进来

和你多聊一会儿。白天没有太多的电话打进来。他们就是相信，我们知道自己在做什么。

一些日托中心甚至出台了关于登记表的政策，要求父母每天早上进入日托中心为孩子签到，由此避免少数匆忙的父母可能将孩子留在人行道上。

接送孩子的时间往往是匆忙慌乱的，并不是谈话的好时机。如同一名日托工作者观察到的：

> 父母们过着地狱般的生活。每次我看到他们，他们都是行色匆匆。早匆匆，晚匆匆。他们仅仅问我丹尼午饭吃了什么，或者他看起来怎么样。我想如果他们在下午四点左右见到他，可能会感觉不太好。那时候他有些焦躁不安。他等啊等。他看到其他孩子的父母来了，每次门铃响起，他都希望是自己的父母。但是，看吧，他们最后一个来接——六点半。

有时候，日托工作者开始替孩子担心。正如艾丽西娅·费尔南德斯袒露的：

> 目前，我照看埃米莉已经一年半了。她从来都没有真正对我敞开心扉，而且我觉得她对自己的妈妈也做不到。我认为，在一定程度上，埃米莉因为以前的保姆不得不离开而受到了伤害。接受我是一个艰难的调整，事实上，我

不认为她已经调整过来了。有一天，她从我的钱包里拿出一些钱——她妈妈给我的钱——然后撕碎了。我十分震惊。那是我的报酬。我打了她的膝盖。她竟然没有哭。我对自己所做的感觉糟糕，但更糟的是，她竟然没有哭。我当时想，嘿，有点不对劲儿。

她向埃米莉的母亲和父亲提过这件事吗？我问过她。她一带而过地回答："噢，没有。很难说起那件事。我们就没有提过。在一定程度上，我为此感觉很糟；但另一方面，如果我告诉了她的母亲，她可能会将埃米莉带走。"

这位日托工作者是最能评价埃米莉日间表现的人，但她不敢向埃米莉的父母袒露自己的担忧，但这恰恰是父母急需了解的情况。其他的日托工作者也保留了自己的意见。一个日托工作者表示："你可以为他们感到难过。蒂姆在我这里九个小时。杰茜卡在我这里十个半小时——目前杰茜卡的妈妈是单身母亲。就像我说的，他们在傍晚的时候哭起来。""你和他们的父母讲过他们哭的事吗？"我问道。

他们没有问，我就没有提。不要误解我。这些孩子适应性很强。他们能适应。只要这里有爱的氛围，只要你喂饱他们，他们就会知道我是满足他们需求的那个人。那就是我对于他们的全部意义。孩子们爱我，而且有些年龄小的孩子，像纳尔逊，都不愿意回家。他现在3岁了，而他7个月大的时候就来我这里；斯特凡妮3岁，她6周大的时候就来我这里了。然而我确实为孩子们感到难过,我真的这样觉得。因为我知道他们很可能会有不想来这里的时候,尤其是星期一。

当日托工作者们为孩子们感到难过时,就有问题了。这位日托工作者30岁,是育有3个孩子的黑人母亲,她温和友善,是照顾孩子的一把好手。让我觉得有问题的是过长的时间、堵塞的沟通渠道,以及想象他们的妻子正在"处理这一切"的父亲们。

父亲的影响

在停滞革命的时代——女性已经去工作了,但是工作场所、文化,以及男性,都还没有调整好去适应这个新现实——孩子们可能是受害者。大多数职场母亲已经在竭尽所能。可以参与更多的是男性。

父亲们能够在孩子身上产生可见的影响。我没有对拜访过的家庭里的孩子实施测试,也没有收集儿童发展的系统性信息。但我询问了保姆们和日托工作者们的总体印象——单身父母的孩子,父亲不投入的双薪家庭的孩子,以及父亲积极投入的双薪家庭的孩子之间有什么差别。她们都说,父亲积极投入的孩子,在她们看来"更有安全感"和"较少焦虑"。这些孩子的生活不那么忙乱。在星期一,他们会讲更多的星期日活动:"猜猜我和我爸爸做了什么……"

然而奇怪的是，父亲对孩子的影响极少受到关注。当前的研究几乎都仅仅聚焦于职场母亲对孩子的影响。一个由国家科学院（National Academy of Sciences）选拔的杰出社会科学家小组在 1982 年回顾了关于职场母亲的子女的研究，得出结论：母亲就业对子女的学业成就、智商水平，以及社会和情感发展没有持续的不良影响。⑥其他综述呈现了相似但更加复杂的发现。例如，在追踪了 50 年有关职场母亲的子女的研究后，密歇根大学社会心理学家洛伊丝·霍夫曼（Lois Hoffman）的结论是，相较于母亲是家庭主妇的孩子，有职场母亲的各个社会阶层家庭中的大多数女孩以及工人阶层家庭中的大多数男孩，更加自信而且成绩更好。但是她也发现，与家庭主妇的儿子相比，由职场母亲养育的中产阶层家庭的男孩不那么自信，而且在学校的表现也不太优秀。然而父亲的影响又如何呢？研究记录的事实不一定符合人们的直觉：父亲投入越多，孩子的智力发育和社会能力发展就越好。密歇根大学的诺尔玛·雷丁（Norma Radin）教授和她的学生开展了许多研究，证明在其他条件相同的情况下，相较于父亲不投入的孩子，父亲高度投入的孩子在社会适应能力和情感适应方面表现更好，在学业考试中的成绩也更好。在雷丁教授的研究中，高投入的父亲指的是在一个综合指数中得分位居前三分之一的父亲，这个指数由以下各项问题构成：身体照顾的责任（比如：喂养孩子），教育子女社会化的责任（比如：设定限制），关于子女的决策权力，对子女的可及性，以及针对他参与养育学龄前儿童的综合评估。在一项对于 59 个有 3—6 岁子女的中产阶层家庭的研究中，雷丁教授发现父亲高度投入的儿子，适应性更强，更有社会竞争力，更有可能视自己为个人命运的主宰，而且在言语智商测试中表现出更成熟的心理年龄。⑦亚伯拉罕·萨希（Abraham Sagi）在1985年的研究发现，父亲高度投入的以色列儿童比其他儿童表现出更多的共情能力。

加州大学伯克利分校的两名心理学家卡罗琳（Carolyn）和菲尔·考恩（Phil Cowan）在1985年的研究发现，父亲投入的三岁半儿童在特定游乐室完成任务的得分（物体分类、串联物体、角色扮演任务）高于其他孩子。考恩二人在观察环节中发现，如果父亲在外的工作时间越长，他们三岁半的孩子表现得越焦虑。此外，尽管长时间工作的男性的女儿较少存在行为问题，但是她们表现得不那么热情，而且在完成游乐室任务时不那么以任务为导向。当父亲长时间工作时，母亲倾向于通过与儿子建立温情关系来补偿。但是当母亲长时间工作时，父亲并没有"补偿"女儿。尽管如此，女孩们很好地完成了游乐室的任务。当父亲或者母亲更长时间在外工作，父母之中的另一方与男孩建立了更加亲密的纽带。⑧

最后，积极的父亲角色的效果似乎可以持续。在一项研究中，两名心理学家让马萨诸塞大学安姆斯特分校的男大学生回应以下说法："我父亲理解我的问题，为之担忧并伸以援手；在我小时候，他拥抱我或亲吻我来说晚安；在我烦躁不安的时候，他能够让我感到慰藉；他给予我很多照料和关注。"他们还被要求描述父亲的可及性（"一次离家几天，……一周至少有两天晚上在夜里外出，……全家在孩子们放学回家后共度下午"，等等)。在抚育和可及性方面给父亲打分高的——甚至包括打分中等的年轻男士,更有可能用"信赖别人、友善、忠诚,以及可靠、勤奋和诚实"来描述自己。⑨

男人关爱孩子的影响将持续反复显现——在孩子的童年时期,在孩子成年以后,而且也许还将在孩子自己履行父职的方式上,以及在未来将为人父的几代人身上。一个格外热心的男人,像阿特·温菲尔德的继父,能够照亮未来之路。在过去的40年里,很多女性经历了历史性的转变,进入了经济领域。现在该是一代男性做出第二个历史性的转变——进入家庭事务——的时刻了。

第十六章
职场妻子犹如城市化中的农民

女性进入经济领域是我们这个时代基本的社会革命。这场社会革命环绕了南希·霍尔特、尼娜·塔纳戈瓦、安妮塔·贾德森,她们的母亲们和祖母们的一生。南希·霍尔特是一名社工,也是乔伊的母亲。她的母亲是内布拉斯加州的家庭主妇和四个孩子的母亲,她的祖母在种小麦的农场里养育了五个孩子。尼娜·塔纳戈瓦是一名高级主管和两个孩子的母亲。她的母亲料理家务,养育三个孩子,并帮助她父亲的五金店记账。她的祖母在农场里养鸡养牛。安妮塔·贾德森是一名开票员和三个孩子的母亲。她的母亲在两户人家做女佣并养育了四个孩子。她的祖母在路易斯安那州的一个农场工作。从当下这一代往回看,通常有这样一个模式:如今的职场母亲——30年前的城市家庭主妇——50年前的农妇。在农妇那一代之后,有时是两代城市家庭主妇,有时是职场母亲。所有这些女性都工作。不同以往的是,在家外从事有偿工作后,众多女性的生活被家庭和工作场所这两种相互竞争的应急系统和相互冲突的生活节奏所分割。不同以往的是（至少在规模上），有偿的儿童照料、双重工作日的全面铺开，以及婚姻中关于均衡家务劳动量的斗争。该斗争对看似无关的家庭事件所产生的广泛影响，如同霍尔特家"乔伊的问题"所反映的。

这些新近的变化是早期变化的延伸。在美国工业革命之前，大多数男性和女性在私人家庭农场里度过一生——耕种和手作主要用于满足家庭消费。伴随工业化的进程，更多的作物和商品被生产出来，在更广大的市场进行有价交换。但是工业化在不同时期以不同方式影响了男性和女性。在某种意义上，在美国的工业化历史中，存在着"他"和"她"的那一段。

粗略来看，在早期的美国城市中，工厂和贸易的发展，首先是在19世纪30年代前后牵引了大量男性和女性告别农场生活。许多单身女孩在早期新英格兰的纺织厂工作四五年，直至结婚。但是工厂女孩只占据所有女性的一小部分，不足所有从事有偿劳动者的十分之一。[①]1860年，大多数产业工人都是男性。只有15%的女性从事有偿劳动，她们中大多数做家庭帮佣。随着男性进入工厂工作，他们逐渐改变了自己基本的生活方式；他们从开放空间搬迁到封闭的房间，从松散的季节性时间过渡到固定的生产时间，从一种紧密的亲缘和邻里圈生活转向一种与各种不同的人共处的生活。起初，我们可能会说，男性好像试图"拥有一切"。例如，在早期的新英格兰乡村工厂，男性白天在工厂工作，晚上回家到地里干活儿。或者他们根据季节和农忙，时断时续地在工厂工作。然而渐渐地，农夫变成了城市工人。

总的来说，工业雇佣的早期影响很可能剧烈而迅疾地改变了男性的生活，甚于对女性生活的改变，她们中的大多数仍保持以家庭为首要的身份认同。诚然，女性的生活也发生了变化。在 20 世纪较早时期，一位年轻的母亲可能会制作黄油、养鸡养猪。到了 20 世纪晚期，一位年轻的母亲更可能生活在城市，在杂货店购买黄油和鸡蛋，收留租客，积极参与教堂活动，信奉历史学家芭芭拉·韦尔特（Barbara Welter）所说的"真女人教"（the cult of true womanhood）——基于文化所赋予女性的特定道德情感的文化潮流。在这段时期，大多数已婚已育的女性将自己的角色和身份认同建立在家庭上。"家"变了。然而，如同历史学家南希·科特（Nancy Cott）在《女性纽带》（*Bonds of Womanhood*）中所指出的，整个 19 世纪，相对于男性来说，女性保持了一种跟过去更为接近的生活取向。因此，如果我们对比已婚女性与已婚男性在生活中的整体变化，我们可能会得出结论：在那段时期，男性发生了更多的变化。

如今，女性的生活发生着更迅速的变化。服务岗位的扩张为女性创造了机会。考虑到现在女性的子女数量较少（在 1800 年，她们大概生育八个孩子并养大其中五六个；在 2010 年，她们平均生育两个孩子），而且考虑到家庭日益需要她们的收入，现在已经"轮到女性"进入工业经济了。现在，是女性在挣脱以往的家庭生活方式。

在 19 世纪早期，男性开始用一种新的权利基础——钱——来取代一种古老的权利基础——土地。男性开始以前所未有的方式,将金钱等同于"男人味"。凭借男性购买力的巨大价值,当代的商品崇拜——或者如卡尔·马克思(Karl Marx)批判的"商品拜物教"——变得与"身为男人"相关。

如今,女性正在建立一种权力与身份认同的新基础。如果女性此前将自己的权力主要建立在对男性的吸引力或者对子女和亲属的影响力之上,现在她们将权力更多地建立在薪酬或工作权威性之上。安妮塔·贾德森,那名嫁给了叉车司机的开票员,注意到"从我开始赚钱后,我丈夫表现得更尊重我了"。鉴于工资差距,以及离婚对女性的更大影响,当代女性较之以往可能没有增加太多的权力,但是她所拥有的权力的基础却大不相同。

有偿工作开始变得振奋人心,家庭生活则乏善可陈。尽管最容易接受的女性工作动机仍然是"因为我不得不",我访谈的大多数职场母亲并不只是为了金钱而工作。就这样,她们开始进入一个曾经只限于男性的价值体系,而且发展出与男性更相似的工作动机。许多女性主动告诉我,"整天待在家里"让她们觉得"无聊"或"发疯",她们不是任何长久意义上的"居家型"。即便是低阶文职女性,也有这种感受。1980年开展的全国性的哈里斯民意调查(Harris Poll)向女性提问:"如果你有足够的金钱可以过上你想要的舒适生活,你会更想从事全职工作、兼职工作、志愿工作,还是在家照顾家人?"职场女性中,28%想待在家里。在本研究调查的所有女性中,包括家庭主妇,只有39%想待在家里——即使她们有足够的财力过上她们想要的舒适生活。当问及下列各项是否是她们工作的重要原因时,87%

的职场女性同意"提供成就感和个人满足感",84%同意"帮助支付生活开支",81%同意"提升家庭生活水平"。②女性想从事有偿工作、兼职工作、感兴趣的工作——但是我认为,她们想要工作,大体上与农民在现代化经济中迁移到城市一样,有着一系列复杂的原因。(在美国,我们说"农夫",而不是"农民"。"农夫"一词意味着自由土地的所有权和某种自豪感,而"农民"的一词则意味着一个封建农奴的卑微。我将当代美国女性与现代化进程中的农民做类比,因为女性在社会、法律、教育和经济方面的劣势地位,直到不久之前还和农民的处境类似。)

在许多方面,已婚女性在20世纪涌入工业经济,与更早之前男性的涌入有所不同。首先,从19世纪下半叶至今,女性在家里的任务已经有所减少。从商店购买的货品逐渐取代了家纺布料、自制肥皂和蜡烛、自制腌肉和面包。在不远的过去,女性开始可以购买一堆现成的食品,或购买"外卖食物",或者,如果负担得起,就在外面吃饭。有些女性将衣服送到"洗完叠好"的洗衣店,并为缝补和修改衣服付费。在某种程度上,儿童日托、养老院、失足少年之家、精神病医院以及心理治疗,也都成为曾是母亲在家所承担的工作的商业替代品。

市场提供的产品和服务往往优于妈妈费尽心思的成果。女人家务技能的价值也往往随之难以得到认可了。一名母亲表示:"有时候我想让他知道我很生气,我就拒绝做饭。但是这并不奏效。我丈夫就出去买肯德基炸鸡,孩子们都喜欢吃。"另一名母亲说:"我告诉我丈夫,我想让他分担洗衣服,他就说,'咱们把衣服送到洗衣店吧。'"就仿佛殖民文化压倒老派的"本土方式",许多现代的、工业化的商品和服务比老派的家庭供给更受青睐。正如第一世界的文化凌驾于第三世界的本土文化之上,从商店购买的商品和服务也将家庭主妇的"本土手艺"边缘化了。

两种文化

不仅仅是众多家庭产品和服务变得便捷和廉价,全职主妇的地位也被削弱了。"仅仅"待在家里的妻子们防卫着自己的向下流动。面对着辞职后成为家庭主妇的前景,安·迈尔森说:"如果你想知道刻意回避是什么感觉,就去参加一场鸡尾酒会。人们会来问你做什么。回答'我是一个家庭主妇'。"1970年11月刊的《真实》(*True*)杂志上有一个插图,总结了家庭主妇的困境:一辆通勤列车载满了商务男士,他们正在阅读晨报和办公备忘。一名不知所措的中年家庭主妇穿着浴袍和绒毛拖鞋,头上戴着卷发棒,在过道里寻找她的丈夫,手里拿着他忘带的公文包。她的丈夫躲在座位后面,为妻子如此荒唐而格格不入的打扮感到尴尬。身着套装、手持备忘录、阅读报纸的通勤车上的男人决定了何为荒唐。他们代表了城市,她是迷失在他们中间的农民。

职场母亲常常感到自己徘徊于家庭主妇和职场男性这两种文化之间。一方面,许多中产阶层女性感到自己被待在家里的亲戚或邻居严厉批评。那些亲戚或邻居日益感受到地位下降的威胁,也日益变得好斗,她们抛出这样的问题:"你不得不工作吗?"尼娜·塔纳戈瓦从她女儿朋友们的全职母亲那里感受到了批判的眼光。杰茜卡·斯坦从她富裕的邻居们那里感受到了。南希·霍尔特和艾德丽安·舍曼感受到被婆婆审视。在这些警惕的亲戚和邻居之中，有些人自己跨在鸿沟两边。当安·迈尔森的母亲是家庭主妇时，她批评安对事业过分看重，但当母亲自己有了工作，她却质疑安辞职的决定。

许多职场母亲似乎既认为自己优于身边的家庭主妇，又对她们心怀嫉妒。卡萝·阿尔斯顿万分努力获得了会计的学位，她不想让自己和无甚成就的"普通"女性混为一谈。然而，眼见家庭主妇们在正午时分悠闲地在西夫韦（Safeway）超市的过道里推着购物车，她不禁质问自己忙乱的生活。

作为家庭主妇留在"村"里的女性已经担负了额外的任务——收包裹、接待修理工，或在下午陪伴邻家职场母亲的孩子。一名主妇抱怨说，除了家庭主妇，就没人为童子军集会提供志愿服务。职场邻居们几乎没时间来串门聊天，或者偶尔回报她们的付出。

跟农民类似，她们荣誉的传统来源已经受到了威胁。无偿工作，就像家庭主妇所从事的，看来似乎不像是"真正的"工作。家庭主妇变得"不过是一名家庭主妇"，她的工作变得"不过是家务活儿"。在《为了她好》一书中，芭芭拉·埃伦赖希和戴尔德丽·英格利希描述了在19、20世纪之交，家政运动如何努力使家庭主妇的角色系统化并升级为一种职业，从而反抗家庭主妇社会地位的下降。家政运动的领袖们声称，女性能够在家里成为有尊严的"专业人士"。具有讽刺意味的是，家政运动的领袖们认为家务活儿是光荣的——不是因为它在本质上有价值——而是因为它与有偿工作一样是真正的工作，这种让步揭示出道德根基已经丧失到了何种地步。

阶层差异

如果职场妻子是现代社会城市化中的农民，那么在某些"农民"和其他"农民"之间存在着重大差异。在家庭主妇与职场女性之间的分裂之外，这场社会革命也扩大了女性之间的第二重分裂——介于工作收入足够雇用保姆的女性与替其他家庭照顾孩子和料理家务的女性之间。卡门·德拉科特为我访谈过的其他两个家庭照看孩子；孔苏埃拉·桑切斯是萨尔瓦多女性，照看利文斯顿家的女儿，她的母亲在萨尔瓦多抚养孔苏埃拉的孩子；迈尔森家的菲律宾保姆有一个 8 岁的女儿生活在菲律宾；斯坦家有家务保姆和保姆助理：所有这些女性都是日益增长的劳动者的一部分，她们形成了不断扩大的女性底层群体，从事着零零碎碎的家庭主妇的活儿而获得报酬。

最有可能的是，向前回溯三代，所有这些女性——职业女性、育儿保姆、家务保姆，她们的祖母们都是家庭主妇。由于阶层强大的附着力，可能的情况是，工人阶层家庭主妇的孙女们以女佣、日托工作者、洗衣店和其他服务工作者的身份进入经济领域——从事低收入的"女性"工作；而中上阶层及上层家庭主妇的孙女们则以律师、医生、教授和主管的身份进入。中产阶层家庭主妇的孙女们则更可能进入不断扩大的"介于中间"的文职工作。卡门·德拉科特与安·迈尔森都构成了新

"农民"的一部分，但是如同19世纪的工业革命，一些初到城市的人发现自己比其他人更难生存下去，也更想回家。

保持一种家庭传统？

然而各种阶层、不同行业的女性都面临着同一个问题：在朝九晚五甚至朝八晚六的工作时代，我该如何保持母亲和祖母的家庭传统？在某些方面，墨西哥裔女性的经历是所有职场女性的缩影。许多墨裔女性经历了三场运动的张力——从乡村到城市生活，从墨西哥到美国生活，从家庭到有偿工作。在关于墨裔职场女性的研究中，社会学家比阿特丽斯·佩斯克拉（Beatrice Pesquera）发现，许多人认为女人的职责包括传承西语文化；教给孩子西班牙语歌曲、故事、宗教仪式；教女儿做墨西哥玉米卷。佩斯克拉指出，这些民族文化被电视所侵蚀，被美国学校所忽视。因此，墨裔女性成为连接当下与过去的文化桥梁，在她的第二轮班中又加入了一项任务。当她们自己没有时间充当桥梁时，墨裔母亲经常寻求"玉米饼奶奶"来照看孩子并提供西语文化。许多白人职场母亲都投身到一场类似的——但经常挫败的——战役，来传承家庭文化——关于家庭自制的苹果派、家庭缝制的万圣节礼服、手工熨烫的衬衫的文化。如果她在工作日没时间，就在周六做这一切。

许多传统女性觉得她们应该延续所有的家庭传统，而且只有女性能够延续这个传统。男性在工业经济中打下基础，他们依赖妻子建立自身与经济之外的生活的连接。在《被记住的大门》(*The Remembered Gate*)一书中,芭芭拉·伯格(Barbara Berg)指出,随着美国人离开土地,农场生活的价值移入家庭。留在家里的女性变成了城里的农人,她们住在城市却保留着过去乡村生活方式的价值。通过在这个意义上"留在后方",她们为前行的男性缓解了转型的艰辛困苦。

现在,谁为女性的转型纾困?尽管传统女性想要保留母亲传给自己的"家庭传统",我访谈的大多数职场母亲为此感到矛盾。"我真的需要每天晚上都精心准备晚餐吗?"有人问道。另一个若有所思地说:"我不是那种非要追求厨房地面光可鉴人的类型。我可以放弃我母亲的那部分日常清洁要求,没问题。但是我对孩子的付出不及母亲对我的付出。所以,我希望我丈夫参与其中——来弥补那些不足。"

有些男性回应着日渐衰落的家庭文化,就像殖民者对传统农民生活的边缘化的回应。在确保了自己的现代文化后,殖民者愿意收集当地农村的地毯、珠宝或者歌曲,抑或是培养起对本土美食的喜好。如今,有些成功的职业男性,在确保了自己的现代事业后,愿意接纳传统女性文化的一些点滴。他们在星期六烘焙面包或各种派,或者每月烹饪一次美味佳肴。但是很少有男性做到彻底的"入乡随俗",即他们会承担每年额外的一个月。

不平等的工资与脆弱的婚姻——相反的趋势

如同新的城市农民,女性步入经济领域,这是我们时代的主要社会革命。整体来讲,这场革命提升了女性的权力。但与此同时，其他的现实则削弱了女性的权力。如果说女性在家外工作增加了她们在家里对男性帮助的需求，那么两个事实——女性挣得更少和婚姻变得更不稳定——阻碍了许多女性要求男性参与更多的施压。

如今，女性的平均收入是男性的 80%，而她们的收入对家庭生活而言愈发重要，而且作为全体劳动者的一半，她们对整体经济而言也愈发重要。但是，鉴于目前的状况，女性仍然比男性对婚姻有更多的经济需求，而且也更有可能因离婚而陷入贫困。

与此同时，一个女人对婚姻所能依赖的程度也发生了变化。离婚率在 20 世纪稳步上升，1970—1980 年，离婚率增长了一倍。专家估计，如今 43% 的初婚、60% 的二婚和 73% 的三婚将最终解体。正如社会学家特丽·艾伦德尔（Terry Arendell）在《离婚：女人和孩子最后》(*Divorce: Women and Children Last*) 中指出的，无论导致离婚的原因是什么，离婚对女性的影响更为严峻。离婚通常使女性在社会阶层上滑落——有时候大幅下滑。大多数离异男性给予子女的经济支持少得令人惊讶。根据美国人口普查局 1985 年的统计数字，81% 的离异父亲和 66% 的分居父亲被法院要求支付子女抚养费。在他们之中，20% 的父亲完全遵从；15% 的父亲不定期地支付。父亲所支付的子女抚养费的数目也与他的支付能力无关。③

离异的父亲与子女的情感交流也少得令人担忧。根据社会学家弗兰克·弗斯滕伯格（Frank Furstenberg）对 1976 年和 1981 年的全国性儿童调查的数据分析：所有的离异父亲中，

23% 在过去五年里与子女没有联系；另外 20% 在过去一年里与子女没有联系；只有 26% 的父亲在上一年中与子女见过面，见面时间总计 3 周；在离异超过十年的父亲中，有三分之二的父亲超过一年没有与子女有过任何联系。与此相似，社会学家特丽·艾伦德尔（Terry Arendell）关于离婚女性的研究结果发现，离异女性的子女中超过一半在过去一年里没有父亲探视或接到父亲电话，35% 的离异女性的子女在过去五年里没有见过父亲。无论这些母亲从事何种工作，她们不得不成为孩子生活中最重要的人。

可怕的真相是，一旦她们从社会阶层上滑落，许多离异女性及其子女就被困在原地了。这是因为她们很难找到收入足够多的工作，也因为她们大多数对孩子负有首要责任。另外，离异女性比离异男性更少再婚，尤其是有孩子且年龄偏大的女性。

在 19 世纪，一个女人尚不能拥有个人财产、接受高等教育、进入职场或者投票，她有可能嫁给专横的丈夫，困在婚姻里，无处可去。如今，我们称那样的情况为"受压迫的"。然而今天，一个女人能够合法地拥有财产、投票、接受教育、工作，并且离开一段受压迫的婚姻而走进一种看似"自由的"不平等。

离婚是夫妻间经济关系的解体。还原到婚姻的经济本质，传统婚姻就如经济学家海蒂·哈特曼（Heidi Hartmann）所说的"再分配机制"。通过婚姻，男性供养女性，让她们养育子女并照顾家庭。在 19 世纪晚期和 20 世纪早期，工会为男工赢得了更高的"家庭工资"，这是基于男性比女性更需要钱来养家糊口。在当时看来，这似乎是合理的：男性应该优先获得收入更高的工作，甚至在男女同工的情况下，男性的收入也应高于女性,因为"女性不养家"。这种安排将男女置于高度不平等的经济地位,大多数女性谋生的方式就是嫁人。在就业市场,男女的关系如同上等阶层与下等阶层的关系。婚姻成了平衡器。

然而,随着婚姻——这种"再分配机制"——变得愈加脆弱,大多数离异男性仍然获得"家庭工资",但不再"分配"给子女和照顾子女的前妻。媒体强调男女两性都有离婚的自由,诚然这种选择是一项重大的进步。但与此同时,男女在婚外生活越久,他们之间的阶层差异就越大,有三个因素削弱离异女性经济基础:认为照料孩子是女人的活儿的想法、前夫没有提供子女抚养费,以及男性的工资更高。

父权制并未消失,只是改变了形式。在旧形式中,女性在私下不公正的婚姻中,被迫服从一个专横的丈夫。在新形式中,女性在整体而言不公平的设置中拥有自由。在旧形式中,女性被限制在家里,但不用操心挣钱。在新形式中,女性挣了培根回家,还得做好端上桌。

在婚姻之外对女性的现代压迫也削减了在婚姻之内女性的权力。已婚女性变得谨小慎微,就像尼娜·塔纳戈瓦或南希·霍尔特,她们看着离异的朋友们,然后自问:"每年额外的一个月,还是离婚?我干这一个月的活儿。"

在交谈中,男性和女性都对离异朋友的情感痛苦表示同情。但是女性在讲述这些故事的时候,表现出更多的焦虑,对离异女性的困境更能产生共鸣。例如,一天晚上的餐桌旁,一位从事文字处理工作且有两个孩子的母亲与她的丈夫——一名商店经理,也是她以前的上司,进行了如下交流:

我的一个好朋友做了六年秘书,供她丈夫读完牙医学院。她拼命工作,包揽了所有家务,而且他们还有个孩子。她不太在意职场升迁,因为她认为他们以后将依靠丈夫的工作,而且等他执业以后,她就要辞职了。可是,他爱上了别人,和他的妻子离婚了。现在,她还在做秘书,抚养着他们的小儿子。他和另外那个女人生了两个孩子。

她丈夫评论说:"没错,不过她很难相处,而且她有酗酒的问题。她抱怨太多。我不是说这对她来说不痛苦,不过故事有另一面。"

妻子很惊讶,回应说:"是啊,但她被骗了!你不这样认为吗?"

她丈夫说:"噢,我不知道。他们都有各自的理由。"

在20世纪早期,对女性来说,最重要的警示故事是:女人在婚前"丢失"了贞操,然后没有好下场,因为没有男人会要她。对于子女尚小的职场母亲,尤其是其中偏传统的那部分女性来说,"堕落女人"的现代版本即是离异者。当然,并不是所有女性都害怕离婚。然而,当"外面的"生活看似如此冷酷,像南希·霍尔特和尼娜·塔纳戈瓦这样的女性可能会努力在不平等的婚姻里取暖。

享有或缺乏工作的幕后支持

一个循环已经形成。因为男性把更多的"男性"身份认同放在职场，所以对于男性和家庭来说，他们的工作时间比女性的工作时间更宝贵。男性工作时间更宝贵使得他的闲暇时间也更为宝贵，因为闲暇时间能让他补充能量、增强事业心、在职场更进一步。在家里少做些家务，他就能够更长时间地工作，证明他对公司的忠诚，并且更快地获得晋升。他的抱负扩张，他的薪水上涨，他获得了第二轮班的豁免。

女性那方的循环与男性并行。女性的身份认同较少体现在职场。由于她的工作位居其次，她承担了更多的第二轮班，因此为丈夫的工作提供了幕后支持。因为她对丈夫工作支持高于丈夫对她工作的支持，她的个人抱负缩减，她本就不高的收入增长缓慢。她所承担的每年额外的一个月，不但为丈夫的事业成功做出了贡献，而且也扩大了他们之间的工资差距。就这样，这种循环持续运转。

不平等的幕后支持隐匿在视野之外。就像我们如今难以只通过人们的穿着打扮来辨别贫富，我们也无法只从职场形象来辨别，谁回家坐享其成，谁回家准备晚餐。男性和女性在职场时，看起来并无分别。但是某一方在幕后支持方面比另一方"更穷困"。某一方熨烫配偶的制服，准备午餐，洗衣服，打简历，编辑办公备忘录，接电话，或者招待客户。另一方享有熨好的制服，备好的午餐，洗净的衣服，打好的简历，编辑过的办公备忘录，接听过的电话和招待好的客户。

有一种奇特的幕后支持的"财富"等级。最富有的是高层主管，他的妻子不工作，招待他的客户，料理他的居所；他的秘书处理他的各种预约，安排他的差旅行程，还为他的妻子预订纪念日的鲜花。在幕后支持方面最贫困的是单身母亲,她全职工作,还要凭一己之力养育子女。介于两极之间的是双薪夫妇。

我对一家大公司职员的家庭生活的研究发现,在公司的职位越高,得到的家庭支持就越多。高层主管们的妻子很有可能是家庭主妇。中层经理的配偶很可能也工作,她们承担一些或大部分的家务和子女照料。还有文员们,如果是女文员,她很可能是单身或单身母亲,自己承担所有家务。④ 这三个层级中的每一级,男性和女性的境遇有所不同。在女性高管中,95% 嫁给了职场男性,5% 是单身或单身母亲。在男性高管中,64% 的妻子是家庭主妇,23% 娶了职场女性,5% 是单身或单身父亲。因此,与男性相比,女性高管的幕后支持更少。一名女经理评论道:"在我这个级别,全都是男性,他们的妻子大多是家庭主妇。但是,即便是那些妻子也工作的男性似乎比我在办公室的时间还长。"正如女主管们经常打趣,"我真正需要的是一个妻子"。

在中间层级,四分之一男性的妻子是家庭主妇,近乎半数娶了职场女性,大约三分之一是单身。在女性中层里,半数是双薪家庭,她们承担了大部分的第二轮班;其余一半是单身或单身母亲。在低层级文员中,大部分是单身或单身母亲。

幕后支持的"富有"还是"贫困",可能会影响人们形成什么样的特质。有着巨大的幕后支持、晋升到高层的男性被视为"努力进取"、有抱负、"投身于"事业,而且事实上他们也变得如此。幕后支持较少的女性容易被指责"不敬业"。有时候,她们确实变得不太敬业。但像尼娜·塔纳戈瓦这样的女性不缺抱负也并非心理学家马蒂纳·霍纳（Matina Horner）所说的"恐惧成功"。相反地，她们"幕后支持的贫困"将成功的情感代价抬高到不可思议的程度。

在现代经济的早期，当男性进入工业生活，他们的妻子通过家庭，为他们保留着与之前所熟悉的生活的连接。通过"留在后方"，这些妻子为进入工业时代的男性缓解了转型的艰苦。在一定程度上，南希·霍尔特们就像城市工厂里初来乍到的农民，但没有人为她们的转型纾困。

第十七章

步人后尘还是创造历史？

那位秀发飞扬的女士展现了一幅关于工作和照顾家庭的理想景象：忙碌、积极、有趣。而我邻居飘窗里那个系着围裙的女模特，双目圆睁，双臂合抱，凝视窗外，则往往是双薪夫妻家庭生活更真实的写照：双薪夫妻"缩减"对家的投入，浓缩了对孩子、婚姻和家庭的真正需求的认识。她是我邻居开的玩笑，然而当男性不分担第二轮班时，她也象征了某种情感现实。

当女性被推入经济领域，她们的钱袋、自尊心、女性身份认知，以及日常生活都发生了翻天覆地的变化。这场社会革命的"马达"就是经济形势的变化——男性工资购买力的下降，"男性"蓝领岗位的缩减，以及服务业的发展带来的"女性"岗位的增长。关于男性身份和女性身份的新观念，通过为男性和女性创造与新环境相适应的荣誉和身份准则，形成了一种强大的激励。

但是，这项革命对女性的影响更迅猛。于是，这项革命的不均衡性制造了夫妻间的不和,比如像埃文和南希·霍尔特、尼娜和彼得·塔纳戈瓦,以及雷和安妮塔·贾德森。家已远非克里斯托弗·拉希(Christopher Lasch)所说的"无情世界里的天堂";家变成了外部压力的缓冲器。

性别革命主要由经济变化引发,但人们却是在婚姻里感受到它。与此类似,经济变化也是黑人与白人之间关系变化的"马达"。随着非技术性工作岗位的减少,以及资本从城市中心流向郊区或第三世界的廉价劳动力,黑人和白人不得不为剩余的工作岗位而竞争。种族间的张力,可以说是起源于投资银行的后台、人事部门和工会大厅。但是人们实际感受到的种族间的紧张,是在校园、监狱和街头。正如美国黑人"替白人""消化了"更高的失业率,同样地,队伍不断壮大的职场女性也通过每年额外劳动一个月来"替男性"消化家庭和工作之间相互矛盾的要求。但是不同于大多数黑人和白人,男性和女性共同生活;女性消化了男性的问题,这成为婚姻的一部分,并且加剧了婚姻的张力。

尽管我访谈的大多数职场母亲只包揽了大部分家务,但是她们觉得自己比五十年前的职场女性更有资格抱怨。一百年前,美国女性不太被容许在"女人的活儿"方面向男性寻求帮助。正如格温德琳·休斯(Gwendolyn Hughes)在其1925年的著作《工业母亲》(Mothers in Industry)中指出的,在20世纪早期,扮演超级妈妈不是一项"策略",而是一种正常的生活方式。如今,女性认为她们有权在家里寻求帮助,但她们大多数仍然不得不开口求援。

在我初次访谈的时候，超过半数的妻子没有尝试改变劳动分工。她们抱怨，她们开玩笑，她们感叹命苦；她们为"大包大揽"积攒道德积分，但是她们没有迫切要求改变。一些女性不想让丈夫分担家务，因为她们认为这样不对或是因为她们为自己超越了"权力的界限"而进行补偿。另一些女性想让丈夫分担，但没有迫切要求。

一些女性不强求丈夫分担家务，也不在家里"腾出空间"让丈夫一展身手；她们扮演婴儿专家、厨艺大师、社交日程能手。她们似乎在说："这是我的领域。"她们挤走了丈夫，然后为"包揽一切"而积攒积分。

我访谈过的女性中大约有三分之一当时正在迫切要求丈夫多分担家务。但是，另外三分之一，此前已经努力要求丈夫分担家务，而无甚进展。有些人，像艾德丽安·舍曼和南希·霍尔特，尝试了积极的协商——展开长时间的讨论，制定清单和计划，直言她们难以为继。也有人尝试了被动的协商——她们装傻扮弱或病倒在床。

就男性而言，20%认为应该分担责任和家务，80%不这么认为。被妻子施压要求多做家务的男性经常通过"降低需求"进行抵抗；他们声称自己不需要整理好的床铺，不需要做好的饭菜，也不需要安排好的假期。实际上，一些男性似乎暗中与妻子较劲儿，看谁能最不介意家里乱不乱、饭菜是否可口、客人会怎么想。其他男性不承认妻子承担的额外劳动，以此否认他们不分担家务的事实。还有些男性给了家里替代性供给。彼得·塔纳戈瓦没有做更多的家务，但为妻子的事业提供了巨大的情感支持。塞思·斯坦没有分担家务，但将自己事业的收入和地位献给妻子。其他男性做家具，或者给房子加建一些妻子不需要的设施。

有些男性暗自让妻子们看到，对比古往今来的其他男性，他们已经做出了"一切牺牲"，放下男性身份、屈尊忍受。他们让妻子感到自己"比其他的女人更幸运"。在无意中，他们将自己没有表现出本可以显露的大男子主义，作为对妻子的馈赠。

如果从纷杂的事实中浮现出一个真相，那就是：对承担双重工作日的女性而言，最严重的伤害不是她们工作时间过长或太过劳累，那只是看得见、摸得着的代价。这类女性面临的更深层的问题是，她们对自己的丈夫爱得矛盾。像南希·霍尔特一样，许多女性在婚姻中背负着苦涩且沉重的负担——对丈夫的怨恨。就像一种有害系统制造出的危险废弃物，这种强烈的怨恨难以消除。

当女性压抑她们的怨恨，许多人在自我认知方面付出了一定代价，比如南希·霍尔特。阻止南希·霍尔特向埃文发火或陷入抑郁的心理戏法，也是阻碍了她承认自己的真实感受并理解这些感受的根本原因。她心理上的"维护程序"让她持续地将自己与其他女性——而不是埃文——做比较，重新调整她所认定的关于爱与尊重以及尊重与行动之间的关联，提醒自己是"幸运的""总之是平等的"——所有这些思考习惯为宏大的合理化（grand rationalization）铺平了道路。这些思维习惯缓和了强烈对立的两边，一边是她对平等婚姻的热切渴望，另一边是所有阻碍她得偿所愿的因素。这些思维习惯蒙蔽了她对生活的真实感受。

有些女性不想让丈夫分担第二轮班，也不对此怨恨。但是她们似乎付出了另一种代价——贬低了自己和女儿作为女性的价值。安·迈尔森操持家务，因为她想保障丈夫的时间，以便他在工作上做出"更大贡献"。她的工作"较不重要"。尽管自己是女性，她却后悔生了女儿，因为她们长大后也会为了保障丈夫的更大贡献而操持家务。安觉得，无论女孩们多么执着、多么聪颖，她们永远无法享受那种特权，可以顺利地、无所顾忌地、极富成就感地投入工作。安没有从奖惩制度或两性间社会安排的角度来看待这个问题，而是遗憾自己没有儿子能从中"捞得好处"。以此，安清晰道出了一个每个女人都面临的矛盾：第二轮班是二等工作，而女性最终承担了第二轮班。对于女性来说，更严重的代价不是她们每年额外劳动一个月；而是社会贬低了家务工作的价值，而且因为女性从事贬值的工作而被认为低人一等。

虽然养育子女的工作价值被低估了，但这大概是最有人道成就的工作之一。如果我们领会了生活在"停滞革命"时期的沉重代价，那么，我们应该将塞思·斯坦和埃文·霍尔特与各自孩子之间缺失的连接算作代价的一部分。因为怨恨父亲的长期缺位，塞思的大儿子郁郁寡欢转身离开，小儿子在睡前疯狂地跑来跑去。拽着一个安抚另一个，这成为塞思结束漫长工作日之后又一桩麻烦事儿。他错过了那些儿子们本会对他产生的感情，如果他们不必怨恨他的缺席。他错过了那些混乱和争吵，它们提醒着父母他们对孩子而言何等重要。他也错过了那些依偎拥抱,那些关于云朵何以悬浮在天、人们悲从何来的漫话闲聊。

尽管这种特殊的情感代价大部分由父亲背负,很多母亲也付出了代价,只不过方式不同。作为第二轮班的主要管理者,女性唱起"白脸",成为在家庭—工作加速运作中管理"时间和动作"的那个人。她们催促孩子们的日常活动——"快点儿,抓紧吃……""赶紧穿上睡衣……"——因此常常成为子女们攻击的目标。

未来的南希·霍尔特们?

在我驾车驶离加州大学伯克利分校的办公室,穿过奥克兰海湾大桥,返回旧金山家中的路上,我常常拿自己研究的夫妻和教授的学生做比较。谁将步南希·霍尔特的后尘?谁将是另一个尼娜·塔纳戈瓦、杰茜卡·斯坦、艾德丽安·舍曼或者安·迈尔森?哪些男学生会像阿特·温菲尔德、约翰·利文斯顿或者雷·贾德森?我的学生们未来养育的孩子会像乔伊·霍尔特、亚历山德拉·塔纳戈瓦、维克托·斯坦和沃尔特·斯坦以及亚当·温菲尔德吗?年轻一代的双薪家庭会轻松一些吗?20世纪70年代和80年代早期的动荡,是为未来的新式婚姻做铺垫的过渡阶段吗?或者,我的学生们也会生活在一种停滞的革命中?

当我在伯克利校园巴罗斯大楼464办公室,与学生们交谈的时候,我想知道所有这些疑问的答案。几乎我所有的女学生都极度渴望终身事业。在这方面,她们在学生群体里很典型。

美国教育委员会在 1988 年 3 月开展了一项面向 400 余个大学校园的 200,000 名大一学生的调查，询问学生的职业意向。不足 1% 的女性回答"全职家庭主妇"。① 在我办公室时，只有少数几个人透露当一名家庭主妇"就是她们想要的"，然而冗长而迟疑地解释为何自己想待在家里，似乎现如今，对于一个女大学生来说，这样的选择需要一个"社会性"理由，就像请病假需要医生的证明。

在加州大学伯克利分校 1985—1986 年的一项调查中，安妮·曼蓉发现超过 80% 的大四女生认为拥有事业"至关重要"。与此同时，80% 的女生明确打算结婚或者进入稳定的关系，另外 17% 的女生希望如此。她们计划最多生育两个或三个孩子，并且打算比自己的母亲晚要孩子。大多数女生打算为生育孩子中断事业一到五年，但是她们不认为这将有损职业发展。② 我教过的学生也与此类似。当我向学生们展示那张秀发飞扬，一手拎着公文包，一手抱着孩子的女士的照片，她们说她"不真实"，但是她们就想成为她那样。

即便对于最出色的女性来说，工作和家庭之间的矛盾也非常真切。这一点我的学生们都知晓。许多人从她们母亲的挣扎中知晓，有时是因为父母离异。但是，当面对着矛盾和文化掩饰时，她们感到害怕。她们为职场的新机遇而欢欣鼓舞。她们对仍然存在的不平等心怀愤慨。然而涉及家务时，她们眼中流露出一种疏远、模糊、困惑的神情，她们突然间变得犹豫不决、模棱两可。她们计划推迟婚姻，她们计划缓慢前行。如果她们有稳定的男朋友，她们不谈论将来如何分担家务，那"太超前"

了。回避问题的不只是一两名年轻女性,而似乎是女性们的集体决定不去正视问题。尽管媒体对职场母亲给予了巨大关注,年轻女性并未询问:为了让双薪家庭和谐运作,我们需要做出哪些重大改变?

如果说南希·霍尔特和本书中的众多女性,反抗的是她们母辈在缺乏成就感的家庭主妇生活中的挫败感,很多18—22岁的女学生正在反抗的是她们母辈作为被压迫的职场母亲的挫败感。对许多年轻女性来说,职场母亲是新的理想,也是新的警示故事(cautionary tale)。

许多年轻男性和女性都成长于忙碌、关系紧张的双薪家庭。当问及在双薪家庭长大的优势时,他们提到了教育、家庭度假,以及父母的工资能满足经济需求。他们大体上认同一个学生所说的:"这让我更自立了。我可以自己做饭,不需要监督自己做作业。如果我妈妈一直在家里,我不会这么独立。"当问及在双薪家庭长大的劣势时,他们有时重拾起一段不愉快的记忆,比如:"我10岁的时候,不得不在回家后清理烟灰缸,准备晚餐沙拉,然后开始写作业,独自一人。我挺过来了,但是我痛恨这种生活。"或是:"我母亲总是忙个不停,我父亲长时间工作。直到上大学之后,我才觉得自己开始真正了解他们。"如果把优势和劣势放在一起考虑,男性和女性都认为优势更大。他们也想拥有双薪家庭,但不想跟父母一样。

在踮起脚尖准备跃入成人世界之时,这些年轻的学生对卡门·德拉科特的女性身份模式嗤之以鼻,但尚无信心去争取艾德丽安·舍曼的模式。我大多数的女学生——在加州大学,20

世纪60年代学生运动的腹地——渴望对等的婚姻，但却对此不抱希望。从一出生就生活在为第二轮班而斗争的家庭里，她们厌倦了婚姻战争。她们接受革命的目标，却本着"停滞的"精神，务实、胆怯、听天由命地向目标靠近。她们准备步入南希·霍尔特的后尘。

对她们的婚姻观影响最大的，除了她们的母亲作为职场女性的经历，还有她们所经历的父母离异。这使一些年轻女性变得更加传统，正如其中一人所描述的："我母亲在第一段婚姻里，非常努力地推动和我父亲的平等关系。这引发了可怕的争吵。在第二段婚姻里，她待在家里。她只是说，'是的，亲爱的……没错，亲爱的'，家里相安无事。我不知道自己会怎样做。我知道自己不想要像她的第一段那样的婚姻，但我也无法想象自己进入像她第二段那样的婚姻。"大多数父母离异的女儿都不想毫无准备地"被困住"。一名19岁的学生向我解释："我妈妈是自由职业平面设计师。她照顾我和哥哥。她工作收入不高，离婚后收入骤减，她变得非常抑郁。同时，我爸爸再婚了。我给他打电话，告诉他我妈有多抑郁，他只是说她应该找一份工作。"如果一个女人放弃了自己的工作，去照顾家庭，她可能"被困住"。因此有些女性可能小心翼翼地步入了安妮塔·贾德森（那位开票员和三个孩子的母亲）的人生轨迹，努力不懈地工作，为了"以防万一"而准备着。

中产阶层女性面临的这些问题在工人阶层中翻了一倍。蓝领女性很可能嫁给蓝领男性，后者最容易受到新近的经济波动的伤害。教育程度较低的女性更有可能慑于丈夫的工作；1986

年的一项全国性研究发现，高中或以下学历的女性中有 53% 认为"妻子支持丈夫的事业，比自己拥有事业更重要"，而有大学学历的女性只有 25% 这么认为。③ 与中上阶层女性不同，她们仍将不得不去工作，且无法享用女佣的服务。

年轻男性怎么样呢？他们打算和职场妻子一起分担家务吗？在 1986 年对伯克利大四学生的一项调查中，54% 的女性和 13% 的男性预期自己会因为照顾生病的孩子而错过一场重要的工作会议。69% 的女性和 38% 的男性预期会平等分担洗衣服的活儿。50% 的女性和 31% 的男性预期会分担做饭。④ 凯特利斯特（Catalyst）的调查发现，半数女性计划将丈夫的工作优先，而三分之二的男性表示他们计划将自己的工作优先。

在 1985 年对伯克利大四学生的一项深入调查中，安妮·曼蓉问男大学生，他们是否预期与一名在外工作的女性结婚。"如果她愿意的话，可以工作。"大多数男生这样回答。当问及他们是否愿意与一名想让他们分担一半家务和子女照料的女性结婚时，一位男生回答："愿意，我可以雇人来做。"另一位男生回答："这将取决于我有多喜欢她，还有她怎么提要求。"很多男生不想要"家务清单"。

国家的性别策略

人类进步的信念，随着欧洲启蒙运动的传统传进美国，它与开阔的美国边疆、日益扩张的全国和全球经济，以及种族和性别平等运动相得益彰。与两个世纪以来的大多数美国人一样，本研究中访谈的大多数男性和女性都表示他们相信"情况在好转",相信男性"比从前承担了更多的家务"。在很小的尺度上,的确如此。

但是年轻人没有许下引领新时代的承诺。企业几乎没有做出调整以适应职场父母的需求,政府部门也几乎没有实施举措去激励它们。核心家庭仍然是育儿环境的不二选择。然而我们还没有创造出有助于核心家庭胜任这项工作的外部支持。我们的革命处于持续停滞的危险之中。

的确,这就是发生在苏联的情况,另一个将大多数育龄女性引入劳动力市场的工业大国。自工业化以来,苏联女性就在家外工作,同时承担了绝大部分的第二轮班。有一则苏联笑话这么说:"你工作?那你被解放了。"一场停滞的革命被当作了整场的革命。也有人指出,日益攀升的离婚率背后是职场母亲承受的额外负担。⑤

我们能做得更好吗?答案取决于我们如何创造历史。正如个体有自己的性别策略,政府、企业、学校和工厂亦是如此。一个国家如何组织劳动力和日托中心,学校如何培养年轻人,反映了该国对两性工作和家庭角色的想象。

我们听到了很多关于家庭的论调,但几乎听不到关于政府政策该如何切实帮助家庭的讨论。事实上,相对而言,我们处于一个落后的社会。1993 年,克林顿总统签署了具有历史意义的"家庭和医疗休假法案"(Family and Medical Leave Act),批准劳动者因为子女出生或家人生病可享受 12 周休假。但是大约 50% 的劳动者未被该法案覆盖,他们受雇于员工数不足 50 人的公司。该法案不适用于非全职工作者，这部分工作者大多是女性，而且休假是无薪的。

在生育之后，德国母亲享受 14 周的全薪休假；意大利母亲享受 20 周的全薪休假。2002 年，加拿大母亲赢得了生育后领取 60% 的工资休假一整年的权利。挪威母亲可以领取 80% 的工资休假一年。在全球范围内，127 个国家——包括几乎所有的工业国家——都规定了某种带薪的家庭休假。然而在美国，这个世界上最富裕的国家，职场父母若要在家照顾新生儿，却得不到带薪休假的分文保障。

在美国，如果是支持家庭的政策，它将会为父母——已婚、单身、男同性恋者或女同性恋者，不管孩子是亲生的还是收养的——提供带薪育儿假，并且提供带薪"护理假"以照顾老年人。通过可比价值（comparable worth），该政策将提高"女性工作"的工资水平。为育有年幼子女的父母所从事的所有常规工作制定较短时长、更为灵活的"照顾家庭阶段"的工作，以此，该政策将会超越半职工作制度（后者听起来像是一个人只做了某个"整体"的"一半"）。

正如多洛雷斯·海登在《重置美国梦》中所描述的，政府会向开发商提供税收优惠，在工作场所和购物中心附近修建平价住房，周边有配套的备餐设施。政府将会设立温馨而有创意的日托中心。如果说最好的日间照料来自年长的邻居、学生和祖父母，那么可以付给他们酬劳来照顾儿童。旅行车可以在街区穿梭，丰富日托活动，就像我童年时代走街串巷的冰淇淋商贩。

通过这些途径，美国政府可以减少"自理"儿童的数量，吸引男性参与孩子们的生活，促进婚姻幸福。这些改革甚至能够改善离异家庭子女的生活，因为研究显示，父亲在离婚之前对子女的投入越多，在离婚之后对子女的投入也越多。如果政府鼓励企业考虑员工及其家庭的长远利益，企业将会节省一大笔长期成本——由较高的缺勤率、人员流动率、青少年犯罪、精神疾病和对单身母亲的福利支持所产生的长期成本。

这些是真正支持家庭的改革。如果这些改革如今看似"乌托邦"，我们应该铭记，在过去，八小时工作制、废除童工和女性投票权，也曾看似乌托邦。约翰·奈斯比特（John Naisbitt）在《大趋势》（Megatrends）中指出，83%的公司主管认为更多的男性感到需要分担育儿责任，然而只有9%的公司提供陪产假。

我见过的最幸福的双薪婚姻，是这样的组合：夫妻双方没有让女性背负原先的家庭主妇-母亲的角色，也没有像人们贬低之前的"农民"的生活方式那样贬低该角色的价值。他们共同承担了家庭主妇-母亲的角色。夫妻们口中的"良好沟通"往往意味着，他们擅于对各种细微的照顾家庭的行动表达感激。参加校园演出、辅导孩子阅读、心情愉悦地准备晚餐、熟记购物清单，负责"楼上"的事情。这些是婚姻沟通中的宝藏。直到现在，嫁给"新式"男性的女性仍然是少数的幸运儿。但是，随着国家和社会形塑新的性别策略，随着年轻人从榜样中汲取经验，更多的女性和男性将能够享受悠闲的身体节奏和开怀的笑声，而彼时，家庭生活已回归家庭生活，而不再是第二轮班。

附言

本书出版后,格雷格·阿尔斯顿不再为了磨炼儿子达里尔而开玩笑吓唬他。但是,利文斯顿夫妇分居了,贾德森夫妇离婚了。卡里·利文斯顿主要和母亲一起生活,尽管她的父亲迫切地想继续参与她的生活。雷·贾德森每两周探望埃里克和小婴儿,还有鲁比——如果她在家的话。随着双胞胎慢慢长大,舍曼夫如重新投入了各自的事业,不过他们现在已经退休了——迈克尔打算成为一名热忱的人权活动家。

附录：关于谁来承担家务和照料子女的研究

读着格温德琳·索尔兹伯里·休斯（Gwendolyn Salisbury Hughes）所描述的一战后的费城工厂女工在星期六上午洗衣服和清洁门前台阶，我回想起在时隔六十余年后我自己从女人们那里听到的故事。在格温德琳·休斯收集资料的 1918 年，没人会想要开展一项研究，比较男性与女性在家里的活儿。在 1918 年，除了在非常小的社会圈子里，这样的比较难以想象。

相比之下，在 20 世纪 60 年代中期、70 年代和 80 年代，比较职场女性和男性对家庭贡献的研究蓬勃发展。密歇根大学调查研究中心（University of Michigan's Survey Research Center）的 J. P. 鲁滨逊主持了一项关于时间利用的大型研究。在 1965 年的调查中（发表于 1977 年），他对 1244 名男性和女性进行了所谓的"关于昨日活动的访谈"，要求受访者回忆此前一天都做了什么。这项研究中城市、受过教育的样本过多。1965—1966 年，亚历山大·绍洛伊在西欧和东欧的 12 个国家开展了相同的研究，这些国家包括联邦德国、比利时、法国、民主德国、匈牙利、保加利亚、捷克斯洛伐克、波兰、南斯拉夫和苏联。

第二项重要的研究由凯瑟琳·沃克（Kathryn Walker）和玛格丽特·伍兹（Margaret Woods）主持，她们的抽样对象是1967年（该研究报告发表于1976年）生活在纽约雪城的1296名男性和女性（均为已婚夫妻）。她们的研究方法与鲁滨逊的不同，但是这两项研究都发现了职场男性与女性之间存在着巨大的闲暇差距。两项研究都发现，职场女性的丈夫几乎没比家庭主妇的丈夫多做多少家务；以及，相较于家庭主妇的丈夫，职场女性的丈夫实际上投入工作（包括有偿劳动和家务活儿）的总时间更少——因为职场女性的丈夫可以负担得起缩减他们的有偿工作的代价。职场女性的丈夫所做家务量的占比高于家庭主妇的丈夫（25%比15%），那是因为当妻子外出工作的时候，夫妻两人所承担的家务都减少了。

男人们现在承担得更多吗？20世纪70年代后期和80年代的研究呈现出不同的结果。一些研究发现，没有承担更多。密歇根大学在1977年开展的一项全国性的"就业质量"的调查，将男女各自从事的有偿和无偿劳动的时间相加，发现两性间每天的闲暇差距是2.2小时，跟研究者在20世纪60年代的发现类似。另一项1985年由波士顿大学社会工作学院（Boston University's School of Social Work）的布拉德利·古英（Bradley Googins）主持的研究，研究对象为波士顿一家公司的651名雇员。在这些雇员之中，已婚母亲平均每周用于工作、家务和子女照料的时间是85小时;已婚父亲是66小时——每周19小时的闲暇差距。1983年,格雷丝·巴鲁克(Grace Baruch)和罗莎琳德·巴尼特(Rosalind Barnett)研究了160个波士顿中产阶层家庭,发现妻子工作的男性与妻子是家庭主妇的男性在做家务方面没有差别。谢利·卡沃曼(Shelley Coverman)在1983年对1500对白人职场夫妻开展的研究中,发现女性每周从事有偿和无偿劳动的时间总长是87小时,而男性是76小时——双方每周的闲暇差距是11小时。萨拉·尤格福(Sara Yogev)在1981年开展的关于有孩子的女性专业人士的研究中发现,两性之间的闲暇差距是30小时。

哈丽雅特·普雷瑟(Harriet Presser)1977年的研究,关注了妻子外出工作后,丈夫增加了多少家务量。她发现,44%的丈夫承担了更多的家务,45%与以往持平,11%反而做得更少了。格雷格·邓肯(Greg Duncan)和詹姆斯·摩根(James Morgan)的一项研究展示了一些赤裸裸的数据,表明婚姻增加了女性的劳动时间,而减少了男性的劳动时间。他们报告的每年的家务劳动时间如下:已婚女性1473小时,单身女性886小时,已婚男性301小时,单身男性468小时。上述所有证据表明,丈夫们的家务量"没有改变"。

但是,其他近期的研究发现,闲暇差距有所缩小。一项研究复制了鲁滨逊早年在密歇根大学的调研内容和方式,发现女性每天的劳动时间只比男性稍长一点儿。鲁滨逊及其同事发现,在1965年至1975年间,男性与女性之间的闲暇差距几乎消失了。男性没有承担更多的家务和子女照料。而女性做得更少了,她们投入职场工作的时间也减少了四到五个小时。妻子们实施了一种缩减家务和职场工作的策略,而不是与丈夫重新协商角色分工。

如果该研究代表了全体的女性和男性,那么"缩减"——而非男性分担——成了应对超级妈妈张力的新方式。然而我不认为该研究代表了普遍的情况,而且研究者自己也感到困惑。在研究开展的 1965 年至 1975 年间,美国女性的有偿劳动时间没有减少,非全职工作的比例没有增加。根据美国劳工统计局(Bureau of Labor Statistics)的数据,1965 年,女性非全职工作的比例是 19%;1970 年是 22%;1975 年是 21%;1980 年是 21%;1982 年是 20%。简言之,大多数女性继续全职工作。非全职工作的女性比例在 1965 年至 1982 年间没有变化。

但是在该研究中,女性的工作时间确实减少了,这种减少可能是研究者的研究方法造成的。研究者们希望提升研究的准确性,他们定期在一天的不同时段回访同一名受访者。该研究提出的问题又如此具体且重复,以至于四分之一的人退出了访谈——大概是其中最忙碌的那些人。具有讽刺意味的是,研究者想要调查家庭负担,而最被家庭负担困扰的女性,大概没有时间填完冗长的调查问卷。

根据该研究的结果,约瑟夫·普莱克审慎地预言了闲暇的性别差距终有消失的那一天。然而事实是,对于大多数女性来说,那一天还没有到来。即便所有女性都能通过非全职工作来消除闲暇差距,然而只由女性承担非全职工作是否就是解决方案?鉴于家庭生活被边缘化的危险与日俱增,我认为提供高薪的非全职工作并为之正名至关重要(参见第 17 章),这些非全职工作不只提供给女性,也提供给男性。我认为"只由女性承担"非全职工作作为解决方案是一个错误。这样的劳动分工将导致男性和女性之间的经济和职业不平等,使女性处于经济脆弱的境地,特别是在我们这个半数婚姻都以离婚告终的时代。更好的解决方案可能应该是,夫妻都接受非全职工作的选择,或者双方在各自职业生涯中交替选择阶段性的非全职工作。

我的研究:自然主义的方法

安妮·曼蓉和我共访谈了145名受访者,其中三分之二接受了多次访谈。我们访谈了100名丈夫和妻子(50对双薪夫妻),以及45名其他人员,包括育儿保姆、日托工作者、学校教师、育有年幼子女的传统夫妻,以及曾是双薪夫妻的离异者。我对12个家庭展开了深入观察,这些家庭从我们研究的50对夫妻中选出,是体现了我们所发现的常见模式的典型案例。作为对这个深入观察的补充,我们对全部50个家庭进行量化分析。

一、夫妻们的特征

在我们访谈的男性平均年龄33岁,女性31岁。47%的受访者有一个孩子,38%有两个孩子,15%有三个孩子,有三个以上孩子的受访者人数为0。整体而言,我们访谈过的夫妻更多集中在中产阶层。蓝领工人(工匠、技工、服务业人员)占12%,文员和销售占17%,经理和行政人员占25%,专业技术人员占46%。（根据劳工统计局的数据，1982年，就美国整体而言，蓝领工人占44%，文员或销售占25%，经理人和行政管理者占12%，专业技术人员占17%，农场主占3%。由于四舍五入，这些比例加总后为101%。）

在教育方面，我们的访谈者中6%教育程度在高中或以下，31%接受了一定程度的大学教育，19%获得了本科学位，12%接受了一定程度的研究生教育，32%获得了研究生学位。在是否购房方面，只有2%的人已经购房，55%的人准备购房，其余人租房居住。在本项研究中，8%的家庭获得了经常性的外部帮助，13%有时得到外部帮助，79%得不到任何帮助。（在全国范围内，85%的家庭没有获得任何形式的外援。）

经济状况更差的职场夫妻——尤其这些夫妻中的妻子一方——处境更糟。丹尼丝·塞古拉（Denise Segura）在其1986年关于工人阶层和下层墨西哥裔美国人（Chicanas）的博士论文中写到，当她问妻子们，丈夫是否帮忙做家务，受访者的反应包括"似笑非笑、痛苦的沉默、紧绷着脸，或大笑起来"。在第二轮班的问题上，比我们研究的夫妻们解决得更好的寥寥无几。

在我们研究的夫妻中，70%是白人，24%是黑人，3%是墨西哥或拉美裔，还有3%是亚洲裔。尽管墨西哥裔的态度更保守，但在承担家务方面我并没有发现白人男性与墨西哥裔男性存在差别。我也没有发现白人与黑人之间存在差别。（1982年约瑟夫·普莱克的研究显示，黑人丈夫与妻子之间的每周闲暇差距为11小时，小于白人夫妻之间的17小时，但我没有发现这种差别。）

二、看待问题的方式

最初,我们联系夫妻们的方式是,在一家大型公司的人员名册上,每隔 12 个人名选 1 名研究对象,向其分发一份关于工作和家庭生活的简短问卷。53% 的研究对象交回了问卷。在这份简短问卷的结尾,我们解释了感兴趣的问题,并且询问受访者是否愿意参与深度访谈。作为补充,我们后来向受访者征集他们的邻居和朋友中同样育有 6 岁以下子女的双薪夫妻的名单。

我们询问男性和女性:"你能讲讲自己日常的一天吗?"我们发现妻子们更有可能自发地提到与家务有关的事儿;3% 的妻子和 46% 的丈夫在自发讲述他们"日常的一天"时,完全没有提到家务。3% 的女性和 31% 的男性没有自发提到为子女做过什么事——比如梳头或做一顿饭。

职场母亲也更经常地提到照顾更大家庭圈子的成员:她们的父母、丈夫的父母、亲戚、邻居、朋友和保姆。有一位女士每周六为邻居家的孩子们做三明治,邻居夫妻都工作,孩子常被忽视。另一位女士帮助家里的育儿保姆度过婚姻危机;另一位女士每天给背部受伤卧床在家的亲戚打电话;还有一位女士为邻居烘焙圣诞饼干。同样,如果有人送来礼物或打来电话,这个人通常也是忙碌的职场母亲。男人们,尤其是工人阶层的男性,经常不吝花费时间搬家具、修理汽车,或加建房屋。但是在大多数家庭里,非正式援助的社群圈子似乎是更稳固地建立在女性的非正式劳动上。

我们也注意到男性以不同的方式说起家务活儿——他们更

多地表达"喜欢和不喜欢",愿意做或不愿意做什么家务活儿。女性则更经常地谈到需要做些什么。

对于夫妻双方的贡献,男性和女性讲述的故事也不尽相同。例如,25%的丈夫和53%的妻子回答说,妻子"总是"预见家里的需求。一些研究者努力避免影响研究客观性的这种"主观瑕疵",即把夫妻各自的表述当作各方承担的家务工作量。为了避免这种偏差,我们的解决方案是承认并利用这种主观偏差,对丈夫和妻子各自关于在被问及的日常杂事中所花费时间的估算,取平均值。这些任务分为三种类型:家务、育儿,以及管理家庭生活。"家务"包括:倒垃圾、接送、吸尘、铺床、清理浴室、洗衣服、准备日常餐食、扫除、杂货采购、缝补、修理汽车、除草、维修房屋、养护室内植物、照顾动物、处理银行事务。"子女照料"包括:照顾子女身体(照顾生病的子女、喂养子女、为子女洗澡、带子女去日托或看医生)和教育子女(例如,日常管教、辅导阅读)。"管理家庭生活"包括:记住、规划、安排家庭事务和活动,其中包括的事项有写购物清单、付账单、寄生日和节日卡片、安排育儿保姆,以及准备子女的生日聚会。

我们发现18%的男性平分了第二轮班,他们在上述三类中都承担了一半工作量。这18%的男性所承担的工作内容,并不一定与他们妻子相同,但总体上他们承担了每一类内容的一半(这18%的男性承担了45%—55%的任务;没有人承担得更多);21%承担了适量的任务(介于30%—45%之间);61%承担的任务极少(介于30%—0之间)。

三、意识形态与男性在家里帮忙之间的关系

我将50名丈夫分成三组：平分家务和子女照料（即承担45%—55%），适量承担（30%—45%），极少承担（30%或更少）。在所有传统型男性中，22%平分，44%适量承担，33%极少承担（由于百分比的四舍五入，这些数值加总后是99%而非100%）。在所有过渡型男性中，3%平分，10%适量承担，87%极少承担。在平等型男性中，70%平分，30%适量承担。人数虽少，但能说明一些问题。

四、工资差距与闲暇差距之间的关系

在社会科学研究中，两个阵营之间的辩论仍然激烈。一个阵营以加里·贝克尔（Gary Becker）为代表，他在《人类行为的经济学分析》（*Economic Approach to Human Behavior*）一书中指出，妻子承担更多的家务是因为夫妻们推断如果丈夫专心工作，"这对大家都好"，因为丈夫通常收入更高。因此女性在家中承担大量家务是经济效用最大化的家庭策略的一部分。在他的观点里隐含着，这种集体策略中几乎没有抗争的成分，并且与意识形态或男性特权毫无关系。以琼·休伯（Joan Huber）和格兰纳·施皮策（Glenna Spitze）所著的《性分层》（*Sex Stratification*）为最佳代表的第二阵营，认为这样的安排既是经济的，也是文化的。根据他们自己的大量研究，对于丈夫在家里承担的工作量产生影响的，是妻子的薪资水平，而不是配偶间的工资差距。

为了了解看不见的"经济的手"是否能够解释在我的研究中,为何一些夫妻平分家务而另一些不平分,我将研究里的50对夫妻分成三组——高工资差距(丈夫的收入远高于妻子)、中等工资差距,以及低工资差距。我发现在夫妻间的工资差距与他们的闲暇差距之间,不存在统计显著关系。

为了交叉检验这一发现,我重新分析了另外一份65对夫妻的子样本(双方全职工作并且照顾15岁以下子女),这份子样本我从密歇根大学调查研究中心1981年进行的一项大型全国性调研中抽取的(这与显示夫妻间闲暇差距正在消失的1977年的样本相同)。我将这些夫妻分成四组:丈夫收入占家庭总收入的75%或以上,丈夫收入占家庭总收入的55%—75%,丈夫收入占家庭总收入的45%—55%,以及妻子收入高于丈夫。我发现妻子的收入越低(相较于她的丈夫),她承担的家务就越多。在第一组中,女性承担了所有家务劳动的72%;在第二组中,她们承担了66%;在第三组中,她们承担了55%;在第四组中,她们承担了49%。尽管收入高于丈夫的女性所承担的家务较少,但是她们没有获得更多的闲暇。原因是,承担更多家务的低收入女性工作时间更短,因此她们能够做家务并且有更多的闲暇。我依旧感到困惑,于是再次回到自己研究的50对夫妻,梳理了低工资差距小组,然后发现,这与密歇根大学所研究的夫妻不同,妻子收入超过丈夫是因为后者在工作中表现欠佳(在密歇根的研究中,高收入妻子的情况可能不是这样)。更进一步分析后,我发现了"做平衡"的原则——妻子们通过承担更多的家务来"弥补"她们在职场上"表现太好"。

在休伯和施皮策的基础上,我总结出:夫妻间的闲暇差距,反映的不仅仅是这些夫妻务实地顺应着美国男性工资较高的现实,而且是不同性别策略的相互作用。

后　记

　　成千上万的女性进入有偿工作领域，构成了20世纪美国家庭的主要革命。但我听到的故事讲述了那场革命中"停滞"的那一面。关于父亲身份的老式观点是一种停滞。工作场所缺乏家庭友好政策是另一种停滞。付出关注以构成对他人的关怀和赞赏，这些小小举动的重要性被大大低估了，这也是一种停滞。我开始意识到，我访谈过的夫妻都被困在了20世纪80年代这场停滞的性别革命之中。

　　时至今日，美国职场父母的状况有所好转吗？2010年，卡特里娜·奥尔康（Katrina Alcorn）在一家名叫"赫芬顿邮报"（Huffington Post Web）的网站上发布了帖子，既搞笑又严肃地给出了一名女士对该问题的回答——一场误入歧途的探索之旅。①奥尔康描述自己如何平衡高强度的工作、日常通勤和照顾年幼子女。就在最小的孩子一周岁生日前夕，她在失眠和恐慌的双重夹击下崩溃了。为了解决这些问题，她去看了精神科医生，医生给她开了抗抑郁的药物。抗抑郁药使她盗汗、头疼、口干舌燥，并且让失眠更加严重。接着精神科医生又开了安眠药。奥尔康的睡眠问题仍然无法解决，还出现了眼睑痉挛。

为了解决失眠问题，奥尔康去了一个"睡眠实验室"，专家诊断她有呼吸睡眠暂停综合征，给她配了最先进的人造呼吸机。她如此形容"饭盒大小，一个波纹状的软管绕在头上，一个橡胶鼻塞被三个黑色细带子绑在脸上……氧气从我头上的真空清洁器里流过，然后进入鼻塞。当我张开嘴，空气嗖地喷出来，就像我是某种人形吹叶机。"两周后，奥尔康发现自己头疼欲裂，无法用鼻子呼吸。最后，一个明智的呼吸科专家指出，长期服用安眠药物会抑制呼吸，长期服用抗抑郁药物会引发失眠，而长期使用人造呼吸机会使鼻腔干燥引发感冒。

最终，卡特里娜·奥尔康扔掉了药，摘掉了呼吸机，感觉好了一些。她明智地总结道："把职场父母置于注定会把他们逼疯的糟糕境地，这很疯狂的，然后他们疯了，又被认为是他们自己出了什么问题。"她说，许多职场父母从外表看起来不错，笑意盈盈，衣冠楚楚，眼神明亮，但我感觉内心已经处于像缇娜·费（Tina Fey）描述的"在地雷区跳踢踏舞"的情绪边缘[②]。实际上，就像许多美国人生活在巨额的经济债务中——没还清的学校贷款、沉重的住房按揭、"先开车后交钱"的车——很多人也背负了情感债务。在这个停滞革命的时代，那种"做一名秀发飞扬、轻快自信的女性"的文化理想可能引领许多人过着超过自己情感负荷的生活。这正是我们必须正视的终极后果——更大的"停滞"。

1989年后我们行进了多远?首先,越来越多的美国夫妻在跳着缇娜·费的踢踏舞。比如,1975年子女18岁以下的女性中有一半在工作。到了2009年,这个比例上升到75%。1975年子女3岁以下的女性有三分之一在职场;到了2009年,这个比例将近三分之二——其中73%的人从事全职工作。③而且对于很多人来说,工作时间一直在增加。④

因此,如果越来越多的母亲在家庭之外工作,有没有越来越多的男性承担起家庭之内的活儿呢?与20世纪80年代相比,认同分担第二轮班的美国男性人数在增长,坚守传统角色的男性人数在减少。在20世纪70年代,在婴儿潮之前出生的男性中有70%同意:"男人工作、女人照顾家里和家人,这种安排对大家都好。"到了90年代,这批男性中同意这个观点的只有50%,而婴儿潮之后出生的男性中只有四分之一同意。⑤不赞成妻子赚取高收入的男性比例也缩小了。

然而,许多夫妻仍然觉得,不管爸爸在家里参与多少,他的工作还是比妻子的更重要。接着2008年金融危机来临。和女性从事的收入较低但更稳定工作(比如保健员、行政工作人员、日托工作者)相比,收入更高的焊接工、机械师、汽车生产线工人——通常被男性占据的岗位——在自动化和海外转移这些削减成本的冲击面前更加脆弱。所以,在过去的25年里,尽管越来越多的男性已经开始认同分担第二轮班,但经济趋势却使他们对自己随时可能丢掉的工作紧张不已。

所以如今职场妈妈的丈夫们真比我在本书中描述的80年代的男性更多地分担第二轮班了吗?自本书在1989年出版以来,

在 1989 年到 1999 年间，有惊人的 200 项研究发表，为这个问题提供了一些答案。⑥ 其中最新近、严谨和细致的是梅丽莎·米尔基（Melissa Milkie）、萨拉·雷莉（Sara Raley）和苏珊娜·比安琪（Suzanne Bianchi）的研究，她们基于两份全国范围的问卷调查，报告了学前儿童的已婚双薪父母（和本书的主人公一样）在当下的故事。⑦ 在 2003 年到 2005 年进行的调查中，3500 位母亲和 3000 位父亲同意在一天 24 小时内接受定期电话访谈。每次电话访谈都会询问他们在什么地方、和谁在一起、在做什么、需要花多长时间。2000 年进行的另一项调查，只询问了父母如何使用时间，包括打瞌睡这样的活动。

研究发现，与职场父亲相比，有学龄前子女、全职工作的母亲每周要在家里多投入 5 小时（第一个研究）或 7 小时（第二个研究）。这形成了每周 5—7 小时的闲暇差距，每年就是额外的两星期，一天 24 小时计。⑧ 在我的 20 世纪 80 年代的研究里，我的发现是职场母亲比她们的丈夫每年多投入额外的四星期。所以，这 25 年并没有让女性摆脱额外的第二轮班，但的确缩短了一半的长度。

在 1989 年，我发现职场妈妈比爸爸感觉更匆忙。在新近研究里这一点仍然是事实：一半的妈妈（52%）和三分之一的爸爸（34%）"总是感到匆忙"。我当时还发现女性更频繁地同时做两三件事情。现在女性仍然比男性更常有这种感觉，但并不比男性更多地这样做了。我曾经发现女性比丈夫们睡得更少，和孩子们做"纯粹好玩"的事情更少。但如今这两方面她们已经和丈夫持平了。但丈夫们每周还比妻子多看 2.7 小时的电视，并且拥有7.5小时成年人的娱乐。

那么夫妻们是否因为这些改变而更加幸福了呢?这当然很重要,因为如果夫妻在家里不能享受生活,我们就并没有真正地推动这场停滞的革命。米尔基等人在这个问题上的发现令人不安。研究者们比较了全职工作的母亲(每周工作35小时以上)与兼职工作或不工作的母亲。全职工作的妈妈报告的和孩子在一起笑的频率比其他组别都少——其他组别包括兼职妈妈、不工作的妈妈和所有的父亲。令人意外的是,妻子全职工作的丈夫——也是家里最需要他们帮忙的,陪孩子阅读、和孩子一起笑以及表扬孩子的频率都少于妻子兼职工作或不工作的丈夫。全职工作的母亲说她们"对孩子在生活中的表现完全满意"的可能性更小(25%),而兼职工作的妈妈为35%,不工作的妈妈为58%。大约三分之一的爸爸(对孩子的表现)表示"满意",这个比例并不因妻子的工作情况而改变。总体上,大多数父母——59%的母亲和66%的父亲——并不"对孩子在生活中的表现完全满意"。

那么,为什么会这样?这些忧虑的父母回应的是更普遍的美国生活的现实吗?2007年,联合国教科文组织的一份报告比较了美国和其他20个发达国家的儿童,提供了一些线索。这份报告关注了11—15岁儿童的健康、学校教育、社会关系和自我报告的幸福感,展现出一个严峻的结果⑨:在21个国家中,美国排名20。研究者发现,在儿童健康、贫困状况、家庭和同辈关系、风险行为概率(比如酗酒、吸毒、打架)方面,美国排在最后或接近最后。⑩

研究者还给孩子们一张图,告诉他们,"这是一把梯子的图片。梯子顶端是 10,代表你可能的最好的生活,底端是你可能的最差的生活。总体上,你觉得自己当下处于梯子的什么位置?在最能描述你位置的数字旁边的方框里打钩。"以在中间以上位置打钩的儿童比例为计,美国这个全世界最富有的国家在 21 个国家里排名 18。⑪

那么,为什么美国儿童的福祉在最发达的国家里排名如此靠后?是因为太多的美国母亲工作吗?毕竟,对于内疚的美国父母来说,常见的担心是母亲的工作本身造成了孩子的不快乐。但如果真是这样,我们就无法解释为什么挪威的母亲就业率全球最高,而儿童幸福率也是位列前茅。所有适龄的挪威女性中 75% 从事有偿工作,而挪威儿童的总体幸福情况在 21 个国家中排名第 7。简言之,挪威经历了性别革命,但避免了一场停滞的革命。在挪威,新生儿或新领养儿童的父母都可以享受 11 个月的带薪休假,新手父亲还会获得专属的、额外一个月的带薪休假——如果他们拒绝就会被没收。⑫ 如果 1—3 岁的孩子不能在公立日托中心获得全天的位置,他的父母可以领取现金补贴。假如年老的父母生病了,有工作的人还可以去市政当局登记"护理工资",请假去照顾父母。最棒的是,挪威的工作时间是每周 35 小时。

美国人听到挪威提供有限的工作时间和家庭友好的福利时,难以置信地摇头。批评者会说,这个国家太小了。还有,挪威的经济繁荣多亏了北海油田带来的丰厚收益。但它周边更大的国家——瑞典、丹麦和芬兰——并没有油田,但也有着繁荣的经济和家庭友好的国家政策。法国、德国、荷兰、比利时和其他欧洲国家也没有落后很多。简言之，在决意从停滞的革命中移走障碍的社会中，女性能够工作的同时抚养茁壮成长的孩子。

为了让美国赶上那些更成功的邻居，我们需要重新思考关于社区和政府的认识。许多美国人在抽象层面抵制政府施以援手的观念；他们想要私自解决停滞的革命。但当涉及具体事务时，他们的眼中又闪过光芒。给新手父母或那些家人生病的工作者提供带薪育儿假或医疗假？好主意。政府补贴的、负担得起的儿童照料服务？好主意。社区的玩具互换或邻里之间交换无偿服务的技能银行——修电脑换除草、辅导数学换意大利面？好主意。政府提供激励让企业提供灵活工作时间和工作分担制？不错。但我们没有一个人能独自完成这些改革。

在全国远程办公周的庆祝活动上，网络驱动组织"妈妈崛起"（Momsrising）的创始人琼·布雷德斯（Joan Blades）再次发出了灵活工作地点的呼吁——在家工作或设立社区工作站。[13] 研究表明，和在办公室工作的员工相比，在家办公的员工能够完成更多的工作并且节省公司成本。在家工作，我们还可以缓解高速拥堵、节省汽油、绿化国家，同时省下宝贵的时间陪伴家里嬉笑的孩子们。

但我相信，一场成功的性别革命根植于对照料价值的深切关注——准备充满爱意的餐点、和孩子一起完成功课、对家人和朋友的情感投入。大多数的美国女性都不再是家庭主妇了，但摆在我们面前的选择是——我们是降低那个角色的价值？还是珍惜它的情感内核并与男性一起分担？在这里，我们必须着手解决在早期妇女运动中所涉及的两种价值之间的不平衡。随着运动的推进——在我最初构思本书、提笔记录只言片语之时——它提出了两种大的观念。一个是女性赋权——女性应该展现她们的天分，发挥一切潜能，和男性并肩。第二个大的理念是重视——并分担——照料他人的责任。

在不经意间，美国的资本主义渐渐地拥抱了赋权而推走了照料。所以在缺乏反向运动的情况下，照料常常成为一个流转的廉价工作。男性把它转给女性，高收入女性把它转给低收入女性。照顾美国儿童和老人的移民工人把自己的孩子和老人转给留在菲律宾、斯里兰卡、墨西哥和南半球其他国家有偿照料者和无偿的祖父母或阿姨、姑姑。而在照料链条最低端的在菲律宾、斯里兰卡或墨西哥的有偿照料者把照顾孩子的责任交给自己最大的女儿。在未来几年里最大的挑战——也是本书最核心的挑战——就是重视和分担照料所爱之人的责任。直面它，我们才有可能最终在没有停滞的革命中宣告胜利，为什么不在我们有生之年就将它实现呢？

致　谢

我想在诸多方面表达谢忱。首先,感谢美国国家精神卫生研究所(National Institutes of Mental Health)慷慨资助本项研究,以及大都市问题研究中心(Center for the Study of Metropolitan Problems)的埃利奥特·列堡(Elliot Liebow)给予的行政支持。非常感谢社会变迁研究所(Institute for the Study of Social Change)所长特洛伊·迪斯特(Troy Duster),这位老朋友为我提供了一间办公室、一个文件柜,以及热情支持的氛围。我对研究团队表示热忱的感谢,他们协助我完成研究:阿曼达·汉密尔顿(Amanda Hamilton)协助完成初步访谈;伊莱恩·卡普兰协助访谈和编码;莱内特·乌塔尔(Lynett Uttal)协助编码和统计分析;巴兹尔·布朗(Basil Browne)帮助我向旧金山湾区一家大型公司的员工分发400多份问卷;布赖恩·菲利普斯(Brian Phillips)贡献了他出色的录入技能,即使草稿似乎无穷无尽("又是这章?但我喜欢上一版草稿"),他仍不吝鼓励；弗吉尼娅·马尔科姆（Virginia Malcolm）、乔安娜·伍尔（Joanna Wool）和帕特·弗罗斯特（Pat Frost）对这个项目表现出热忱的兴趣，也认真地协助转录；也感谢帕特·弗罗斯特额外贡献的颇具见解的数页评论。感谢韦斯·福特（Wes Ford）和格雷丝·本维尼斯特（Grace Benvenniste）帮助我在图书馆查阅文献。感谢苏珊·西斯尔（Susan Thistle）提供的历史参考文献。向我的研究助理及合作者，安妮·曼蓉献上我莫大的感谢和拥抱。安妮完成了将近一半的访谈，竭尽所能地对访谈内容保密，承担了大部分极其复杂的编码，并将我们的部分数据录入电脑；她还管理项目并帮助源源不断登门造访社会变迁研究所的外地学者、勤学好问的学生和志愿者。那些周四下午与安妮·曼蓉、伊莱恩·卡普兰、莱内特·乌塔尔、韦斯·福特和来自日本的访问学者国信春子（Junko Kuninobi）的讨论，对我而言是愉悦的回忆。尽管我完成了所有的现场观察和写作，但是该项初步研究包含了我们所有人的心血。只有当项目渐进尾声，我坐下独自写作和思考的时候，志同道合的"我们"才变成了独自写作的"我"。

我永远感激我的父母，露丝（Ruth）和弗朗西斯·罗素（Francis Russell），感谢他们在阅读我早期粗糙的草稿时提供的帮助，以及倾其所有的深厚爱意。感谢托德·吉特林（Todd Gitlin）、迈克·罗金（Mike Rogin）、莉莲·鲁宾（Lillian Rubin）和安·斯威德勒（Ann Swidler）提出的好建议。我将充满爱意的感谢献给奥维尔·谢尔（Orville Schell）和汤姆·恩格尔哈特（Tom Engelhardt），他们在我需要的时候拯救了我。同样感谢吉恩·坦克（Gene Tanke）在早期阶段给予的支持和帮助，对我来说意义重大。维京企鹅出版社（Viking Penguin）的纳恩·格雷厄姆（Nan Graham）给予我的信任、编辑指导和美好情感，我对她的感激难以言表。还要感谢比纳·卡姆拉尼（Beena Kamlani）以优雅和胜任的姿态见证了本书的出版过程。

我想感谢在1986年春天参加我教授的性别社会学（Sociology of Gender）研讨课的研究生们，在他们身上，我第一次尝试阐述工业化中"他的经历"和"她的经历"的观点。

我还想感谢本研究中的夫妻们。纵使非常忙碌，他们不吝邀请我进入他们的家庭和生活，相信这项研究将帮助处境类似的夫妻们更多地了解自己。为了保护他们的身份，我将情节换位，并改变了可被指认的特征信息。一些人可能对自己的认识与我所看到的不同，但是我希望他们觉得本书像一面镜子，忠实地反映了他们在先行实践新的家庭形式的经历中那些重要的方面。

感谢阿伊·奎·阿尔马（Ayi Kwei Armah）秉持信念，以怀有爱意的耐心解决问题。同样感谢艾琳·奥尼尔（Eileen O'Neill）热忱而满怀爱意地照顾了加布里尔和戴维。

感谢我的丈夫亚当，他提出了写作这本书的想法。十多年前的一个周末下午，我们一起爬山，一路上我都在说女性的"双重工作日"（double day）。下坡时，亚当提议说，"为什么不写本书呢？"感谢他的提议和幽默的鼓励，以及我感受到的一以贯之的爱意，我对此怀有最深切的感激。

感谢我的儿子戴维，他搁置了学校任务以及自己的政治和生态关切，投身到第二轮班中，并戏仿美国政坛上的人物让我开怀。也感谢加布里尔，他从遛狗事务和诗歌写作中分身，给我端来常博士的花草茶（Dr. Chang's herb tea）。为了激发我的灵感，他甚至草拟了一些虚构的案例研究，主人公有特德（Ted）和玛丽（Mary）、罗宾（Robin）和彼得（Peter）、迪克（Dick）和罗斯玛丽（Rosemary）、萨莉（Sally）和比尔（Bill）、以及阿西亚（Asia）和弗兰克（Frank），这些脚本比本书中的案例更加引人入胜和精彩纷呈。某一天，他又在我桌上的茶杯下留了字条，贴着一个小小的白色蝴蝶结，上面写着："妈妈，祝贺你完成书稿。"身为母亲，夫复何求。

注 释

第一章

① 数据来自美国劳动部，劳动统计局，家庭的雇佣特征。
② Alexander Szalal, ed., *The Use of Time: Daily Activities of Urban and Suburban Polulations in Twelve Countries* (The Hague: Mouton, 1972), p. 668, Table B.
③ Grace K. Baruch and Rosalind Barnett, "Corelates of Fathers'Participation in Family Work: A Technical Report," Working Paper no.106 (Wellesley, Mass.: Wellesley College Center for Research on Women, 1983), pp. 80-81.
④ 本书主要关注的是已婚的、异性恋的、孩子在六岁以下的夫妻，协助他们照顾孩子的人（比如育儿保姆和日托工作者），以及与他们的生活相关的、不同社会阶层的人。然而，对其他类型的伴侣关系而言——没有结婚、同性恋、没有孩子的或者孩子在六岁以上的，在家上"第二轮班"也无法回避，并且至关重要。研究显示，与异性恋相比，同性恋伴侣更有可能分担"第二轮班"——男同性恋伴侣们分工合作，而女同性恋则并肩劳作。

第二章

① 在1978年的一项全国调查中，Joan Huber和Glenna Spitze发现78%的丈夫都赞同，如果丈夫和妻子都在外全职工作，他们应该平均分配家务劳动（*Sex*

Stratification: Children, Housework and Jobs. New York: Academic Press, 1983）。但事实上,职业女性的丈夫平均最多只承担了 1/3 的家务劳动。
② "性别策略"的概念借鉴了 Ann Swidler 的"行动策略"（strategies of action）。在"Culture in Action-Symbols and Strategies," American Sociological Review 51（1986）: 273-86 中, Swidler 强调了个体如何使用文化的某些方面（符号、仪式、故事）作为"工具"构建一系列的行动。这里,我着重强调承载有关男性身份和女性身份的观念的那部分文化特质,以及实施这些策略的情感准备（emotional preparation）和情感后果（emotional consequences）。
③ F. T. Juster, 1986.

第三章

① Lee Rainwater and W. L. Yancey, *The Moynihan Report and the Politics of Controversy* (Cambridge, Mass.: M. I. T. Press, 1967), p.32.
② 在《重置美国梦》(*Redesigning the American Dream*)（New York: W. W. Norton, 1984）, 第 91 页, Delores Hayden 描述了 1935 年通用电气和建筑论坛（*Architectural Forum*）共同支持了一场竞赛,选拔谁能为"Bliss 夫妇"设计出最好的房子——Bliss 夫妇为当时的模范夫妇（Bliss 先生是一名工程师, Bliss 夫人是一位拥有家政学大学学历的家庭主妇,他们育有一儿一女）。获胜者提议在家庭中使用 322 台电器。竞赛组织者提议,电力充当 Bliss 夫人的"用人"。
③ Helen Gurley Brown, *Having It All* (New York; Simon and Schuster, 1982), p. 67.
④ Shaevitz, Marjorie H., *The Superwoman Syndrome* (New York: Warner, 1984), p. 67.
⑤ 同上,第 112 页。本段落的所有引用都和上一条注释来源一致。
⑥ 同上,第 205—206 页。
⑦ 同上,第 100—101 页。
⑧ Hilary Cosell, *Woman on a Seesaw: The Ups and Downs of Making It* (New York: G. P. Putnam's Sons, 1985), p. 30.
⑨ Bob Greene, "Trying to Keep Up with Amanda," *San Francisco Chronicle*, June 16, 1984, "People" section.

第九章

① 高工作要求与对工作节奏缺乏控制的结合,给女性职业带来了更大的压力。这也许解释了在女工中观测到的较高的精神紧张率——这种高紧张率常常被隐约归结于"女性脆弱"或"易于激动"。参见 Cranor 等（1981）。
　　相似的是, Suzanne G. Haynes 和 Manning Feinleib 在发表于《美国公共卫生

杂志》(*American journal of Public Health* 70 [1980]: 133-41)的《女性、工作和冠心病》("Women, Work and Coronary Heart Disease")一文中指出,实际上女性服务人员(尤其是那些与蓝领男性结婚并育有三个孩子或以上的女性)比男性高管更容易罹患冠心病。这些女性劳动者既处于文员工作的"低自主性"氛围,又面临家庭-工作加速运转中的低自主性情形。关于婚姻与工作对精神压力的影响的研究,参见 Walter R. Gove, "The Relationship Between Sex Roles, Mental Health, and Marital Status," *Social Forces* 51 (1972): 34-44; Walter Gove and Michael Geerken, "The Effect of Children and Employment on the Mental Health of Married Men and Women," *Social Forces* 56 (1977): 66-76; and Peggy Thoits, "Multiple Identities: Examining Gender and Marital Status Differences in Distress," *American Sociological Review* 51 (1986): 259-72。

② 一项研究发现,男性工人比女性工人享有更长的茶歇时间和午餐时间。根据 Frank Stafford 和 Greg Duncan 的研究,男性每周在工作中的休息时间,平均比女性多出一小时四十分钟。参见 Frank Stafford, Greg Duncan, "Market Hours, Real Hours and Labor Productivity," *Economic Outlook USA*, Autumn 1978, pp. 103-19。

③ Wiseman, Paul. "Young, Single, Childless Women Out-earn Male Counterparts," USA Today, September 2, 2010. 数据来源于美国统计局资料,由纽约的研究公司 Reach Advisors 分析。

④ Blades, Joan, and Kristin Rowe-Finkbeiner, The Motherhood Manifiesto, New York: Nation Books, 2006, p. 7.

第十三章

① 在我研究的 50 对"主流"夫妇(100 名男女)中,18% 的丈夫是传统型,62% 的丈夫是过渡型,20% 的丈夫是平等型;12% 的妻子是传统型,40% 的妻子是过渡型,48% 的妻子是平等型。(在此忽略伯克利夫妇的情况,因为他们可能反映出非典型性的自由主义亚文化。)我在下图中展现了丈夫与妻子的性别意识形态的配对情况。

性别意识形态的婚姻组合 *
丈夫对婚姻角色的性别意识形态

妻子的性别意识形态	传统型	过渡型	平等型	妻子整体情况
传统型	10%(5)	2%(1)	—	(6)
过渡型	6%(3)	32%(16)	2%(1)	(20)
平等型	2%(1)	28%(14)	18%(9)	(24)
总计	(9)	(31)	(10)	(50)

* 上述比例源自本研究涉及的 50 对夫妇。

综上，在我研究涉及的所有夫妇中，60% 的夫妇持有相似的意识形态，40% 的夫妇持有不同的意识形态。最常见的分歧类型存在于平等型妻子和过渡型丈夫之间。

第十四章

① 参见 William J. Goode, "Family Disorganization", Chapter 11 in *Contemporary Social Problems*, 4th ed., Robert K. Merton and Robert Nisbet (eds.) New York: Harcourt Brace Jovanovich, 1976。同样参见 Louis Roussel, *Le Divorce et les Français*, Vol. II, "L'Expérience des Divorcés," Travautet Documents, Cahier No. 72 (Press Universitaires de France, 1975), pp. 26-29。在许多方面，妻子工作有利于稳固婚姻。在所有关于女性工作的研究中，相较于家庭主妇，职场女性自报更幸福、更自尊、身心更健康。参见 Lois Hoffman and F. I. Nye, *Working Mothers* (San Francisco: Jossey Bass, 1974), p. 209。女性工作也通过所谓的嫁妆效应为婚姻增加了财富。通过让家庭更富裕，女性的工资可以保护家庭免于贫困的张力而导致婚姻破裂。参见 Valerie Kincade Oppenheimer, "The Sociology of Women's Economic Role in the Family," *American Sociological Review* 42 (1977): 387-405; D. T. Hall and F. E. Gordon, "Career Choices of Married Women", *Journal of Applied Psychology* 58 (1973): 42-48。

② Ronald C. Kessler and James McRae, *Institute for Social Research Newsletter*, University of Michigan, 1978。同样参见 S. S. Feidman, S. C. Nash, and B. G. Aschenbrenner, "Antecedents of Fathering," *Child Development* 54 (1983): 1628-36; M. W. Yogman, "Competence and Performance of Fathers and Infants," in A. Macfarlane, ed., *Progress in Child Health* (London: Churchill Livingston, 1983)。

③ Joan Huber and Glenna Spitze, *Sex Stratification: Children, Housework and Jobs* (New York: Academic Press, 1983).

④ 根据 George Levinger 的研究发现，男性较少发声抱怨。然而在男性对女性的抱怨中，排名前四位的分别是精神暴力（30%），忽视家庭或子女（26%），性生活不和谐（20%）和不忠（20%）。对于女性来说，前四位分别是精神暴力（40%），忽视家庭或子女（39%），财务问题（37%）和身体虐待（37%）。("Sources of Marital Dissatisfaction Among Applicants for Divorce," *American Journal of Orthopsychiatry* 36 [1966]: 803-807)。

第十五章

① 其他研究发现，一个男人的成长经历与他成年后所承担的家务量之间的关系是微不足道的。参见 Lois Hoffman, "Parental Power Relations and the Division of Household Tasks," in F. I. Nye and L. W. Hoffman, eds., *The Employed Mother in*

America (Chicago: Rand McNally, 1963), pp. 215-30; M. Bowling, "Sex Role Attitudes and the Division of Household Labor," paper presented at the American Sociological Association, Chicago, 1975; Rebecca Stafford, Elaine Backman, and Pamela DiBona, "The Division of Labor among Cohabiting and Married Couples," *Journal of Marriage and the Family* 39 (1977): 43-57; C. Perucci, H. Potter, and D. Rhoads, "Determinants of Male Family Role Performance," *Psychology of Women Quarterly* 3 (1978): 53-66; M. Roberts and L. Wortzel, "Husbands Who Prepare Dinner: A Test of Competing Theories of Marital Role Allocations," unpublished paper, Boston University, 1979; S. Hesselbart, "Does Charity Begin at Home? Attitudes Toward Women, Household Tasks, and Household Decision-making," paper presented to the American Scociological Association, 1976, and Gayle Kimball, *50-50 Marriage* (Boston: Beacon Press, 1983)。

② 令人感到意外的是，大多数研究者发现，一个男人用于有偿劳动的时间与他承担的家务比例之间的关系甚微或没有关系。参见 Robert Clark, Ivan Nye, and Viktor Gecas, "Husbands'Work Involvement and Marital Role Performance," *Journal of Marriage and the Family* 40 (1978): 9-21; Stafford, Backman, and DiBona (1977); Perucci, Potter, and Rhoads (1978)。也参见 John Robinson, How Americans Use Time (New York: Praeger, 1977), and Walker and Woods (1976)。关于一项全面彻底的证据回顾，参见 Joseph H. Pleck, *Working Wives, Working Husbands* (Beverley Hills: Sage Publications, 1985), p. 55。

③ 我发现了一种微小的——但不是统计学意义上的——差异。尽管有大量关于夫妻间的工资差距和休闲差距之间可能存在关联的研究，我意识到只有一位研究者，经济学家 Gary Becker (A Treatise on on the Family [Cambridge, MA: Harvard University Press, 1981]) 发现了上述关联。关于讨论该关联的更多研究，参见本书附录。

④ Pleck (1985), p. 151.

⑤ 参见 Bob Kuttner, "The Declining Middle" *Atlantic Monthly*, July 1983; Paul Blumberg, *Inequality in an Age of Decline* (New York: Oxford University Press, 1980); Michael Harrington and Mark Levinson, "The Perils of a Dual Economy", *Dissent* 32 (1985): 417-26; and Andrew Hacker, "Women Versus Men in the Work Force," *New York Times Magazine*, December 9, 1984. 关于劳动力市场并没有分为这两部分的观点，参见 Neal H. Rosenthal, "The Shrinking Middle Class: Myth or Reality?"*Monthly Labor Review* 108 (1985): 3-10。

⑥ Sheila B. Kamerman and Cheryl D. Hayes, eds., Children of Working Parents: Experience and Outcomes (Washington, D. C.: National Academy Press, 1983), p. 238.

⑦ 参见 Norma Radin, "Primary Caregiving and Role Sharing Fathers of Preschoolers," in M. E. Lamb, ed., *Nontraditional Families: Parenting and Child Development* (Hillsdale, N. J.: Erlbaum, 1982), 以及她的 "The Role of the Father in Cognitive/Academic Intellectual Development," in M. E. Lamb, ed., *The Role of the Father in Child Development*, 2nd ed. (New York: Wiley, 1981); Norma Radin and Graeme Russell, "Increased Father Participation and Child Development Outcomes," in Lamb, *Nontraditional Families*, pp. 191-218; H. B. Biller, "The Father and Personality Development: Paternal Deprivation and Sex-Role Development," in M. E. Lamb, *The Role of the Father in Child Development* (New York: Wiley, 1976); A. Sagi, "Antecedents and Consequences of Various Degrees of Paternal Involvement in Child-Rearing: The Israeli Project," in Lamb, *Nontraditional Families*, pp. 205-232; 以及 Michael E. Lamb, ed., *The Father's Role: Applied Perspectives* (New York: Wiley-Interscience, 1986)。在 Robert Blanchard 和 Henry Biller 主持的关于 44 名三年级白人男生的研究中，他们对比了以下情况的男生：在 5 岁前父亲缺位、5 岁后父亲缺位、父亲一周在场少于 6 小时，以及父亲一天在场多于 2 小时。这些男生的年龄、智力水平、社会阶层，以及同胞兄弟等情况大致相当。在斯坦福成就测验中（测试对言语概念、科学概念和数学概念的理解），与父亲相处时间最长的男生表现明显优于父亲每周投入时间不足 6 小时的男生和父亲完全缺位的男生 ("Father Availability and Academic Performance Among Third-Grade Boys," Developmental Psychology 4 [1971]: 301-315)。

⑧ Carolyn 和 Philip Cowan 发现，父亲的投入增强了女儿对主宰自己命运的感受，而且提升了她的数学成绩 ("Men's Involvement in Parenthood: Identifying the Antecedents and Understanding the Barriers," in P. Berman and F. A. Pedersen, eds., Fathers' Transitions to Parenthood [Hillsdale, NJ.: Erlbaum, 1986])。

⑨ 参见 Mark W. Router and Henry B. Biller, "Perceived Personality Adjustment Among College Males," *Journal of Consulting and Clinical Psychology* 40 (3) (1973): 339-342。

第十六章

① Alice Kessler-Harris, *Out to Work* (New York: Oxford University Press, 1982). 同样参见 Julie A. Mattaie Bradby, *An Economic History of Women in America* (New York: Schocken Books, 1982).

② Louis Harris and Associates, "Families at Work," General Mills American Family Report, 1980-81. 其他研究也显示，即便是无法获得高回报工作的工人阶层女性也更想去工作。参见 Myra Ferree, "Sacrifice, Satisfaction and Social Change: Employment and the Family," in Karen Sacks and Dorothy Remy, eds., *My Troubles Are Going to Have Trouble with Me* (New Brunswick, NJ.: Rutgers University Press, 1984), pp. 61-79. 女性的有偿工作让她们获得了个人满足 (Charles Weaver and Sandra Holmes, "A Comparative Study of the Work Satisfaction of Female with Full-time Employment and Full-time Housekeeping," *Journal of Applied Psychology* 60 [1975]: 117-28) 以及——如果一个女人拥有选择工作或不工作的自由——这将带来婚姻

幸福。参见 Susan Orden and N. Bradburn, "Working Wives and Marriage Happiness," *American Journal of Sociology* 74 (1969): 107-123。

③ 参见 U. S. Bureau of the Census, *Current Population Reports: Households, Families, Marital Status and Living Arrangements*, series P-20, no. 382 (Washington, D. C.: U. S. Government Printing Office, 1985)。同样参见 *Statistical Abstracts of the U. S. National Data Book, Guide to Sources* (Washington D. C.: U. S. Government Printing Office, 1985)。配偶赡养费的判定案例比例在所有的离婚案件中少于 14%，而且女性实际获得赡养费的案例比例少于 7%。参见 Lenore Weitzman, The Divorce Revolution (New York: Free Press; London: Collier Macmillan, 1985)。

④ 这些发现是基于我发放的调查问卷，我在一间大型制造公司的人员名册中，按照顺序，每隔 12 个人选一个联系发放问卷。在被联系者中，53% 的人回答了问卷。问卷结果显示，员工的家庭生活的典型形态，因其在公司等级中的不同位置而有所差别。传统型家庭在高层较为普遍。双薪家庭在中层较为普遍，单亲家庭和单身者在底层较为普遍，如下图所示：

在公司里的层级	家庭类型			
	传统型家庭	双薪家庭	单身/单身父母	总计
高层管理者	54%	39%	8%	101%*
中层经理人	13%	50%	37%	100%
文职人员	—	50%	50%	100%

* 由于四舍五入的误差，总计达到了 101%。

第十七章

① "What Do Cal Freshmen Feel, Believe, Think?" *Cal Report 5* (March 1988): 4. 在关于 Barnard 大四女生的研究中，Mirra Komarovsky 发现只有 5% 的人想要成为家庭主妇。(*Women in Colleges: Shaping New Feminine Identities* [New York: Basic Books, 1985])

② 参见 Anne Machung, "Talking Career, Thinking Job, Gender Differences, in Career and Family Expectations of Berkeley Seniors" *Feminist Studies* 15 (1), Spring 1989。

③ *Public Opinion,* December-January 1986.

④ Machung (1989).

⑤ 关于苏联男性在家务和育儿角色方面的更多内容，参见 Michael Paul Sacks, "Unchanging Times: A Comparison of the Everyday Life of Soviet Working Men and Women Between 1923 and 1966," *Journal of Marriage and the Family,* November 1977, pp. 793-805; 以及 Gail Lapidus, ed., *Women, Work and Family in the Soviet Union* (New York: M. E. Sharpe, 1982)。

后记

① Katrina Alcorn, *Huffington Post* Internet Post, April 8, 2010, "Peaceful Revolution: If You Give a Mouse a Prozac..."

② Tina Fey, "Confessions of a Juggler," *The New Yorker*, February 14, 2011, p. 64.

③ 与 20 世纪 80 年代相比,已婚、有学龄前子女和全职工作的女性人数减少了。根据统计数据,似乎更多的女性辞职、缩减工作时间或离婚了。然而,不管是已婚、同居还是离异的,有学龄前儿童的母亲中的大部分——孩子三岁以下的母亲中有六成——在劳动力市场。在这些女性中,只有四分之一(27%)从事兼职工作。劳工统计局人口调查,表 6 "有三岁以下自己孩子的母亲的就业状况,依据最小孩子的年龄、婚姻状况、2007—2009 年度平均"。

④ 已婚夫妻的合计每周工作时间上升了 20%——从 1969 年的每周 56 小时,上升到 2000 年的 67 小时。基于劳工统计局的研究,该数据反映的是 25—54 岁的夫妻。"21 世纪的工作"(http://www.bls.gov/opub/working/page17b.htm)。根据 2009 年的时间利用调查,跟过去一样,就业男性比就业女性每天多工作一小时,即便是全职工作者也是如此(男性平均每天 8.3 小时,女性 7.5 小时)。2009 年"美国时间利用调查"(http://www.bls.gov/news.release/status.nr0.htm)。关于 1980—2009 年就业女性与就业男性的工作时间,参见劳工统计局,"劳动力市场中的女性,2010",表 21(http://www.bls.gov/cps/wlf-table21-2010.pdf)。

⑤ Teresa Ciabattari, *Gender and Society*, August 2001, 15 (4): 574-91, table 3。另一项基于全国性的综合社会调查(General Social Survey)研究,显示一个相似的趋势,在 1974—2004 年间对性别平等的接纳度上升。但该研究也揭示了该上升趋势在 1994 年出现暂停,之后到 2004 年之间呈现出更为缓慢的增长。作者推测,这个暂停并不标志着回到 20 世纪 50 年代的"家庭感"(domesticity),而是标志着 Maria Charles 和 David Grusky 所说的"平等本质主义"(egalitarian essentialism)。该观点混合了新(女性应该有选择的平等)与旧(女性更擅长照顾孩子,而且如果可能的话应该待在家里)。该观点认为,女性可以平等,而且可以待在家里照顾孩子,如果她们自由选择如此。这些选择往往建立在这样的前提上,即我们无法重塑工作,无法获取更多政府支持也无法改变关于男性身份的流行观念。

⑥ Scott Coltrane, "Research on Household Labor: Modeling and Measuring the Social Embeddedness of Routine Family Work," *Journal of Marriage and Family* 2000, 62 (4): 1208-33。一些研究了追踪了 1969—1999 年的情况,报告男性做的家务多了一些(每年多 262 小时),而女性做的家务少了许多(每年少 783 小时)。在这几十年间,两性间的家务时间差距缩小,从每周 33 小时缩小到每周小于 13 小时。参见 F. Thomas Juster, Hiromi Ono, and Frank P. Stafford, "Time Use: Diary and Direct

Reports"), Institute for Social Research, University of Michigan, unpublished report, table 9-10, pp. 39-49。

⑦ 参见 Melissa A. Milkie, Sara B. Raley, Suzanne M. Bianchi, "Taking on the Second Shift: Time Allocations and Time Pressures of U. S. Parents with Preschoolers," December 2009, *Social Forces*, 88 (2): 487-518。

⑧ 同上，第502页。如果研究者加入他们所说的"次级活动"——人们在做其他事情同时做的事情——他们发现女性每周额外工作9.3个小时，亦即每年额外20天。同上，表2，第517页。

⑨ "Child Poverty in Perspective: An Overview of Child Well-being in Rich Countries," UNICEF, *Innocenti Report Card 7*, Florence, Italy, 2007 (http://www.unicef-irc.org/publications/pdf/rc7_eng.pdf).

⑩ 同上，第2页，关于整休排名。美国携手英国，在所评估的六个方面中有五个方面排名后三分之一。荷兰赢得了最高分。国家的富裕程度与儿童的福祉无关。比如，捷克共和国在儿童福祉上排名高于美国。

⑪ 同上，第37页。

⑫ International Labor Office, Bureau for Gender Equality, *Gender Equality and Decent Work: Good Practice at the Workplace*, 2005.

⑬ Joan Blades and Nanette Fondas, *The Custom-Fit Workplace*, 2010: San Francisco: Jossey Bass.

译后记

2014年12月一个阴冷的冬日,在伯克利市中心的一家素食餐厅里,我见到了阔别五年的导师阿莉·霍克希尔德,她依旧高瘦挺拔,笑容可掬。她抿着绿茶,听我讲最新的研究,饶有兴致地追问着细节,待我停下来时,和缓地说出她的想法,轻轻摆动的左手仿佛挥舞着魔法棒,把我带回多年前的巴罗斯楼(Barrows Hall,伯克利社会学系所在地)。

当时,我关注的是代际合作育儿,祖父母帮助带孩子和料理家务。阿莉听我讲到夫妻与老人之间如何分工,如何处理形形色色的矛盾,说道:"哦,现在是祖父母在挑起'第二轮班'的重任。性别意识形态和代际意识形态都成了关键。"第二轮班,我脑海里立刻浮现出一个个妆容精致的白领丽人上完一天班,回家撸起袖子做饭打扫照顾孩子的画面。这本初版于1989年的学术畅销书,登上了当年《纽约时报》的年度书籍榜单,2003年再版,2012年再次出版,补充了新的数据和观点。其间二十多年里，情况发生了细微变化，但问题依然存在。

得知尚无人接洽中文版事宜，我自告奋勇地说，我去联系出版社翻译出版。这本小书对我而言有不一般的意义。在初到美国学习社会学那段混沌迷茫的日子里，这本书给了我一张通向神秘花园的地图，让我沉醉在质性研究作品既"晓之以理"又"动之以情"的芬芳里，开始依葫芦画瓢地摆弄起家庭社会学的调查。

我又想到这本书的姐妹篇，阿莉在1997年出版的《时间困境》，拓展了本书中关于职场与家庭关系的讨论，凸显出公司文化与家庭文化的倒置。啊，应该把两本作为一个系列翻译出版！我惊呼道，眉飞色舞地计划着三年把这两本书翻译出版，"造福"读者。阿莉笑着拍拍我说："你很乐观啊！翻译两本书，继续自己的研究，还要教书，最重要的是，还有一个小宝宝要照顾。慢慢来。"

****

果不其然，我没做到。在纷乱的工作表和孩子出生后的鸡飞狗跳中，翻译计划一拖再拖。这些年里，跻身职场妈妈的我数次翻开这两本书，看到了年轻时未曾看到的东西，听到了自己的咆哮与叹息，也努力汲取着改变的智慧与力量。

作为社会学家，霍克希尔德在看似私人的家庭生活与宏观的社会变迁之间架起了理解的桥梁，这座桥梁就是"照料危机"——随着经济、人口和家庭结构的变迁，照料需求不断增加和转变，但可能的供给越来越少，难以应对。20世纪下半叶以来，美国经济结构转型，制造业向海外转移；收入稳定、有工会提供强力支撑的蓝领工作逐渐消失，低薪的服务业工作开始兴起；进入20世纪80年代后，经济萧条以及国际竞争的加剧，美国削减了一系列福利，带来了阶级差距的扩大，中产阶级举步不前，社会下层持续坠落。人口结构发生变化，出生率的降低客观上降低了孩童照料的需求，但人口老龄化带来了老人照料的挑战。家庭结构也在改变，离婚率上升、单亲家庭增多，父亲与孩子的纽带关系减弱。面对这等局面，政府缩减了公共服务，希望家庭承担起照料大任，但曾经在家里的女性已经大量外出工作——为了弥补丈夫的收入不足或独自撑起一个家，而且男女双方的工作时间都越来越长。

社会变迁带来的照料危机就演变成霍尔特、塔纳戈瓦、迈尔森夫妇家中上演的故事，夫妻俩争论家里谁该做什么、谁又做了什么？是不是公平？应该心怀感恩或感到愤怒、委屈或羞愧？五味杂陈的婚姻该如何走下去？

解决照料危机，似乎有四种可能图景。第一种，"传统模式"，回到过去，女人回家。但这与现代社会的发展趋势背道而驰，经济的发展需要女性成为劳动者和消费者，男性收入的停滞，也导致家庭需要妻子赚取那一份工资；工作让女性充满个体价值感，而离婚率的上升也让女人不得不未雨绸缪。因此，大量女性不愿意、不能也不敢回到家里。第二种，"后现代模式"，降低需求，皆大欢喜。孩子不吃新鲜蔬菜也没什么大碍，老人有个电视保姆也能满足情感需求。问题是，人们依旧需要照料和被照料，但在"后

"现代"的解决方案里，照料的价值被无视了。每个人都尝试压制自己被照顾的需求，进而让这种需求"隐形"。因此，当有人不得不去照顾他人无法压制的需求时，他们感到愤怒和怨恨；当有人不得不被别人照顾时，他们感到羞愧和自我贬低。第三种是，完全"社会化""机构化"的解决方案，孩子从托儿所到学校，老人都去养老院。在机构里满足人们的照料需求，这样最实际、有效和理性。但机构化的照料有多人性化和个性化呢？

在霍克希尔德看来，这些都不是理想的模式，她呼吁的是一种顺应现代潮流，但富含温情的模式。公共机构是解决方案的一部分，但照料并没有完全外包给机构，而留存了重要的一部分在私人生活中，由男性和女性共同分担。实现这样的理想需要三个领域的改变：提高男性的家务参与、调整工作场所的时间，以及提升照料的社会价值。

那么，为什么私人化的照料如此重要？

霍克希尔德指出，照料指向照料者和被照料者之间一种相互关联的情感纽带，通过这样的纽带，照料者感受到对他人福祉的责任，并通过脑力、情感和身体的劳动来满足这一责任。照料（care of）隐含着对被照料者的关心在意（care for）。因此，不同于一般的生产性劳动，照料具有高度的私人性（需求的个体性，难以完全标准化）、关系性（照料者和被照料者之间需要发展出必要的关系）、情感性和身体性（亲密接触乃至身心依赖）。正是在这个意义上，照料活动不能够完全由更为遵循标准化流程的公共机构来承担，而需要私人的、亲密的互动来完成。

那么，个性化的市场服务以及进入家庭的有偿照料（比如育儿嫂）能够取而代之吗？确实，这几十年来，照料产业迅猛发展，进入生活的方方面面。霍克希尔德认为，在某些方面，市场服务是件好事，但是单纯依赖市场并非良方。

这是因为，家庭劳作和互动的过程构成了家庭记忆和个体情感的重要部分，而市场化服务强调结果，跳过了过程。市场提供了精美的产品和便捷的服务，但消解了家庭成员自力更生、相互依赖的意义。人们越不能或不愿自己动手，就越依赖市场，就越需要投入更多的时间去赚钱，就越没有时间和可能置身家中自己动手，也就越难以从家庭生活的过程中获得深刻而长久的情感与意义。

这还因为，家与市场遵循不同的道德原则。家是共同体的最小单位，遵循着"家庭主义"（familism）的原则——成员之间无条件地相互负责、承诺和支持，秉承"礼物交换"的原则，维系一种良好的长期关系。而市场化的服务则遵循了契约和交易的道德原则，其前提是支付能力，由此不可避免地带来基于财富的照料不平等。

面对市场全面进入私人生活，改变着人们的价值和情感的走向，霍克希尔德深感担忧。她认为需要在市场和家之间划出界线，确定哪些标志性事务不能外包；恢复人际交往，与服务者建立情感联系，并积极拓展非市场活动，使市场从属于家庭而不是背道而驰，以此捍卫私人生活和家——人与人之间一种最珍贵也最具情感力量的相互承诺的形式，无论是异性恋还是同性恋的、结婚还是同居的、有孩子还是没有孩子的。[1]

---

* 关于对市场化的反思，可参考霍克希尔德《我们如何捍卫私人生活》（*The Outsourced Self*），朱钦芦译，中信出版社，2016年。

****

在今日之中国，我们经历着类似的照料危机。市场改革以来，公共服务缩减，家庭被期待担起重任，但在现实中不堪重负；工作时间越来越长，留给家人的时间越来越短。我们的家庭也承受着"停滞的性别革命"的后果，妈妈们挣扎着平衡工作与家庭，吐槽着"丧偶式育儿""诈尸式育儿"，网络上热议着"爸爸去哪儿了"、家庭主妇算不算"独立女性"，抑或是（女性）不婚不育保平安。

在美国，女性从农场工到家庭主妇再到外出工作，是随着工业化进程以及女性个体价值的提升逐步发生的过程；私人化的、充满情感意义的照料和抚育代表了一个不断受到冲击的文化传统，依旧保有某种神圣性与延续性。相比而言，在我国的发展进程中，女性大量进入公共劳动是以国家运动的形式开启，公共劳动的价值远胜于家庭劳动；女性被鼓励或要求走出家庭，社会化的再生产被期许以后能够取代家里的劳作。在市场改革后，相比生产劳动，家里的"无偿劳动"更成为需要缩减的成本，进一步贬值。从某种意义上来说，在当下中国，家庭照料的价值更缺乏足够的认可，无论是在经济、社会还是象征意义上。也正因如此，家务劳动和老幼照顾不仅仅被男性无视，也常常为（不得不）身担此重的女性所轻视——或因缺乏社会认可而自我贬低（即便在情感上享受照料活动本身），或因缺乏技能和意义感而感到焦躁和愤懑。我们似乎也更加无所顾忌地投入家务"外包"过程中，期待着市场能够提供"规范""高效""省心"的服务来免于后顾之忧，但又陷入新的纠结与失落。

或许，在霍克希尔德的讲述中，我们会看到自己和家人的影子，体会到自己和他们的情绪，感到被理解和抚慰；也许，我们还会反思我们自己的行为和我们身处的环境，构想出更好的解决路径，慢慢找回相互依赖、放声大笑的感觉。

本书的翻译也正是一个小小共同体的产物。在2016年与三联书店签订了出版协议后，我得到了两位合作者——同为职场妈妈的夏天和刘令堃的鼎力相助。大家在远不止朝九晚五的工作和照顾学龄前儿童之外的闲暇里，来进行翻译。夏天主要完成了1—12章的初稿翻译，刘令堃完成了13—17章和附录的初稿翻译和前几章的初步校对，而我对全书进行校译、修订和统稿，并与出版社保持沟通联络。三名译者本科分别毕业于北师大、南大和北大中文系，有着各自的语言风格——夏天活泼俏皮，令堃优美典雅，令我在统稿过程中不时拍案叫绝，又不禁抓耳挠腮。为了译稿风格统一，最后主要按照我的语言习惯进行了修订。三人的工作量基本相当，两位合作者考虑到我作为发起者的身份以及对本书的特殊情感，慷慨地同意我做第一译者，对于这份珍贵的馈赠，我心怀深深的感激。

同时也要感谢三联书店的李佳编辑耐心而细致的工作，尤其是在拟定译作标题时付出的心血。考虑到"第二轮班"一词在中文语境里过于生僻，作为主标题不便于读者理解，我们与编辑反复商议后，采用了现在的标题《职场妈妈不下班：第二轮班与未完成的家庭革命》，希望借此推动对职场妈妈们两班倒、连轴转背后的社会和文化原因的思考：它既关乎家庭内部的性别分工，也关乎职场与家庭的优先等级，还关乎社会政策和文化层面对社会再生产的重视程度和具体安排。

在比许诺长了差不多一倍的时间后,我终于可以写信告诉阿莉,*The Second Shift* 的简体中文译本真的要出版面世了!而 *The Time Bind* 也完成了初译,正在校对中!我想,阿莉一定会非常开心地祝贺我们,然后问:"宝宝怎么样?哦,她已经不是小宝宝了。有时间的时候,给我寄一张你女儿的照片。"

肖索未

2021年5月于北京